中国传媒大学电视系博士文库
Zhongguo Chuanmeidaxue DianshixiBoshiwenku

# 新技术时代的电视新闻制作与传播

Xin Jishu Shidai De Dianshi Xinwen Zhizuo Yu Chuanbo

田维钢 著

中国广播电视出版社
CHINA RADIO & TELEVISION PUBLISHING HOUSE

# 总　序

10年前，新世纪的大幕刚刚拉开，电视系就已开始着力推动年轻教师继续攻读博士学位的工作，将教学、科研和新闻实践紧密结合。到现在将近十年了，他们次第完成学业，一起完成的是从不同视角对当前色彩斑斓的媒介景观的关照和研究。当一本本厚厚的博士论文摆在我们面前的时候，我们知道，一批青年学者从这里，开始了自己的学术道路。

几经努力，这套"中国传媒大学电视系博士文库"终于问世了。这套文库的作者，都是获得博士学位的青年学者。从他们身上，我能够感受到新时代学术的朝气。尽管他们各自人生阅历、知识背景、生活目标不尽相同，但是读书生活却给了他们同样的学术传统、学术理念、学术规范与方法的熏陶。在动笔写序的时候，我的心里有一种释然、一种期待，同时还有一种隐隐的担心。

这套文库关注的均为当前新闻传播学领域之中的新课题和新现象，用前沿性来评价并不为过。前沿意味着创新、意味着锐气，他们或者关注着最新的命题，或者选择了最新的视角，或者采用了新的研究方法，或者有新的论证材料……这套文库可以提供一个很好的平台，让更多人关注他们默默的耕耘，让他们有机会与大家沟通、交流，我为此而释然。

但是，博士论文的完成，不过是学术研究的开始。当前我国的新闻传播事业，经过改革开放30年的迅猛发展，早已日新月异。但是，随着数字化、新媒体技术的飞速发展，传统的新闻事业面临着严峻挑战。中国的新闻传播体系大而不强，缺乏很强的吸引力和影响力，因此，中国的新闻事业发展还需要深入研究新闻传播发展中存在的问题，不断加强新闻学科理论体系建设，加大现代新闻传播人才的培养力度。期待着这一批青年学者能够继续在新闻传播学的研究领域辛勤耕耘，期待着他们能够在新闻学教育中发挥更大的能量。

在这样的释然和期待之外，还是会有一丝隐隐的担心。因为这些年轻的博士大多为我多年前的学生，现在的同事，看着他们成长。有时候，越是没有距离，越有可能无法客观地看待他们的研究。尤其在当前学术浮躁的背景下，博士论文应当是一种文化创造，一种当下社会和时代应当能够留下来的精神产品。也许要求所有的博士论文都达到这样的水平很难，但是，提出这样的要求是必要的，鼓励每一位博士生向这样的目标努力前进也是有意义的。

在这些昔日的莘莘学子今天的青年才俊踏上学术研究道路的时候，我们愿意“送上一程”，更愿意与他们共同传承严谨务实、追求卓越的治学风范，旗帜鲜明地反对学术浮华、学术虚假，为中国新闻事业的发展输出更多更有价值的智力产品。

**中国传媒大学电视与新闻学院院长**
**高晓虹**
**2009 年 4 月**

# 目 录

# 序 言

没有哪一个时代如同今天这样，电视与人们的生活结合得如此紧密。电视早已从刚出现时的奢侈品，变为生活必需品。

没有哪一种媒体如同电视这样，技术与艺术结合得如此紧密。尼普科夫盘已经成为功能超强的魔盘，电视的表现力已经打破时间空间的限制，让地球成为一个村庄。

与平面媒体从业者相比，电视新闻人更加强烈地感受到技术进步带来的巨大的动力和挑战，这种来自技术进步的推动力，让原来仅限于想象，甚至无法想象的电视制作和传播方式成为现实。而技术进步带来的挑战则不仅体现在操作层面上，更使节目制作理念面临不断的更新。

作为一名电视新闻工作者，《新技术时代的电视新闻制作与传播》这本书令我印象深刻且颇受启迪。

中国电视新闻的大发展阶段恰好处于改革开放后的历史巨变时期。特别是20世纪90年代之后，电视新闻业进入高速发展通道。以中央电视台为例，1993年诞生的《东方时空》，带来节目制作、管理模式的突破；1994年推出的《焦点访谈》，开创了舆论监督节目栏目化、规模化的先河；1997年，香港回归72小时特别直播报道，是中国电视媒体第一次长时间、大规模的事件性现场直播报道；跨入新千年的24小时直播特别节目则是中国电视人首次与全球电视媒体的大型合作活动。在这些标志性的栏目和节目载入电视历史的同时，也不能忽视电视技术在其中的推动力。如果没有摄像、录音设备的小型和轻型化，就没有《百姓故事》以跟拍、抓拍的方式创作出的大量具有纪实性和亲和力的短纪录片；《焦点访谈》中特殊设备的隐蔽拍摄和录音则让许多违法违规者无所遁形。而“香港回归”和“进入新千年”

的大型直播节目中，由于卫星传播、微波传送、航拍直播等技术手段的使用，使得全国乃至全球共同经历见证同一历史时刻成为可能。

随着技术的进步，电视新闻的时效性和表现力日益增强，尤其是直播节目迅速成熟，直播形态日常化，成为电视新闻的常态。三峡截流蓄水，“神舟”五号、六号、七号载人航天飞行、“5·12”汶川地震……重大事件的直播报道使得电视新闻节目的影响力日益增强。而网络化技术的发展又使电视的互动性成为可能，并成为许多节目和栏目的新的增长点。

由于中国电视业发展的特殊时代背景，政治、经济、观念、文化的变革对电视业的影响比之任何一个国家都更加强烈和明显。因此，有关这些方面对电视发展的影响，有大量丰富而详尽的研究。同时，伴随着技术的进步，电视技术的发展及影响作为一个专业门类也不乏相关著述。同时，技术的发展日新月异，节目制作的分工也日益精细化，所谓“术有专攻”，“隔行如隔山”。对于电视新闻的编辑、采访者和制作播出者来说，对方的领域往往显得复杂而陌生。而本书的作者恰好对电视新闻学理论和电视技术的发展都有比较深入的研究，又因为本身的这一优势，在两个领域之间找到了结合点。将电视技术的进步对电视新闻制播发展趋势的影响作为研究的切入点，这无疑是一个独特而巧妙的视角，无论对于电视新闻的从业者还是研究者，都具有崭新的启示，这也正是本书不可替代的价值所在。

电视的诞生是技术进步的产物。电视的发展是人类文明在新技术时代发展进步的样本和缩影。每项新技术的出现，几乎都会带来电视表现力突破性的变革和质的飞跃。然而，正如作者在书中所言，无论电视发展到何种阶段，技术永远不可能取代人成为决定性的因素。

从本书写作到付梓，这短短的时间内，电视技术已经又有了新的进步和发展。技术的发展无法穷尽，本书也并不是技术专著。但是它对于电视技术及其应用分门别类、全面翔实的阐述，却可以让读者在阅读中，轻松掌握电视业伴随着技术进步几十年一路走过的发展脉络，并对电视新闻未来的发展趋势做出自己的预测和想象。

**中央电视台新闻中心　赵　微**

# 绪　论

新千年来临的那一刻，世界各国的电视媒体进行了一次史无前例的合作，包括中央电视台在内的全世界 47 个国家和地区的电视台进行了全球联合电视直播。人们看到了巴黎铁塔的彩灯、伦敦的穹顶、华盛顿时代广场的狂欢、悉尼大桥的焰火和北京世纪坛前欢腾的中国青年……世界真的变成了一个村落，这些瞬间就像发生在自家客厅的窗外。其实，在面对空间和时间意义上的“地球村”概念时，人们能够产生那般深刻地认同和共鸣，电视的功劳是最不可忽视的。所以，与其说是电视直播，不如说是现代技术让不同国家和地区的观众可以同步目睹由于时区不同而先后进入新千年的那一个个经典瞬间；与其说是电视拉近了观众之间的距离，还不如说是技术改变了世界。①

孙玉胜先生在《十年》中有一个提法：“电视是一个技术媒体。”笔者认为这是电视和技术之间关系的最佳诠释之一。电视是建构在电子技术基础之上的媒介。没有现代电子技术，就没有广播电视的产生，同样，电视的发展也离不开技术的不断革新。虽然电视本身的产生和发展的缘由是人们对信息的渴望，现代电子技术只不过是顺应了这一历史潮流而已，但是还从来没有任何媒介像电视这样依赖于技术。技术不仅是其得以存在的前提，更影响其传播的内容质量和方式。如果没有通信卫星、没有跨洋光缆和电子工程技术的发展，就不可能有迎接新千年那样的影响全球的电视新闻事件。

现在，只要政治环境许可，我们可以看到地球任何一个角落发生的任何一个事件，甚至这样的“看见”会是同步

① 《十年——从改变电视的语态开始》　孙玉胜著　生活·读书·新知三联书店 2003 年 8 月版

的。我们不是已经同步看到了伊拉克战争、美国“哥伦比亚号”航天飞机空中解体和“9·11”世贸大厦被撞坍塌、戴安娜葬礼现场、海湾战争和精彩纷呈的世界杯足球赛了吗?

虽然说新闻直播本身是社会需要的结果，但同时也是技术发展的产物。当我们回望、历数所有给我们留下深刻印象的电视新闻“传播”事件——电视新闻充分发挥其媒介力量并深刻影响到电视观众的个案时，我们无法忽视在所有辉煌的背后，是技术的发展给电视新闻提供了逐步走向辉煌的力量——尽管“人”的力量依旧无法忽视，但是，我们必须得承认：技术让这一切成为可能，新技术让电视新闻更有魅力。

## 第一节　研究缘起

当加拿大传播学者麦克卢汉20世纪60年代断言“媒介即讯息”的时候，电视正开始在西方发达国家大行其道，这位传播学先驱一语道破电子媒介与纸质媒介作用于受众的不同方式及由此产生的实实在在的影响，原本属于技术层面的传播手段第一次被抬高到凌驾于传播内容之上的地位。但是，在我们现在的电视新闻的研究中，媒体的技术规定性总是被忽略。而事实上，电视制作和传播技术自诞生以来就一直在发生变化，它每一个阶段的技术状态都划定了某种界限，标示出制作更有希望的节目的可能性和适宜性，自然也始终规定着电视新闻怎么传播的可能性，深刻改变着电视新闻传播与接受的需求和观念。

20世纪90年代以来，以数字技术、网络技术和现代信息通讯技术为核心的新技术取得了突飞猛进的发展，新技术应用于新闻传播，便在信息传播领域掀起了一阵阵狂潮，向人们展示了不可逆转的信息全球化的浪潮。在此，笔者不得不借用一个概念“新技术时代”来表达对新技术的敬意，因为历史上从来没有哪种技术像数字技术、网络技术和现代信息通讯技术这样对世界性的信息传播产生如此深刻的影响，产生如此重大的意义，特别是，新技术对电视媒介产生了最为深刻和最为广泛的影响。新技术使电视媒介在对新闻事件的报道速度和传播广度方面都发生了巨大的变化，并且还带来了前所未有的传播效果。

1991年北京时间1月16日夜，美国开始对巴格达实施空袭。从那一刻起，CNN连续17个小时昼夜报道让全球跨越时空同步看到战争每分每秒的进程，在全球范围内赢得了高达7500万观众的收视率。

10年后，2001年9月11日，恐怖主义袭击美国，3分钟后，中国观众第一次通过凤凰卫视的直播看到了双子塔的噩梦，凤凰卫视成了那个时候最时髦的名词。

2003年4月伊拉克战争一打响，中央电视台的三个频道（CCTV—1、

CCTV—4、CCTV—9）连续几十天直播这场战争，仅CCTV—4的直播收视率在前三天就猛增了近28倍，主持人鲁健一夜成名。

三场战争事件成就了三家电视新闻机构的辉煌。而这些电视成就的取得很大程度上是仰仗于数字技术和卫星通讯技术等新技术提供的可能性。新技术拓展出来的广阔空间给了电视新闻以极大的发展自由。

电视是这样地依赖着技术、技术是这样地控制并影响着电视。我们对电视技术、特别是新技术的认知，还决定着电视节目的制作形态、运作方式及传播效果。新技术不仅给电视新闻带来了新的生产方式，而且带来了新的节目形态、新的传播观念和新的管理机制。

第一，新技术对电视新闻的生产、传输影响最为直接。新技术时代的电视新闻的生产效率会更高，成本会更低。电视记者可能发现他们采集新闻的方式已经被轻便的纯数字摄像机、编辑机、小型个人化卫星传输设备；被基于高速无线技术与大型数据库相链接的易携带技术所改变。技术不会再成为生产电视新闻的羁绊，只有电视新闻想不到的，没有新技术实现不了的。

第二，技术进步能够使电视生产出更好的信息产品。我们会看到，未来的电视新闻产品越来越多地表现出基于计算机（电视的终端变为计算机）、非线性（例如超文本、超链接）、多媒体（文本、数据、音频、视频）、用户控制（包括产品的形式、功能与时间）、实时的、互动和满足个性需求的特性。媒介消费者对媒体产品拥有空前的选择和控制权，消费者不仅可以选择看到、读到、听到的内容，而且也可以选择何时和何地接受信息。

第三，新技术还可能重构电视媒体的组织结构。计算机和远程通讯设备的几种应用已经打造了一个有线和无线的网络计算时代。这种分布式处理环境迫使包括新闻编辑部、广告代理机构在内的媒体组织开始重新思考他们办公的结构。分散化办公是媒体组织结构发展的一个基本趋势。所有的雇员不再需要工作于同一个地点、同一个城市甚至同一个国家。① 通过使用卫星通讯、光纤通讯和高性能台式计算机，电视媒体组织的编辑记者能够协同工作、共享文件、发送信息和同步创造来自世界各地的最新的新闻产品。

第四，新技术正在快速地改变着媒介地图。正如哥伦布在1942年发现了新大陆以后，欧洲地图绘制者需要重绘世界地图一样，以数字技术、计算机技术为基础的新技术开发同样也需要我们重绘媒体世界的概念图。② 当我们分析媒体业的时候，老的组织框架已经不再适用，原来独立的、界限分明的各种媒

① 《新媒体技术——文化和商业前景》 P10 （美）约翰·帕夫利克著 周勇、张平锋、景刚译 清华大学出版社 2005年5月第2版

② 《新媒体技术——文化和商业前景》 P76 （美）约翰·帕夫利克著 周勇、张平锋、景刚译 清华大学出版社 2005年5月第2版

体，如报纸、广播、电视、网络的界限正在变得越来越模糊，各种媒体的界限也因为重叠而变得越来越不清楚。在这种情况下，电视将何去何从，未来的电视新闻将如何来做，是我们必须要思考的问题。

在数字技术、网络技术和现代信息通讯技术的世界里，地球是如此紧密地被联结成一个整体，不同国家、区域间的信息传播、处理几乎可以在同一时间内完成，传播者与受众之间的交互作用能力也得以大大加强。传播的实时性、交互性特征，将极其深刻地改变着传统的新闻传播理念及运作方式。因此，充分认识新技术对大众传播，尤其是对电视新闻所可能产生的重大影响和作用，分析和预测电视新闻的制播发展趋势，对我国的电视新闻与大众传播媒介及时迎接严峻挑战具有直接的现实意义。

尽管关于新技术对电视新闻与大众传播所可能带来的冲击与影响的选题在近年来曾经被讨论过，但是，由于新技术与电视新闻都正处于剧烈变革之中，能够肯定地说，在可以预期的将来，新闻学界对这一话题的探讨将会不停地进行下去。在迄今为止的关于新技术与电视新闻传播之间关系的论著里，作者们充分地发挥着自身的想象力，对电视新闻传播的未来做出了自己的描述。然而，由于各自分析视角与理论洞见的不同，致使仁者见仁，智者见智。那么，新技术时代的电视新闻甚至大众传播的发展趋势究竟如何？借助前人已有的研究成果，通过自身的思考，整合出一幅关于电视新闻制作和传播的未来图景，构成了本文写作的基本动因。

约翰·奈斯比特曾经说过："科技一词包含它所造成的后果在内。"① 因此，本论文不仅研究新技术对电视新闻的积极影响，还以开放的思路和崭新的眼光，探讨新技术的负面影响，以期电视新闻在利用新技术的同时能够更好地趋利避害。

无论从理论还是实践意义上，开展新技术与电视新闻制播发展研究既是非常必要的，也是十分重要的。有理由相信，从新技术的角度切入电视新闻制作和传播研究的问题，将一种独特的视角和方法，为我们找到一条突破困扰当前电视新闻发展的路径，而且是一条前景广阔的发展之路。与此同时，新制播技术研究与当前新闻传播的其他理论研究，将形成一种相互补充、彼此支撑的关系，从而推进当代电视新闻传播实践的发展。

客观地来说，影响电视新闻制播发展的因素有很多，比如政治因素、比如经济因素、比如文化因素等等，考虑到技术因素是一个基础因素，而且也为了便于论述，本论文选择了技术因素展开论文的阐述。

---

① 《高科技　高思维》 P2 （美）约翰·奈斯比特、道格拉斯·菲利浦著　尹萍译　新华出版社 2000年5月第1版

## 第二节 文献综述

对电视技术的研究，其实从电视诞生的那一刻就开始了，只不过那时研究技术的大多是理工科专业的学者，研究的方向主要集中于怎样洗印、剪辑、拷贝胶片，电视信号如何发射、接收，等等，而研究新闻的人却较少关注技术。随着电子录像技术的发展，尤其近几年来以电脑技术为核心主导作用的数字技术、网络技术和现代信息通讯技术等新技术的飞速发展，新技术在电视新闻上不断应用，使我们目睹了一次次的“技术事件”带来了新的电视景观，造就了新的电视理念，使我们意识到，技术是电视发展的强大外力。

在这样的背景下，有越来越多的学术团体和个人开始将技术研究带入到了电视新闻的研究中。一时间，就此论题的专著纷纷出版。如汤书昆著的《技术传播环境下的表意语言理论》（中国科技大学出版社 1997 年 11 月），明安香著的《信息高速公路与大众传播》（华夏出版社 1999 年 2 月版），熊澄宇著的《新媒介与创新思维》（清华大学出版社 2001 年 4 月），吴廷俊主编的《科技发展与传播革命》（华中科技大学出版社 2001 年 2 月），陈绚著的《数字化时代的新闻理论与实践》（新华出版社），张咏华著的《媒介分析：传媒技术的神话解读》（复旦大学出版社 2002 年 12 月），李兴国主编的《影视艺术与高科技应用》（中国传媒大学出版社 2005 年 7 月），这些书将科技和人文融为一体，对传播科技史做了物质形态层面的梳理，对技术和电视新闻，技术和传播之间的关系进行了分析论述，并在此基础上对新的新闻传播观念作了阐述。这些著作，一些是“概论”、“原理”的教材，一些停留于理论与实际“各说各话”的层次。也有一些论著不乏佳作。

中国社科院新闻研究所的闵大洪是国内比较关注技术发展的学者之一，他先后出版了《传播科技纵横》（警官教育出版社 1998 年 4 月）和《数字传媒概要》（复旦大学出版社 2003 年 6 月），向我们介绍了当代最新的传播技术形式，论述了种种传播新技术给新闻带来的革命，并分析了数字技术带来的新问题。他指出：“人类的每一项技术发明实际上都是一柄双刃剑。数字技术在给人们带来前所未有的享受的同时，也势必带来种种负面作用，如虚假信息和有害信息泛滥，个人隐私权更容易遭到侵犯，著作权保护难度加大等。”① 这些分析对我们认识新技术是颇具启发性的。中国传媒大学的孟群，多年来一直研究电视技术的发展，但他的文章，如《电视新闻节目的数字化制作》（发表在《现代传播》），他的著作《电视节目制作技术》（中国广播电视出版社），大

① 《数字传媒概要》 P199 闵大洪著 复旦大学出版社 2003 年 6 月第 1 版

部分都是从新闻的制作角度谈技术，较少涉及技术影响下的电视新闻传播观念的变化和发展。

还有许多研究者还就技术和新闻、技术和传播之间关系发表研究论文，如沙家蓉、董晓的《科学技术进步与电视新闻传播的发展》，刘娜的《数字技术对影视艺术创造的影响》，陈国利和张卫斌的《虚拟技术与电视媒介的立体发展态势》，邵培仁和章东轶的《论流媒体时代的挑战与电视生存》，姜广明、麻志毅的《电视技术的数字化、网络化》，叶子、李冉的《科技为电视新闻构架新高度》，王冉的《新媒体呼唤新内容》，等等。据笔者粗略统计，仅在几本新闻传播学核心期刊上，近五年来类似的文章有几百篇。这些文章都从不同的侧面、不同的角度，论述了技术对电视新闻传播的影响，虽然数量众多，但大多都较为零碎，就事论事，论述不深。

除了论著，还有一些学位论文也开始研究电视技术和新媒体。北京广播学院杨君的硕士论文《电视技术发展与电视传播观念的变革》，北京广播学院硕士论文《魅力的背后——技术发展视角中的电视新闻节目》，武汉大学陶庆的硕士论文《数字电视及中国数字电视产业化发展初探》，等等。和在刊物发表过的论文相比，这些学位论文有一定的理论基础，而且研究也较深入，但是纵观这些研究论文，不难发现，这些学位论文要么是历史梳理，要么是观点显老，论文对新世纪以来的技术发展论及较少，且不够深入、全面，而新技术在这两年的发展速度是有目共睹的，对电视新闻的影响也很大。

学界还针对新技术和新媒体的发展召开了研讨会。2000 年 12 月 13 日到 15 日，在上海交通大学召开了“全国第四届科技传播研讨会”，会议的主题是网络传播。2001 年 4 月，在北京广播学院召开了“新世纪网络传播发展国际论坛”。2004 年 11 月，在武汉召开了首届“新媒介与传播革新”论坛，探讨、交流新媒介发展的前景与趋势，研究新媒体开发、运行、成长的对策与思路，对新媒介所引发的传播革命，进行了理论对话。从这些会议来看，网络的崛起，使围绕信息传播新技术同传媒发展、社会发展的关系及其有关理论的研究，对我国新闻传播学界而言还有相当大的魅力。

对电视技术和电视新闻制作方式和传播观念的研究，港台学者也发表了一些论著，亦取得了一定的成绩。台湾陈世敏的论文《传播科技对待传播事业的影响》（载《传播科技展望》）、郑贞铭的论文《传播科技与新闻理念》，香港诗哲魂的论文《个人媒体乌托邦时代》（载《博客中国》），等等。他们更多地关注技术的未来发展和影响以及电视新闻的发展趋势。

国外学者对传播技术的研究比较早。加拿大的传播学者哈罗德·伊尼斯于 20 世纪 50 年代初期先后发表了《帝国与传播系统》（1950 年）（中国人民大学出版社 2003 年 6 月版）和《传播的指向性》（1951 年）（中国人民大学出版社 2003 年 6 月版），分析了人类传播的各种形式、各种技术手段。伊尼斯提出，在社会传播媒介的生命周期和社会变革、文明发展的速度之间存在有某种对应关系。他认为，一切文明都有赖于对空间领域和时间跨度的控制，与之相关的是传播媒介的时、空倾向性，因而文明的兴起与衰落同占支配地位的传播媒介技术息息相关。① 60 年代，另一位传播学大师麦克卢汉先后出版了三本专著，研究了存在于社会中的传播技术所带来的种种意义。其中最重要的一本是《理解媒介：人体的延伸》（1964 年）（商务印书馆 2000 年 10 月版），集中研究媒介技术，书中提出了一系列大胆而新颖的论点，如“媒介即信息”、“媒介是人体的延伸”。虽然说这些观点都是典型的“媒介决定论”，有偏颇之处，但这些观点理论为我们研究媒介技术提供了重要的理论视角，对我们研究新技术与电视新闻之间的关系是很有借鉴意义的。

保罗·莱文森是数字时代的麦克卢汉，他先后发表 100 多篇论文，完成 6 部理论著作，《学习赛博空间》、《软边缘——信息革命的历史与未来》、《数字麦克卢汉》、《思想无羁》、《真实空间：飞天梦解析》、《手机：挡不住的呼唤》（这 6 本书，除了《学习赛博空间》外，其他都已经在国内翻译出版），这些论著基本都涉及传播和技术的历史和哲学。莱文森扬弃了麦克卢汉的“媒介决定论”，提出了媒介发展的“人性化趋势论”。他认为，人类技术开发的历史说明，技术发展的趋势是越来越人性化，技术在模仿甚至复制人体的某些功能，是在模仿或复制人的感知模式和认知模式。② 保罗·莱文森张扬人在技术发展中的创造能力和理性选择，对媒介演进和人类前途抱有积极乐观的态度。可以说，人性化趋势正是本文论述的出发点和统领全文的一个主要理论。

在新技术、新媒体的研究方面，国外遥遥领先。美国的学者约翰·帕夫利克（John V Pavlik）和日本的研究者桂敬一更是非常关注新技术的发展。帕夫利克先后出版了两本书，《New Media Technology》（《新媒体技术》，清华大学出版社）和《Journalism And New Media》（《新闻业与新媒介》，新华出版社）来论述新技术对新闻业带来的积极影响和负面影响。约翰·帕夫利克指出，现在，受技术变革驱动的一系列经济、管理和文化的力量共同造就了新闻业的改变。新技术将会导致新闻内容的转变、新闻记者工作方式的改变、新闻编辑室和新闻行业的调整，也会使传播关系重新定义。③ 桂敬一也写了《多媒体时代与大众传播》（新华出版社）论述了多媒体对大众传播的意义。这本书分门别类地分析了多媒体与报纸、多媒体与电视、多媒体与广告、多媒体与出版等各

---

① 《传播的偏向》 P15 哈罗德·伊尼斯著 何道宽译 中国人民大学出版社 2003 年 6 月

② 《手机：挡不住的呼唤》 P7 保罗·莱文森著 何道宽译 中国人民大学出版社 2004 年 8 月第 1 版

③ 《新闻业与新媒介》 P3 约翰·帕夫利克著 张军芳译 新华出版社 2005 年 1 月第 1 版

种关系。

另外，未来学派的理论也是本文的一个理论支撑点，因而这些著作也是本文的重要文献。1973 年，丹尼尔·贝尔发表了著作《后工业社会的到来：对社会预测的一项探索》（商务印书馆），系统地阐述了“后工业社会”的理论和社会发展阶段划分的思想。1980 年，阿尔文·托夫勒的力作《第三次浪潮》（新华出版社）问世，他把以信息为基础的高度电子化的社会称为“超工业社会”。1982 年，另一位以预测社会未来著称的美国学者约翰·奈斯比特发表了《大趋势：改变我们生活的 10 个新方向》（中国社会科学出版社），他强调，人类正在从工业社会转变为信息社会。虽然三位大师对未来社会的提法不同，但基本思路是一样的。不论是贝尔的“后工业社会”，还是托夫勒的“超工业社会”，还是奈斯比特的“信息社会”，它们的核心理论都是，伴随着信息传播技术的迅速发展，信息正在成为最重要的资源。而现在，以电脑技术为核心主导作用的数字技术、网络技术和现代信息通讯技术对信息的生产、传输影响最为重大，意义也最为重大。因此，未来学派的文献和理论可以给本文预测未来技术的走向、电视新闻的发展趋势提供很好的理论借鉴。

除了以上文字资料外，笔者还进行了许多访谈，如访问了中央电视台多位新闻制作技术人员，听取了中央电视台高级工程师宋宜纯的题为“电视新闻制作传输趋势”的演讲；搜集了必要的影像资料，如“奥运会徽揭晓直播”、“登珠穆朗玛峰直播”等。笔者在读博期间深入电视一线，到中央电视台、北京电视台、广东电视台和深圳电视台就当前我国电视制播技术的发展现状做了实地调研。这样可以确保研究能避免脱离实际，只进行空洞的玄想，以实证的态度和务实的方针进行。

纵观国内的研究，中国学术界对媒介技术的研究起步较晚，在理论建设方面，尚未形成自己独特的、系统的理论，也没有出现像麦克卢汉、莱文森那样以独树一帜的技术理论闻名遐迩的研究大师。①

对电视新闻制播技术发展趋势的研究还属于一些较为零散、片段式的学术实践活动。虽然也存在一些富有创见性的研究，但这些真知灼见往往都是顷刻间的灵光一闪，并不能给我们提供一种比较清晰的、系统的、严谨的并有较强理论启发性的学术思考。本文的研究将循着以麦克卢汉为代表的技术学派和以奈斯比特为代表的未来学派的理论思想，着重探讨传播新技术对电视新闻业，整个大众传媒业乃至整个社会的影响，并探讨一下技术对电视新闻、对传播乃至对社会的负面影响。可以说，以新技术入手，从理论分析进入到实践层面，分别论述技术和生产、形态、观念、机制四个方面的关系，最后对未来做出预

① 《媒介分析：传媒技术神话解读》 P208 张咏华著 复旦大学出版社 2002 年 12 月第 1 版

测，对技术进行理论反思研究，为当前新闻传播研究提供一个全新的学术视野，开拓出一条富有前景的研究之路。

本论文正是基于国内外电视新闻制播技术发展趋势研究的现状，结合当前电视新闻传播活动的实际，深入论述，不断拓展，试图构建起一种相对完善和合理的整体理论框架结构。

## 第三节　西方经典技术理论评介

在西方传播学兴起的初期，学者们的注意力，主要集中在大众传播媒介所传递的讯息内容及其所产生的效果上，几乎没有关注过作为信息传递和接受的手段、载体的传播技术与媒介本身。然而，随着电视的发明、成熟、普及，电视的巨大影响日益渗透到大众的日常生活中。一些学者不再关注电视内容，而是逐渐开始了对电视媒介本身特征的理论思考，把媒介技术本身当作其社会影响的源头来探索。就在这样的思考和探索中，诞生了一批在媒介技术分析理论界中至今享有盛誉的理论大师：伊尼斯、麦克卢汉、雷蒙·威廉斯，他们都对媒介技术有着自己独特的理论思辨。

一提到媒介分析理论，很多人第一个想起的名字便是麦克卢汉，殊不知，麦克卢汉的媒介分析理论在很大程度上是受伊尼斯的影响，他自己也把伊尼斯称为“良师”。早在20世纪50年代初期，伊尼斯就在他的专著《帝国与传播》、《传播系统的偏向性》中广泛分析了人类传播的各种形式、各种技术手段，提出了一种把传播技术及其发展同人类社会变迁、文明发展史联系起来考察的媒介理论。①

比起麦克卢汉的媒介分析理论，伊尼斯的媒介理论要早问世十多年。伊尼斯从20世纪40年代初起，在他生命的最后十来个年头里，他把传播置于人类历史运转的核心位置进行研究，并在此基础上形成了他的媒介理论。这一理论认为，一切文明都有赖于对空间领域和时间跨度的控制，与之相关的是传播媒介的时空倾向性，因而文明的兴起与衰落同占支配地位的传播媒介息息相关。任何传播媒介都具有时间偏向或空间偏向，也就是说，传播媒介或具有长久保存但却难于运输的倾向性，或具有易于运输却难以保存的倾向性。前者便于对时间跨度的控制，如羊皮纸、石头等；后者便于对空间的控制，如轻便的纸张。② 伊尼斯将前者称为“偏向时间的媒介”，将后者称为“偏向空间的媒介”。根据伊尼斯的观点，就这两种媒介同权利结构的关系而言，“偏向时间

---

① 《媒介分析：传媒技术神话解读》 P50　张咏华著　复旦大学出版社　2002年12月第1版

② 《传播的偏向》 P27　哈罗德·伊尼斯著　何道宽译　中国人民大学出版社　2003年6月

的媒介”有助于树立权威，从而利于形成等级森严的社会体制；“偏向空间的媒介”则有助于远距离管理和广阔地域的贸易，有助于帝国领土扩展，从而有利于形成中央集权但等级制度不强的社会体制。①

伊氏还探讨了媒介的时间偏向和空间偏向两者之间的平衡对社会稳定的影响。他的媒介理论认为，建立在强调时间偏向的传播手段或强调空间偏向的传播手段基础上的两种不同的权威和知识垄断——宗教的或国家政府的，道德的或科技的，是帝国兴衰的主要动力、文明兴衰的主要动力。这种理论还把时间偏向和空间偏向视为辩证的统一体，认为一味地向时间倾斜或向空间倾斜会造成社会不稳定，一个稳定的社会离不开维护时间偏向和空间偏向间平衡地机制。

伊尼斯的媒介理论最重要的一个特点是作者对科技理性的怀疑态度，尽管伊氏很看重媒介技术发展史在文明发展史上的作用，但他并未从新的传播媒介的出现中看到解决现代文明中如下重要问题的希望：如何发展道德的力量去和物质科学所释放出来的力量向抗衡，以维持一种社会的平衡。例如，他在《传播系统的偏向性》一书中，对知识的机械化中所隐伏的问题作了如下的评论：“机械化强调了复杂性和混乱，它造成了知识领域的垄断。对于任何文明而言，如果它不屈服于这种知识的垄断的影响，对此进行一些批判性的调查和提出批判性的报告已成为极其重要的事项。思想自由正处于被科学、技术和知识的机械化及伴随他们的西方文明摧毁的危险之中。”② 尽管伊尼斯在对待科技的态度方面的悲观论调和怀旧情绪并不可取。但是他对现代西方文明过于强调物质科技的力量，忽视道德力量的批判性思考却是每一个习惯于独立思考的知识分子所必须尊重的。

如果说伊尼斯是将媒介技术与人类文明发展史联系起来进行思考的先驱，那么麦克卢汉则是继续开拓这一领域、并在传播学领域研究中确立以媒介技术为焦点的研究传统的关键人物。麦克卢汉强调媒介技术本身对整个文明发展进程的影响，他认为传播媒介是文明历史的中心主题。他最为重要的一个论点应该是“媒介即讯息”，这一论点认为：由媒介形式的任何进展所引起的人类社会的规模、步伐或类型上的变化，这是媒介形式除了传递媒介内容之外给人类社会带来的“信息”。③ 在麦氏看来，媒介形式远比媒介内容重要，它影响着人们的感觉以及人与人之间的关系。20世纪60年代，数字技术和多媒体技术还没有出现，电视是当时的新媒介，并在美国等国家蓬勃发展，电视对于美国

① 《传播的偏向》 P123 哈罗德·伊尼斯著 何道宽译 中国人民大学出版社 2003年6月

② 《传播的偏向》 P190 哈罗德·伊尼斯著 何道宽译 中国人民大学出版社 2003年6月

③ 《理解媒介——论人的延伸》 P26 （加）马歇尔·麦克卢汉著 何道宽译 商务印书馆 2000年10月第1版

人恰似30年代的电台对于欧洲一样，是一个革命性的媒介。麦克卢汉认为电视这一新兴媒介而非其传递的内容改变了人们的生活方式，人们坐在电视屏幕前观看发自全球各地的稳定图像，将有助于增强参与公众事务的意识；而电视作为最容易为普通人所接近的媒介，使得某些从前为特定集团所垄断的信息变成每个人都可以获得的东西。两者之间的相互作用促成了印刷媒介所造成的隔离状态的消除，并推进民主化和全球村的实现。

麦克卢汉另一个重要的观点就是“媒介是人体的延伸”理论。他把媒介技术比作人体或人类感官的延伸，并提出了“感官的平衡”的概念。他指出，使用不同的传播技术会影响人类感觉的组织。例如，文字与印刷媒介是视觉器官——眼睛的延伸，广播是听觉器官——耳朵的延伸，而电视则是全身感觉器官的延伸。① 麦氏根据人类历史上占主导地位的传播方式手段的演变，把人类社会分为三个主要时期：口头传播时期、文字传播时期以及电子传播时期。在每个时期，人类感官之间的相互作用以及思维的方式都有其自己的特点。与此相应的是部落文化、脱离部落文化和重归部落文化。他认为人的感觉需要平衡，任何一种感觉一旦占据主导地位，那么另外的感觉的作用被人们所疏远，这样的个体不会是健全的。而新兴的电子传播时期，将会使人重新走向和谐，使人的各种感觉重新达到平衡状态。②

伊尼斯和麦克卢汉两人把媒介技术置于人类文明发展史的大背景进行考察，强调媒介技术本身的作用，在传播学研究中开创了以媒介技术为焦点的新的研究传统。这是他们学说的重要历史地位。但是，他们的理论也存在着重要的缺陷：陷入了唯技术决定论的悖论。他们的媒介理论都失之于过分强调媒介技术的作用，把媒介描绘成导致社会变动的最大动力。从而被学界批评为陷入唯技术决定论的极端。我们对媒介技术本身带给社会的影响视而不见固然不可取，但把媒介传递的具体信息内容当作无关紧要也同样是错误的。大众传播在社会中的作用毕竟不可能脱离传播内容而实现。③

几乎与麦克卢汉同时，在欧洲，英国著名学者，西方批判学派中的社会文化学派的理论先锋、西方马克思主义的文化批评家雷蒙德·威廉斯则在考察媒介技术同社会与文化的联系。在威廉斯看来，即便是当时技术手段先进的电视，也不是科技的产物，而是一种文化形式的表现，而不论是科技事物的诞生

① 《理解媒介——论人的延伸》 P232 （加）马歇尔·麦克卢汉著　何道宽译　商务印书馆 2000年10月第1版

② 《理解媒介——论人的延伸》 P290 （加）马歇尔·麦克卢汉著　何道宽译　商务印书馆 2000年10月第1版

③ 《媒介分析：传媒技术神话解读》 P81　张咏华著　复旦大学出版社　2002年12月第1版

还是文化形式的诞生，都根植于社会历史条件之中。①

威廉斯地把大众传播当作现代社会的重要文化现象来研究，认为这种文化现象不但与先进的传播技术的发明密切相关，而且同科技发明产生及应用的社会历史紧密相连，同社会制度，文化惯例、人类社会变动着的政治经济力量、人们使用科技发明的社会意向等紧密相连。"所有技术的创造与发明都是为了有助于已知的人类实践或有助于已预见到的、人类想从事的实践，这是基本的意向因素，但却不是唯一的意向因素。在许多情况下，技术往往产生原先并未预料到的使用情况与效果，他们也是对初始意向的真正的修正。真正的决定是一个过程，一个牵涉到整个现实的社会过程，受到各种因素的制约。"②

在威廉斯的著作中，许多章节对麦克卢汉的技术理论提出了自己的批评。他认为在麦氏的媒介理论中，实际上见不到社会的踪影，它丝毫不能解释不同的媒介特征与特定的历史文化情境及意向之间的相互关联，缺乏对西方社会与文化状况及其发展趋势的理性批判。

威廉斯的理论力求把大众传媒及其传播活动置于同整个社会生活方式和历史进程的联系之中进行分析研究，并以传媒技术、社会制度与文化形式之间的关系为重要主题进行探讨，克服了仅以文本为依据分析大众传播与通俗文化的方法的局限性，同时有关传媒技术同传媒社会影响的问题上力求避免陷入唯技术决定论的极端。他的研究成果展示了大众传播技术研究的文化社会学的宽广视角，但他过于小心翼翼，使他在阐述传媒技术、社会制度与文化的关系中，不能充分展开对媒介技术作用的讨论。③

20世纪的最后十余年的时间里，是科技日新月异、信息技术更新提速的年头，数字技术、网络技术、光纤和卫星通讯技术等新技术大放异彩。在所有这些技术逐渐走向融合和协调的基础上，不但打破了地域限制和国家疆界，还打破了文字、声音、图像等各种符号形式的隔膜，更使得个人的单向传播（自我传播）、人际传播、组织传播、大众传播等各个层次类型和规模的传播走向统一。其影响的触角也正伸向人类社会生活的各个方面，渗透到全世界的各个角落。对于传媒界而言，这些变化中包含着新的挑战和机遇，对于研究界而言，这些令人激动的变化构成推动媒介技术分析研究的动力：一方面，要对信息传播新技术、新媒介、新环境、新实践作出深刻的分析和解释，离不开传播学理论的指导。另一方面，传播领域层出不穷的新变化，将一系列有关信息

---

① 《媒介分析：传媒技术神话解读》 P84 张咏华著 复旦大学出版社 2002年12月第1版

② 《电视：科技与文化的形式》 P53 （英）雷蒙德·威廉斯著 冯建三译 台北市远流出版公司 1994年

③ 《十年——从改变电视的语态开始》 孙玉胜著 生活·读书·新知三联书店 2003年8月版 P116

传播高新技术同社会发展的关系新传播研究课题摆在了学术界面前。将传播学理论研究和应用研究相结合，从前人的成果中获取启示，而又追求联系实际充实传播学理论，这是时代赋予新闻传播学界的双重任务。媒介分析作为以媒介技术为焦点、以媒介分析及其发展同人类社会变迁的关系为核心的研究部类，正好为本文的研究提供了极好的理论支撑。

## 第四节　本论文的总体构架

本论文是在西方技术学派和未来学派的理论视野下开展的。

本论文以技术为研究的出发点，深入探讨新技术为什么对电视新闻的生产、形态、内容、观念、管理产生影响，以及新技术怎样对这几个部分产生影响、具体都产什么样的影响，并在此基础上，从技术的发展趋势出发来预测电视新闻的制作和传播的发展趋势，最后对新技术的弊端进行反思，提出“技术的人性化趋势”这一核心论点。从整个论文的理论框架来看，它主要包括以下四个大的部分，每部分又有不同的章节。

第一部分，也就是第一章：新技术时代的电视新闻制播发展研究的基本概念和基本问题，探讨本研究的基本概念，包括对技术的理论认识，对新技术时代的界定，在此基础上探究新媒体的概念，并对新技术和新媒体进行一个区别。还要提出本研究的基本问题，即：新技术为什么会对电视新闻产生重大影响、新技术如何影响电视新闻、电视新闻怎么样规避新技术的弊端。

第二部分，包括第二章：无限的无限——新技术与电视新闻的生产、第三章：增大的现实——新技术与电视新闻的形态、第四章：播发适合电视特点的——新技术与电视新闻的观念、第五章：从集中到分散——新技术与电视新闻的机制。分别论述并分析新技术对电视新闻的生产、电视新闻的形态、电视新闻的观念、电视新闻的管理的影响。每一章都包括这样三块内容，一是从理论上论述为什么会影响；二是从应用上分析如何影响；三是具体有什么样的影响。

第三部分，即第六章：技术的问题还是人的问题——我们的技术瓶颈。分析为什么新技术提供了种种可能，而我们的电视新闻却没有做到，提出技术的问题归根结底还是人的问题，在新技术时代，更要提高电视人的技术技能。

第四部分，也就是最后一章，第七章：做技术的主人——对新技术的反思，对新技术进行系统的反思。任何技术都是一柄双刃剑，我们在分析新技术给我们带来的正面影响的同时，也不应该不探讨技术的负面影响，还要在探讨新技术负面影响的基础上，提出趋利避害的对策。

综上所述，本论文分为四大部分、七章，对新技术和电视新闻制播发展进行探讨，分析和预测电视新闻的发展趋势。这七章在逻辑结构上是彼此支撑和相互补充的，构成了一个相对完整和比较严密的总体学术框架。

# 第一章 新技术时代的电视新闻制播发展研究的基本概念、基本问题、研究方法

## 第一节 基本概念

### 一、对技术的理论认识

在阐明新技术之前，必须先弄清楚技术（technology）这个概念。关于技术的最简单定义是：人们借助工具，为人类目的给自然赋予形式的活动。①

对我们而言，技术并不是一个陌生的名词。技术这个词原用作表示所有与自然相区别的人类活动，尤其表示一种技能性，现在指人类借以改造和控制自然的包括物质基础、技艺和知识在内的操作体系。其实，技术是一个不断发展的名词。

柏拉图认为，技术是系统的或科学的知识。②

亚里士多德说，技术是为了从事智能活动而对知识的系统应用。③

法国技术学家舍普曾经这样表达他对技术的理解："技术就是不懈地改造世界和人类以便他们能相互适应"。④"技术已经成为一种无所不在、动荡不居的力量，影响着人类的历史"。⑤

---

① 《传播的观念》 P231 陈卫星著 人民出版社 2004年4月第1版
② 转引自《科技传播与当代社会》 P210 汤书昆、刘为民著 科学出版社 2001年9月第1版
③ 转引自《科技传播与当代社会》 P210 汤书昆、刘为民著 科学出版社 2001年9月第1版
④ 《技术帝国》 P3 （法）R. 舍普等著 刘莉译 北京三联书店1999年11月第1版
⑤ 转引自《先锋译丛4——电视与权力》，第72页，天津社会科学院出版社 2000年10月版

麦克卢汉说，一切技术都是人体的延伸。①

斯蒂文森认为，技术是信息革命之母。②

约翰·奈斯比特发现，技术今天已经不只是人类能够驾驭的工具了。自从1967年科技被认为是一件物体，到1989年扩张到“与生活、社会和环境的交互关系”，到1998年的定义包括“与其造成的后果”。③

技术是人类所面对的最复杂的社会文化现象之一。技术本身无所不包，可以是工艺，可以是程序、可以是规则、可以是设备、可以是系统、可以是方法，甚至可以是创意、可以是理念、可以是活动。因此，给技术下定义，是相当困难的，可以说有多少个技术哲学学者，就有多少个技术定义。到目前为止，人们给技术下了上百种定义。但是，通常人们把技术分为广义的技术和狭义的技术。所谓狭义的技术就是人们通常所说的技术，它包括具体的人造物质产品，并通过工程方法创造和使用的，如生产技术、工程技术、医疗技术等，是关于人与自然关系的技术。如我们一般所指的各种工艺操作方法和技能、各种生产工具和物质设备。所谓广义技术大体上指人类改造自然、改造社会和改造人本身的全部活动中，所应用的一切手段和方法的总和，泛指一切有效用的手段和方法。因此，狭义地看，我们可以把技术定义为“人类为了满足社会需要而依靠自然规律和自然界的物质、能量和信息，来创造、控制、应用和改进人工自然系统的手段和方法”；广义地讲，我们可以把技术定义为“技术是合理、有效活动的总和”。

因此有必要对这个词追本溯源。“技术”一词来源于古希腊词 techne，原意是艺术（art）手工艺（craft）和技巧（skill），对希腊人来说，技术是指达到目的的有效方法、手段和方式，在希腊文明时期，说话的技术和讲演的技术是至高无上的技术。但今天，在我们的技术文化中，在技术等级中占首要地位的是生产的技术。借用技术的本来意思可以把生产技术定义为为了达到某一特定目的（是指工业生产，比如汽车、或者农业生产，比如小麦）而使用的一切必要手段。这些手段五花八门，从知识和技能到工具机器，中间还有各种组织（比如企业）和机构（它们制定规则和标准），还有我们使用的有关技术的象征形式，因此我们的困难或许就在于很难划定技术的范围。人们从各个方面探讨技术，对它的阐述每次都是片面性的，为了了解技术的历史也为了想象

---

① 《理解媒介——论人的延伸》 P232 （加）马歇尔·麦克卢汉著 何道宽译 商务印书馆 2000年10月第1版

② 《Global Communication in the Twenty-first Century》 P317 Stevenson · Robert New York：Longman（1994）

③ 《高科技 高思维》 P2 （美）约翰·奈斯比特、道格拉斯·菲利浦著 尹萍译 新华出版社 2000年5月第1版

技术的未来，有必要从整体上把握技术的各个组成部分（工具、知识、组织、机构、象征）。[1]

要彻底了解技术，还需要区分科学（science）和技术（technology）的区别。这两个词都来源于西方，它们的涵义既有联系，又有区别：科学是反映客观事实及规律的知识体系，技术是为某一目的共同协作组成的各种工具和规则的体系；科学回答是什么、为什么的问题，而技术回答的往往是做什么、怎么做的问题；科学是发现，技术是发明；科学是创造知识的研究，而技术则是利用知识需要的研究；科学提供物化的可能，技术提供物化的现实。总之，科学中有技术，技术中也有科学。在人类科学技术发展史上两者的关系越来越密不可分，对科学来说，技术是它的延伸，但对技术来说，科学又是它的升华。

对技术的理论认识，不光是一个定义问题，甚至决定着人类的未来。如果我们认为技术是自我发展的，人们所能做的只是减轻它对就业和环境造成的不利影响，这种想法的确让人感动欣慰。相反，如果我们说，技术根本是毫无规划的，它的发展方向主要是由我们的社会经济目标决定的，那么我们就要对自己已经做出的选择和正在进行的选择负责任。未来几年的政治任务之一就是思考技术的评价和控制问题，因为这关系到我们技术社会的未来。[2]

技术所显示的是人类对自然以及人类对自身认识所达到的高度。技术远不只是一种达到目的的手段和工具体系，它在体现技术判断的同时，也体现价值判断和文化判断；从更深理论层次来说，技术具有作为伦理和政治问题的丰富涵义。

技术进步在推动人类社会经济发展的同时，也使人们的思想观念实现了质的飞跃。今天，技术已经被认为是现代文明的重要源泉，没有现代的技术，就没有现在的现代文明，技术本身已经成为现代文明的重要组成部分。从农业文明到工业文明再到今天的信息文明，人们的价值观念和生活取向都随着技术进步的链条在不断地进行调整和适应。

从大众传播的历史看，技术真实地促进了每一传播质量和传播范围乃至传播效果的大规模变革。

人类社会的第一种大众传播媒介是印刷媒介。印刷媒介是文字技术、造纸技术和印刷技术相结合的产物。公元前 3100 年，埃及产生了象形文字；公元前 16 到 11 世纪，中国有了甲骨文字。文字的产生，标志着人类文明社会的开始，也使人类的信息传播由口头传播进入到书面传播的初期阶段。人类的传播范围也第一次扩大，超出了嗓音所能到达的地方，而且传播的精确性大大提

---

① 《技术帝国》 P90 （法）R. 舍普等著 刘莉译 北京三联书店 1999 年 11 月第 1 版
② 《技术帝国》 P91 （法）R. 舍普等著 刘莉译 北京三联书店 1999 年 11 月第 1 版

高。15世纪，德国人谷登堡发明了金属活字印刷术，宣告近代印刷技术的最终完成，加上之前中国人发明的造纸技术，印刷媒介最终诞生，近代报纸就是印刷媒介的典型。印刷媒介以油墨在纸张上特定分布出连续性的文字符号，从而承载、传递相应的信息内容。

19世纪，技术发展更加迅猛，各种媒体层出不穷。40年代电报技术的发明成功，70年代电话技术的发明成功，导致了最早的电子媒介的出现。电报电话的技术基础正是电磁感应原理和近代无线电技术。1907年，美国物理学家福雷斯特成功研制出三极管，使语言广播的产生成为了可能。果然随后不久，广播就诞生了。人类传播的范围进一步扩大，而且这一次，传播的内容不再是冰冷的文字，而是情声并茂的语言。如果说语言广播的关键是声电转换的问题，那么电视传播的关键问题则在于解决光电转换，即把光的图像变成电信号传播出去，接受后再把电信号还原为光的图像。硒的光电效应的发现为解决电视传播的技术问题奠定了科学基础。1865年，英国工程师约瑟夫发现硒可以将光信号转换为电信号。1933年，美国科学家兹沃伊金利用硒发明了具备光电转换与光电扫描双重功能的摄像管，三年后，全世界第一座电视台在伦敦建成。电视的发明把人类传播带入到一个前所未有的领域，传播的范围空前扩大，传播的效果也是前所未有的好。

现在，随着计算机技术和数字技术的发展，信息高速公路、网络多媒体出现了。作为继报刊、广播、电视三大媒体之后的第四类媒体，集印刷、音响、影像等传统媒体于一身，具有前所未有的、真正意义上的交互性、多媒体性和个人性。基于网络基础上的信息高速公路被公认为是人类传播史上新的里程碑。[①] 人们把前三种媒体称为传统媒体，而把网络媒体称为新媒体。这种新媒体正是数字技术和网络技术发展的结晶。

对技术的社会作用的认识，历史上就存在着两种截然不同的看法，一派是技术决定论，一派是文化决定论。技术决定论者视技术无所不能，倾向于认为技术对传播内容的影响是压倒一切的。加拿大媒介理论家麦克卢汉的“媒介即讯息”就是技术决定论的典型。他认为，就媒介在几个世纪的发展过程中对整个社会和文化的影响而言，媒介内容对传播本身的影响远不如媒介技术对传播的影响。

文化决定论者倾向于否定技术的决定性作用，他们把技术置于社会背景中，认为社会背景才是决定媒介技术和媒介内容的主要因素。法兰克福学派对文化的技术化就持批判态度，他们认为科学技术的高度发展的一个直接后果是，人的理性变成了纯工具化的思维，工具理性支配着社会生活的一切领域。

① 《数字化生存》 尼葛洛庞蒂著 胡冰 范海燕译 海南出版社 1997年2月版

技术对社会的全面介入，不仅使文化的生产者，而且使文化的传播者和享用者都成了工具。

很显然，这两种论调都失之偏颇。应该看到，人类传播的发展始终伴随着传播技术的进步。就本体论而言，是人类对社会交往的需要促进了传播技术的发展。人与技术的关系是主体对客体的操纵关系。而就实践过程而言，传播技术也确实在以它自身的逻辑，演绎着与社会发展或同步或异步的变奏曲，一种技术通常被嵌入到一个社会结构之中，这一社会结构影响技术的发明、发展、扩散，影响技术对于社会的作用，但是，技术的这一社会嵌入，并不能否定以下事实，即：技术可能成为社会变化的一种动力，只是它并非成为唯一的动力。① 换言之，既遵循社会需要又遵循自身发展逻辑的传播技术，在顺应和满足人的社会需要的同时，也在以其固有的张力，规定制约着人类思考问题的路径以及行为方式的选择。当今，传播技术的突飞猛进有如核子裂变，它所产生的“内爆”波及人类物质世界与精神交往的各个层面。

马克思主义认为，生产工具是划分各种经济时代的物质标志，各种经济时代的区别，不在于生产什么，而在于怎样生产，用什么劳动资料生产，劳动资料不仅是人类劳动力的发展的测量器，而且是劳动借以进行的社会关系的指示器。② 控制论的创始人维纳也曾说过，社会通讯是社会这个建筑物得以黏合在一起的混凝土。③

这些论断有助于我们构筑一个运用社会学方法分析传播技术的理论平台，并对传播技术予以社会学视角的思考，在传播技术与社会文化之间，架起一座具有可通约性的桥梁，以弥合技术决定论与文化决定论对传播技术社会作用力认知的极化倾向。这种研究范式有助于我们跳出对传播技术纯工具性的狭隘认识，从更宏观的层面加深对传播技术的理解。

**二、何为新技术时代**

本文中的新技术指的是以电脑技术为核心主导作用的数字技术、网络技术和现代信息通讯技术。“新技术”中的“新”是一个相对的概念，它永远是与“旧”、“传统”相比较而言。由于技术本身也是不断发展着的，不断地会有新技术出现，因此，“新技术”一词的内涵也不断地发生变化，所以说，“新技术”是作为动态的研究对象而出现的。

在迅速发展的信息传播技术中，数字技术、网络技术和现代信息通讯技术对世界性的信息传播来说，影响最为深远、意义最为重大。对电视领域，新旧技术的比较，结果更是不言而喻的。使用了新技术，电视新闻的生产（包括

---

① 《传播学史》 P510 E. M. 罗杰斯著 上海译文出版社 2002 年版
② 《马克思恩格斯全集》（第 23 卷） P204 人民出版社 1972 年版
③ 《人有人有用处》（美）维纳著 P17 商务印书馆 1978 年版

采集、制作、传输等）、形态、观念和管理都将发生翻天覆地的变化，以笔者贫乏的想象力或许还无法勾勒出它的轮廓。在此，笔者不得不借用“新技术时代”这样一个名词来表达对新技术的敬意。

第一，新技术时代的电视新闻的生产效率会更高，成本会更低。电视记者可能发现他们采集新闻的方式已经被轻便高清纯数字摄像机、编辑机、小型个人化卫星传输设备；被基于高速无线技术、与大型数据库相链接的易携带技术所改变。技术不会再成为生产电视新闻的羁绊，只有电视新闻想不到的，没有新技术实现不了的。

第二，新技术时代的电视能生产出更多、更好的新闻产品。我们会看到，未来的电视新闻产品越来越多地表现出基于计算机（电视的终端变为计算机）、非线性（例如超文本、超链接）、多媒体（文本、数据、音频、视频）、用户控制（包括产品的形式、功能越时间）、实时的、互动和满足个性需求的特性。媒介消费者对媒体产品拥有空前的选择和控制权，消费者不仅可以选择看到、读到、听到的内容，而且也可以选择何时和何地接受信息。

第三，新技术时代的电视媒体的组织结构可能会重建。计算机和远程通讯设备的几种应用已经打造了一个有线和无线的网络计算时代。这种分布式处理环境迫使包括新闻编辑部、广告代理机构在内的媒体组织开始重新思考他们办公的结构。分散化办公是媒体组织结构发展的一个基本趋势。所有的雇员不再需要工作于同一个地点、同一个城市甚至同一个国家。① 通过使用卫星通讯、光纤通讯和高性能台式计算机，电视媒体组织的编辑记者能够协同工作、共享文件、发送信息和同步创造来自世界各地的最新的新闻产品。

第四，新技术时代的媒介地图正在快速地改变。正如哥伦布在1942年发现了新大陆以后，欧洲地图绘制者需要重绘世界地图一样，以数字技术、计算机技术为基础的新技术开发同样也需要我们重绘媒体世界的概念图。② 当我们分析媒体业的时候，老的组织框架已经不再适用，原来独立的、界限分明的各种媒体，如报纸、广播、电视、网络的界限正在变得越来越模糊，各种媒体的界限也因为重叠而变得越来越不清楚。

布莱恩·麦克耐尔在他的名为《新技术和媒体》的文章中为我们描述了新技术给传播业带来的巨大变革：“大众媒体的发展历史是技术发展不断影响社会生活各方面的历史。然而我们有充分的理由相信现代媒体正在经历着特别具有戏剧性的发展变化。新技术时代将是一个互动的、可参与的和多样化的媒

---

① 《新媒体技术——文化和商业前景》 P10 （美）约翰·帕夫利克著 周勇、张平锋、景刚译 清华大学出版社 2005年5月第2版

② 《新媒体技术——文化和商业前景》 P76 （美）约翰·帕夫利克著 周勇、张平锋、景刚译 清华大学出版社 2005年5月第2版

体新时代，它将给观众带来新的自由。”①

### 三、对新媒体的界定

在此，还有一个概念不得不提，那就是新媒体。因为新媒体是新技术发展的产物。新媒体指的是在互联网之后，利用数字技术进行传播的以手机电视，网络电视，移动电视，博客、维客等等为代表的媒介。当然和新技术一样，新媒体也是一个不断发展的相对概念。

其实早在20世纪70年代时，传播学界曾热衷讨论“新媒体”，那时的“新媒体”指的是兴起不久的电视。加拿大著名传媒学家麦克卢汉在说“任何技术都倾向于创造一个新的人类环境”这句话时主要还是想强调电视将会为人们的生活带来巨大的变化。现在，数字技术、网络技术这些新科技，已经为人类创造出一个崭新的环境。有“第四媒体”之称的互联网一出，电视就成了“传统媒体”，更不要说诞生在它之前，影响不如它的报刊和电台广播了。随着计算机数字技术的发展，各种新媒体层出不穷，而对于此类新媒体，不同的人从不同的角度也给予了五花八门的定义。

崔保国认为，“所谓‘新媒体’，并没有确切的定义。一般包括录像、多媒体、有线电视、卫星电视、光纤通信、综合数字通信网等。其中，渗透性最强、影响面最大的，是‘高速信息公路’和‘多媒体’技术。实际上，它们各有特点，彼此有很大的差异。但从总体看，又有一个共同点。即：都不像‘传统媒介’那样可独自发挥作用，而是以新兴技术与原有技术进行各种巧妙组合的产物，其信息传播的速度、数量、质量乃至信息传播的模式等，均发生了巨大变化。”②

陈卫星认为，新媒体首先是一种技术形态。每一种技术发明及其成果转化都直接对当时的社会实践和社会发展的象征表现提供一个媒介化的工具。恩格斯指出人与动物的根本区别在于发明、制造和使用工具，工具的发明和创新构成人类发展的经纬线和产生意义的中心。③

吴征把新媒体定义为“互动式数字化复合媒体”，认为其特征主要有四个方面：第一，它是一种以个人性为指向的分众媒体而非大众媒体，传播模式是窄播而非广播；第二，它是一种信息的发送者与信息的接收之间具有充分互动性的媒体；第三，它是一种复合媒体（多媒体），新媒体的内容呈现方式可以

---

① 转引自“传播学论坛”

② “技术创新与媒介变革，媒介的大裂变” 作者：崔保国 中国江苏首页＞＞新闻＞＞学者专辑 www.jschina.com.cn/gb/jschina/media/－65k－20021213＝1242002

③ “新媒体的传播学反思” 作者：陈卫星 2000年4月8日在广州《羊城晚报》所举办的财富沙龙第9期上所作的演讲文字稿 演讲记录以《新媒体的三个理论问题》被收录在《财富沙龙》 广州羊城晚报出版社 2000年11月版

根据需要，在文本、视频和音频之间任意转换或兼而有之；第四，它是一种跨越国界的全球化媒体。全球的网络市场消除了国与国的界限，家庭甚至个人与跨国公司一样有机会拓展全球市场，信息以最低的成本让无数的人共享。①

本文中的新媒体是指在互联网之后发展起来的，建立在网络、数字技术基础上的渐成体系的新兴媒介，如手机电视、网络电视、移动电视、博客，它们的共同特点是融汇了多种传播技术，使传播可以在更多元的方式下实现。与传统的传播媒介相比较，新数字媒介的存在前提是必须依赖计算机先进的信源压缩编码、数字传输/存储和传送技术，它的主要特征是信息的实时性、准确性、大容量、易检索和多通道传播。

新媒体的不断产生大大丰富了现代媒介环境，它们与传统媒体共生，新媒介不断地与传统媒介争夺市场，使传统媒介面临着越来越多的挑战，但是未来大多数能称得上媒体的媒介只会是在一起共同繁荣。新媒体完全吃掉旧媒体的可能性是很小的。新媒体不是要淘汰以往的媒介，而是要开拓新的需要。如果说，需求个别化、多样化是现代社会的特征之一的话，那么，新媒体正是为了能更加细分化地适应社会的多样化需求而大大丰富人们的选择余地。② 新媒体的发展不仅提高了传播效率，更重要的是它们在一定程度上也影响和决定了传播的性质，成为人们生活的必要部分。从形式上来说，它们几乎涵盖了人类传播中的所有类型，既有人际传播，也有大众传播，既有点对点的传播，也有点对面、面对点的传播。利用新媒体进行的传播活动有时是个人行为，有时是有组织的大规模的定向活动。

一系列新媒体的出现和发展使得文化传播技术、文化传播载体及文化内容之间也出现了新的关系，并向新的方向发展。在20世纪，文化内容的生产和发布是从中心向边缘单向辐射的，报纸、广播和电视基本上都主要进行单向信息传送。但是电视观众已经不满足于传统意义上的“受制受众”(Captured Audience)，而寻求交互式、个性化、更自由的视频音频娱乐方式。换句话说，既具备了数字化的物质技术基础，参与者又做好了娱乐心理和习惯的准备。数字信息技术的发展支持了受众的冲动，尤其是现行电视传播业体制之外的技术创新，不断地开拓视频、音频娱乐新疆域，创造或者肢解传统电视体制的市场，同时迫使体制内电视业进行变革、与狼共舞。③

在新媒介的使用中，信息基本上都不是从传播者那里“推”出去，而是由接受者从传播者那里“拉”出来。它们在一定程度上解决了媒介节目的共

① “媒体业发展趋势与新媒体的文化使命”作者：吴征　载新浪科技　吴征专栏　http://www.sina.com.cn

② 《世界大众传播新潮》 P20　吴信训著　四川人民出版社　1994年

③ “时间表确定数字电视颠覆行业格局”　作者：李勇　载《经济观察报》2002年9月9日

同性与受众要求的特殊性之间的矛盾，将受众从原大众媒介的强制性压抑中解放出来，使观众成为主动的接受者。使用者不是在接受，而是在选取。新媒体并没有改变人类传播的基本结构，但是却对这个结构的一些内在因素的相互联系进行了重新整合，增强了各个环节的互动关系。

以电视为例，现在促使电视结构调整的主要因素是数字技术和多媒体运用。数字技术使图文、声音和视频信息找到了统一的载体，实现了多媒体的传播。其结果是使传统大众传播诸因素关系发生复杂的变化。传统的大众传播过程，集中体现为“信源”、“媒体”和“受众”三者之间的相互地位和相互作用。它是一种由少数人掌握信息来源，通过媒体的制作向数目庞大的公众进行传播的过程。因而可以看作单向的、点对面的传播；如果考虑反馈的因素，也只是双向的传播。未来的多媒体数字信息传播完全改变这种传播关系。它不仅包括单向的、点对面的传播，还包括双向的点对点，多对多的传播，而且赋予互动的特点。新的传播过程中，“信源”、“媒体”和“接收者”（也许不宜再称为受众）的性质地位和作用都发生变化。①

## 第二节　基本问题

界定了“技术”、“新技术”、“新媒体”这些基本概念，并不意味着就确定了“新技术时代的电视新闻制播发展研究”所要研究的基本问题。离开了国情，离开了中国电视新闻业的特殊性，是不可能准确把握中国电视新闻改革面临的基本问题的，因而也就不可能准确预测中国电视新闻制播发展趋势。但是，任何事物发展的规律都是以普遍性为原则的。同理，要预测中国电视新闻制播发展趋势不能以特殊性为基础或导向。中国电视新闻业的发展、中国电视新闻的改革面临着许多问题，有制度的、技术的、人才的、观念上的等等，这些问题有些是中国特殊的，有些是世界电视业共同面临的。

如果按照邓小平同志的阐述，把改革看成是一场革命的话，那么中国的电视新闻业仅仅是业务上改进，经济管理的改善，体制上的改良。新闻业不像经济领域那样，从改革一开始就把改革目标锁定在经济体制上，中国新闻体制上的改革还未真正涉及。然而，时至今日，观念更新的能量已基本释放，也就是说，光靠观念更新已无法解决当前电视新闻业面临的深层次问题，必须依靠制度创新来推动改革。历史证明，一切改革都从观念更新开始，最后都将遭遇制度壁垒。如果制度能够顺利创新，那么改革将会继续前进。②

---

① “21世纪电视发展的思考” 作者：黄匡宇　载中华企管网

② “当前中国传媒业新闻改革的若干特点” 作者：李良荣　载《南方电视学刊》2004年6期

事实上，中国电视新闻业的制度在短时间内恐怕很难有大的改革。但是，有这样三股无形的力量在当下会不断地推进制度改革的进程。一是社会公众对新闻信息无止境的要求；二是我国加入 WTO 的承诺和国外电视新闻的影响；三是迅速发展的新技术。其中，新技术对中国电视新闻影响最为深远、对电视新闻改革的推进会最为直接，这就构成了本文研究的基本问题。

**一、新技术为什么会对电视新闻产生重大影响**

“为什么”解决的是理论问题。这个问题是研究的重点和难点，是接下来展开分析的理论依据。在批判麦克卢汉“技术决定论”的同时，承认技术对媒介的生产、形态、观念和管理有一定的影响。借用莱文森的话来表达笔者的技术观。“技术只决定事物可能发生（没有技术就不可能发生相应的结果），而不认为技术会产生不可避免的绝对的结果，电视新闻的发展系统中，各种因素共同起作用，也就是说其他的关键因素同样对结果产生起作用。”①

**二、新技术如何影响电视新闻**

“如何影响”解决的是应用操作的实务问题。本文拟从电视新闻的生产、形态、观念、管理四个方面分别展开论述，结合案例，详细分析每一种新技术带给电视的具体影响，预测电视新闻的发展趋势。所有的媒介，包括电视，终将变得越来越人性化，也就是，它们处理信息的方式愈发像人一样“自然”且优于已有的任何媒介，从而使得通讯的便利性日益增加。② 这将是本文预测电视新闻发展趋势的基本观点。

**三、电视新闻怎么样规避新技术的弊端**

“怎么样”解决的是新技术的反思问题。新技术是一柄双刃剑，在让人们充分享受信息传播自由的同时，也使人类面临更大的困惑。如，为技术而技术的问题，真实性、知识产权、隐私权的问题等。这部分将会对新技术本体做一个理论批判，然后提出趋利避害的对策。

## 第三节　研究方法

新技术与电视新闻制播发展研究属于一种多学科辩证分析和交叉学科综合研究，这无疑是一次充满坎坷而又富有价值的学术探险历程。为了能够顺利完成这次探险历程，笔者将努力加强马克思主义新闻观的理论修养，遵循马克思主义新闻观的基本立场、观点和方法，并以此作为总体方法论和分析视角，贯

① 《软边缘——信息革命的历史与未来》P4 （美）保罗·莱文森著　熊澄宇译　清华大学出版社　2002 年 4 月第 1 版

② 《软边缘——信息革命的历史与未来》序 （美）保罗·莱文森著　熊澄宇译　清华大学出版社　2002 年 4 月第 1 版

穿于新技术与电视新闻制播发展研究的整个分析和论证过程。同时，本论文将借鉴西方最新的理论成果，如技术学派的理论、未来学派的理论和传播学理论等，按照唯物史观和辩证思维的方法，深入认识和理解其基本的理论方法和分析模式，对这些理论进行认真的鉴别、整合和扬弃，并加以有效地吸收和充分利用。

此外，论文将紧密结合当前新闻传播活动的发展现状，使理论分析和论证做到有的放矢、目标清晰，而不至于陷入理论空谈的怪圈中，以提高新技术与电视新闻制播发展研究的理论水平和现实针对性。

最后，笔者将在此分析论证的基础上，明确提出，在当前的历史条件下，新技术与电视新闻制播发展研究的一系列理论观点、方法、规律和结论，和它对当代新闻传播研究的贡献和局限，以及相应的理论深化和拓展途径。在研究过程中，有两个方法论层面的问题，在此专门提出。

第一，作为跨学科综合研究，对所借鉴理论方法的深入理解，是一个极其重要的问题。从某种程度讲，它将直接关系到新技术与电视新闻制播发展研究能否获得成功。在所借鉴的理论中，西方技术学派对媒介技术的理论认识，是迄今为止较为成熟和完善的理论体系。笔者将麦克卢汉的“媒介决定论”消化吸收为“媒介影响论”，加上莱文森的“人性化趋势论”，作为整个分析研究的基本理论参照系，将宏观思考和微观分析有机结合起来，既从总体上准确掌握其理论方法的总体框架，又从细部上深入理解其基本观点及其论证过程。应当看到，基于这种理论自身存在的某些缺陷性，虽然它从总体上比较合理和有效，但是，不少细部层面上还需要加以辩证的修正。也正基于此，新技术与电视新闻制播发展研究并不是把西方技术理论方法，整体移植到当前的电视新闻传播研究中来。本论文将根据电视新闻活动发展的自身特性和基本规律，对西方经典技术理论进行辩证的修正和改造，以提高理论分析方法的现实性和有效性，从而克服当前跨学科研究中普遍存在的问题。

第二，新技术与电视新闻制播发展研究既不是一种空洞的理论思辨，也不是纯粹的实证分析，而是理论思辨和实证分析的辩证统一。它分析的问题不是凭空臆想出来的，而是来自于当前新闻传播实践之中。它从技术分析入手，结合个案研究，从理论上着重分析新技术为什么会对电视新闻的生产、内容、形态、观念和管理产生影响，从应用上逐个探讨新技术怎么样来影响电视新闻的生产、内容、形态、观念和管理。新技术与电视新闻制播发展研究是在多个层面上，全方位展开的，其考察和分析并不以某种方法为唯一参照系，而是借助多种理论方法的通力合作和彼此支撑。不但包括西方经典技术理论的总体性方法，它应用于分析研究的整个过程，而且包括未来学派、传播学的比较分析和预测分析的方法，他们可能应用于新技术与电视新闻制播发展研究的某个环节和某个层面上。

总体说来，新技术与电视新闻制播发展研究将总体借鉴西方经典技术理论的分析方法，以其他多种分析方法为辅助，全面审视和关照当下电视新闻传播活动的总体过程，以期通过多种学科方法的有机融合，使本研究既不是空洞的理论演绎，也不是简单的现象描述，真正达到历史和现实的、规律性和目的性的统一。

**本章小结：**新技术指的是以电脑技术为核心主导作用的数字技术、网络技术和现代信息通讯技术。对新技术时代电视新闻制播发展研究的基本概念、基本问题和研究方法的界定有利于我们把握本文立论的基点和议论的方向。但我们也必须搞清楚，“新技术”中的“新”是一个相对的概念，它永远是与“旧”、“传统”相比较而言。由于技术本身也是不断发展着的，不断地会有新技术出现，因此，“新技术”一词的内涵也不断地发生变化，所以说，“新技术”是作为动态的研究对象而出现的。

# 第二章 无限的无限——新技术与电视新闻的生产

电视，从它诞生的那一天起，就依赖于技术的进步，技术环境造就了其传播发展的主要物质基础。电视的制作方式经历了胶片记录制作、磁带记录制作以及数字化多媒体制作三个阶段；播出方式由简单演播室直播、录像播出到卫星直播；传输手段从地面发射、微波传送到卫星传输网络的形成。电视的每一次历史性跨越都有赖技术之手的有力推动。

在电视节目的范畴中，电视新闻是对技术发展依赖程度最大、反应最为突出和明显的部分，原因就在于新闻对时效和真实的要求苛刻到了没有回旋余地的地步。每一件有新闻价值的重大事件发生，都要求电视新闻传播者能在最短时间到达现场，迅速有效地开展工作，将新闻事件真实、全面、迅速地传递给观众。可以说，技术犹如一只“看不见的手”，实实在在地影响着每一种停留于案头的创意和想象最终能不能变为荧屏上的现实，进而真实有效地影响到电视机前的观众。

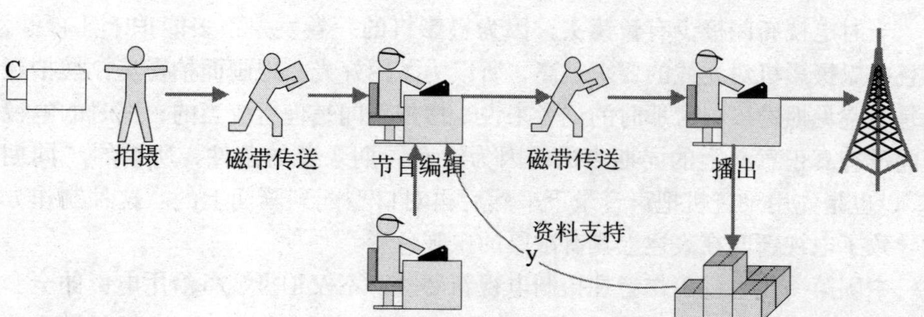


**电视新闻制作流程**

电视新闻不仅在采集和制作阶段受技术制约，在传输和接受阶段也牢牢地被技术控制着。新技术对电视新闻的生产、传输影响最为直接。纯数字摄像机、非线性编辑机使电视新闻的生产效率变得更高，为记者最快速制作电视新闻提供了技术可能；小型个人化卫星传输设备可以真正实现现场直播、视频连线的日常化；基于高速无线技术、与大型数据库相链接的便携带技术可以使电视新闻的传输成本更低，更加自由。新技术时代，技术不再会成为生产电视新闻的羁绊。只有电视新闻想不到的，没有新技术实现不了的。

## 第一节　新技术使电视新闻的制作播出速度无限提高

电视新闻的生产包括采集（摄像、录音）、制作（编辑、配音、包装）和传输等环节。对于新闻而言，在真实的基础上，快速是第一位的，而新技术首当其冲地满足的是电视对于快的要求，新技术让电视新闻采集的更快、让电视新闻制作的更快，让电视新闻传输的更快。

一项新的技术被应用到电视新闻中，推动了新闻事业的发展，在此基础上人们又会对新闻、对信息产生更高、更新、更快的要求，这势必将推动新的技术的产生发展。只要技术不断进步，电视新闻发展的步伐就永远不会停下来，只要人们对信息不断有新的要求，技术就将不断地向前发展，以满足这种要求。

### 一、数字技术

到目前为止，可以公认的电视新闻节目制作技术的重大变革有三次。

1. 用电影化的手段制作电视新闻

电视在诞生之初，拍摄新闻的设备是16毫米的电影摄影机。拍摄完成以后，进暗房洗印，然后剪片、配音，再播出。用这种方式拍新闻，新闻的时效性根本无从保证。因此，那时的电视新闻充其量是电视新闻简报，精美的画面加上文学化的解说，再配上成段的和主题毫无关系的优美音乐。

当时电视新闻极少有长镜头，因为摄影机的一卷发条顶多能拍十几秒钟，而且电影摄影机对光线的要求很高，所以为了用好光，把画面拍得美，摆拍新闻是司空见惯的事，对那时的记者来说，摆拍新闻是理所应当的；那时的电视新闻没有真正意义上的同期声的，因为没有同期录音的条件，所谓的“同期声”，也是先用录音机把声音录下来然后再对口型配到画面上的。这种制作方式导致了电视新闻在表述上具有浓厚的主观色彩。

中国第一代电视工作者在摄制电视新闻时，不仅拍摄装备沿用电影的全套器材，连制作观念也是“电影化”的——主题先行加摆拍，电视新闻呈现出一种“用电影方式制作，用电视手段传播”的不协调状态。这种不协调状态并不是电视工作者主观上的意愿，而是由当时只有摄像技术，没有录像技术的条件所决定的。

2. ENG 工作方式

用电影化的方式制作电视新闻这种情况一直持续了很多年，直到 1959 年美国安培公司发明了四磁头电子录像机才逐渐得以改变。尤其是 70 年代中期，电子新闻采集设备 ENG（Electronic News Gathering）出现和普及，更是彻底解放了电视新闻采集在技术上的羁绊。

ENG 和与之配套使用的录像带一旦拍摄完毕，可以立刻编辑。新闻的采集和制作环节大大缩短了时间。过去，电视台播出的新闻最新的也只能是昨天发生的事，而 ENG 设备使用以后，至少从技术可以实现“今天的新闻今天报”。

可以说，正是 ENG 的使用，电视屏幕上才有了真正意义上的电视新闻，电视才变得可信权威并成为真正的新闻媒体。一项调查表明，中国的受众是从 20 世纪 80 年代末开始把电视作为获知新闻的第一选择的。这一方面固然是因为电视机的普及，而另一方面，这个时期也正是 ENG 在中央电视台大规模使用的时期。ENG 使电视新闻采访变得快捷而方便，但电视优势超过广播不仅仅是由于 ENG 的出现使新闻变得迅速，更重要的是 ENG 使电视变得更加真实和更具参与感。

3. 数字化节目制作

1995 年，美国大名鼎鼎的麻省理工学院教授兼媒体实验室主任尼葛洛庞蒂（Nicholas Negroponte）推出了自己的新作《数字化生存》（《Being Digital》）。这本书立刻风行全球，被译为多种文字出版。中国大陆的海南出版社于 1996 年将其译为中文简体出版，到 1997 年 2 月，已是第三次印刷。尼葛洛庞蒂被西方传媒推崇为传播科技领域最具影响力的当代大师之一，由此开始被广大中国人所了解。他的一句名言“计算不再只和计算机有关，它将决定我们的生存”,① 在中国的信息专业报刊上被频频引用。

尼葛洛庞蒂认为，物质世界的基本粒子如果说是“原子”，那么，数字化革命后的新世界的基本粒子就是“比特”（bit，即 binary digit【二进位数字】的缩写，为计算机处理、存储、传送信息的最小单位）。尽管尼葛洛庞蒂将“比特”褒扬得无所不能的观点受到一些人的批评，尽管未来“数字化将决定我们生存”的论断也受到不少人的质疑，但几乎所有的人都看到了当今传播事业发展不可阻挡的一大特点：数字化。目前，数字化浪潮正在通信和传播领域全面推进。作为最具影响力的电子大众传媒——电视自然也处在变革的

① 《数字化生存》 P1 尼葛洛庞蒂著，胡冰、范海燕译 海南出版社 1997 年 2 月版

前沿。

数字化是一场世界范围的新技术革命，也是电视的发展趋势。现在我们通常所说的“数字电视”是狭义的“数字电视”，是指有线电视的传输和用户接受环节的数字化。而目前各城市所开通的数字电视是通过调制解调技术和机顶盒技术实现有线电视传输环节的数字化，也就是有线电视的数字化。而真正的“数字电视”是广义的，是指从节目的拍摄、编辑、制作、存储、发射、传输，到信号的接收、处理、显示等全过程的所有环节都使用数字化的电视系统。① 此系统全部采用数字信号的制式，有别于过去的采用模拟制式的模拟电视。

而本文在此论述的数字化是，数字技术设备对电视新闻的拍摄、编辑、制作、存储、传输的巨大影响。当前，数字化浪潮正在席卷全球，引发新一轮的传播业革命势在必然。电视新闻的未来，必定是数字化生存。从节目制作手段、传播方式到接收方式都在发生着变化，而随着电视数字化进程的更深层次发展，数字化传播方式的双向性、交互性及个性化将愈加显现，电视新闻的外延也会逐渐扩大。

**数字化磁带摄像机**

电视从 20 世纪 30 年代起，使用的都是模拟信号，即直接模拟所摄取的形象的光学特征，通过光电转换，变成连续的电子波讯号。数字化电视系统就是将一切图像和声音信号都转换成为 0、1 组成的二进制的数字信息来进行记录和处理。数字化带给电视新闻生产方面的变化是全面的、深刻的。

从前期采访来看，数字化的摄录设备正在取代传统的模拟摄录设备而占据主导地位。数字化的摄像机不仅保持了模拟摄像机的功能和质量，还有许多优点。数字摄像机具有高质量的图像、高稳定性、易于调整且精确、简单的操作及丰富的功能，这些都使得我们更快、更好地做出电视新闻有了技术保证。

第一，记录格式统一。

以往的模拟摄像机，记录格式多样，盒带的大小尺寸也不同，因此它们之间不能像录音带那样方便地相互交换，这在使用过程中往往会造成不必要的麻烦。因此，在数字摄像机的开发研制阶段，为避免重蹈格式之争，各大公司于 1994 年达成共识，制定了一个公认的标准，即数字盒式录像带 DVC 格式，其中用于家用数字摄像机的格式称为 DV 格式，目前世界上已有 55 家大的电器公司宣布支持这一格式。现在市场上的数字摄像机都遵循 DV 格式，各厂家的产品都具有很强的互换性，显然与模拟式摄像机相比，这是一大进步。

第二，各项技术性能优越。

---

① 《数字时代的中国广电媒体》 P11 黄升民 等著 中国轻工业出版社 2003 年 2 月第 1 版

首先，数字摄像机的灵敏度高。在同样光线条件下，数字摄像机拍出来的图像清晰、透彻，层次感强。而且摄像机的高灵敏度使景深加深，并能得到满意的聚焦，即使在最快的快门速度下，也可以在一定的光线下进行拍摄。其次，数字摄像机都有自动跟踪白平衡。这样即使在色温发生变化的情况下，如从室外到室内，从日光下到荧光灯下，做连续跟踪拍摄，又没有机会重新手动调整白平衡的情况下进行的，能满足专业需求，提高了白平衡调节的精确度，实现白平衡自动跟踪。再次，数字摄像机由于对声音的处理采用了与音乐 CD 和数字录音带相同的编码方式，重现最强与最弱声音的动态范围与音乐 CD 相似，因此，拾音和音响效果好。

第三，体积小，价格低。

体积越小，运输和携带越方便；重量越轻，摄像师的负担越小；功率小，耗电越少，同样容量的电池可使用的时间越长，磁带记录的时间也越长；小巧、轻便使电视记者等专业人员可以迅速、方便地采集素材，轻量的摄像机，即使长时间拍摄也能舒适地扛在肩上。新闻采访应以节省成本为原则，而且现在许多电视节目制作都在推行成本结算，所以，数字摄像机的价格低也不能不说是一个很大的优势。

**非线性编辑系统**

虽然数字化的设备具有许多模拟机器无可比拟的优越性，用数字设备拍摄、编辑做出来的电视新闻节目比原来的清晰度高许多倍，但从早期来看，模拟摄像机变成数字摄像机、模拟的录像机换成数字的录像机、模拟的特技台换成数字的特技台、SNG 换成数字就是 D－SNG，基本是一对一的置换，这种置换从制作的流程上看没有任何变化。[①] 原来倒带花多少时间，置换以后还是多少时间；原来带子只能一个人用，现在还是一个人用。

可是当我们把数字信号上载到计算机上，用鼠标取代按钮来编辑制作电视新闻的时候，数字化的优势就尽显无疑了。

进行数字化后，产生革命性变化的正是后期节目的编辑和制作，因为进行数字化的最根本目的就是要用计算机来处理信息。从后期编辑制作来看，以数字化非线性编辑为代表的后期制作技术极大地丰富了后期合成技术，提高了电视新闻编辑速度和制作质量。

数字化的后期编辑系统是目前数字技术在影视制作流程中应用最为广泛的一个领域。它打破了传统影视剪辑的线性规律，应用计算机将影像转换为数字信号输入到计算机当中，进行无限制的非线性的编辑创作。此编辑系统的革命

---

① 出自中央电视台副总工程师宋宜纯 2004 年 11 月在中国传媒大学做的讲演稿：“电视新闻制播技术的现状与发展”

性突破就在于影像数字化之后就完全摆脱了模拟信号的限制，而将数字信号的多重优势发挥得淋漓尽致。数字化的非线性编辑系统不仅仅是拥有高质量的画面影像，提高工作效率，简化工作流程这么简单，非线性的数字特性将会渐渐影响甚至改变电视新闻的影像风格和制作流程。

第一，无限复制的可能性。

输入计算机的数字影像以数字信号的方式在计算机中进行编辑变换的处理。此时的影像就变成恒定不变的标准，同时具有无限复制的可能性，由于数字信号超脱了模拟信号的物质实在性，牺牲掉部分余量的细节，换取了无磨损的任意拷贝。如同计算机处理文档一样，影像的复制也仅仅是 ctrl + c 的复合键操作而已，花费的时间几乎不到 1 秒。除了文件的路径和名称之外，原本与摹本之间在物理特性上完全一致。反复回放都不必担心图像质量的磨损，由于任意操作都是对于数字信号的运算，任意操作也都是可以轻易颠覆和撤销的。

在此基础上制作电视新闻节目，留给编辑记者尽可能的修改、变化的空间。作者可以对结构、顺序、时长进行任意调整，以求在最短的创作时间里达到最完美的编辑效果。数字影像编辑轻易的复制性也使得作品可以存在多种剪辑版本，支持了电视新闻多种剪辑思路、多种可能风格的形成。

第二，特技实时完成的可操作性。

数字技术对于特殊效果的处理具有“即时”特性，同时极大地降低了特技成本。“即时”的定义，就是指计算一个效果所花费的时间少于或等于该效果实际播放的时间；举例来说，如果一个一秒钟的消融效果，两个素材交叠运算的时间少于或等于一秒钟的话，那就是即时。也就是说，当使用者选择一个效果时，即时运算就是让电脑可以立即播放出该效果，这在剪辑影片时是非常理想的，因为它可以节省许多等待的时间。

当各种特技效果的实现变得异常简单，从前对特技颇为排斥的新闻节目中特技数目在明显增多，同时出现了一批具有特殊风格的节目。就如同绘画的发展一样，当真实感无以复加之时，人们就会转而寻求形式风格的变化。比如说，报道飞机失事。就可以用计算机模拟一个飞机的飞行轨迹、动态等细节画面，这些方法使得我们的新闻有更多的表现方法和表现手段。

第三，数字平台的兼容性。

统一在数字这面大旗之下，新闻影像与其他艺术形式有了极大的兼容性。电视新闻的影像不再单纯，其他视觉艺术形式，例如：数码摄影图片、数码音乐作品、卡通动画作品等都有了以不同方式参与到电视新闻中来的机会，由于所有艺术形式都是在数字这样一个承载单元基础之上，无论是图片、乐曲旋律，还是动画形象分解到最小单位都是由“0”、“1”这样的二进制数字所组成。因此，看似不同形式的艺术表现，其实都是共通的。这些新鲜元素的补充在技术上也就变得毫无障碍和壁垒可言，在艺术表现上也必将带来全新的展现方式与创作灵感。许多从前只是个别艺术形式所特有的表现方式也会不知不觉渗透到电视新闻节目中，带来创作内容、创作手法的双重变化。

由于数字化的巨大优势，现在各个电视台都在加紧进行数字设备的置换。中央电视台从1995年开始购买使用数字摄像机，到2001年底，已率先完成了从模拟到数字的过渡，实现了节目采集、制作、播出、传输和新闻回传的全面数字化。中央电视台已经实现了100%的数字化，形成了摄录、编、播全数字电视系统。目前网上运行的站点包括8台工作站、5台下载工作站、18台精编工作站、55台无卡（审片）工作站、2台演播室工作站、1台配音工作站和5台广告工作站，站点数近百台。① 可以说，观众这几年看到中央电视台的新闻的时效性越来越强了，这和数字化的采编设备的使用是密不可分的。

**纯数字摄像机**

需要指出的是，目前的基于磁带的数字化摄录设备和编辑系统其实并不是完整意义上的数字化。因为虽然摄像机拍摄记录的信号是数字化的，但记录的介质却仍然是磁带，磁带正是模拟时代的产物；虽然剪辑是在计算机上完成的，但素材需要“采集”到计算机（上载），成片需要从电脑里输到磁带上（下载）播出。这些都让我们目前数字化的优势大打折扣。假如有一天，这种数字信号记录在数字介质——硬盘上时，也就是硬盘摄像机出现的时候，我们说电视新闻的采集、制作、播出的数字化时代才真正到来。

摄像机的记录介质由过去的化学胶片到磁带已有百年的历史。目前摄像机的主要记录介质是磁带，磁带和过去的胶片相比，省去了洗印的环节，提高了制作新闻的时效性。但是磁带也有许多不足。如转录过程中的信号损失，倒带子找点慢等等。虽然在数字化非线性编辑系统中，磁带上记录的素材通过音视频采集卡转换为AVI、MOV、MPEG等各类音视频文件进入计算机，这一过程称为“上载”或“采集”。素材一旦“采集”入计算机网络，即可在网络内高速传输到非线性编辑工作站、硬盘播出工作站以及节目审定、VCD和DVD制作等任意需要这些素材的地方去。但是由于技术限制，这个“上载”或“采集”的过程还是会影响到新闻的快速编辑播出。

如何突破“上载”这一局限，提高记录介质与计算机的亲和性，缩短摄像机拍摄素材传入计算机的时间是电视新闻改革的必须要突破的技术环节，也是推动摄像机记录介质变革与创新的强大动力之一。如果一盘记录有较长时间的广播级图像质量的素材能用很少的时间就可以传送到各工作站，那么节省下来的时间就可以用于编辑或其他工作。

---

① 出自作者2004年10月对中央电视台新闻中心制作部谢继宏的访谈

实际上目前广播电视存储的载体已经包括有磁带、硬盘、光盘和半导体存储器（如 SM 卡、SD 卡等），硬盘、光盘、半导体存储器与 IT 设备有天然的亲和性，作为相对固定场所的大容量存储需要，把硬盘作为存储载体被广泛接受，半导体存储器也广泛应用于数码相机、计算机移动存储器等，光盘则更多的是以 CD、VCD、DVD 等形式出现。现在把这三类载体应用于摄像机记录媒介的技术取得了很大进展并已进入实用阶段，如 SONY 公司的蓝光盘摄录像机、松下公司的半导体存储卡摄录一体机 P2、三星公司的硬盘摄像机等就是具有代表性的产品。

相对于磁带数字摄像机，我们暂且把用硬盘、光盘、半导体存储器做记录介质的摄像机叫做纯数字摄像机。用这种纯数字摄像机制作新闻，电视新闻的生产效率会大大提高。而且计算机无磁带编辑模式的采用，使节目编辑制作更为灵活方便。

首先，这三种存储介质本身是数字化的，从理论上来说，信号永不损失，更利于长久保存。它们不像磁带那样，放得时间长了，磁粉会自然脱落，图像和声音信号会失真。

其次，用这种纯数字化的摄像机拍完新闻后，直接把硬盘、光盘或者半导体存储器从摄像机里拿出来，往装有非线性编辑系统的电脑或者光盘编辑机里一插就可进行后期编辑制作了。这样就省去了传统磁带非线性编辑时的“上载”时间，会极大提高新闻制作的效率。

再次，这种纯数字摄像机可以真正实现“非线性”拍摄。磁带摄像机拍出的东西是线形的，有先后，必须倒带子。而纯数字摄像机拍出来的东西在硬盘、光盘、半导体存储器等介质上就没有任何顺序，可以随意排列、组合、删除、复制，而且这种排列、组合、删除、复制可以精确到秒、精确到帧。其实，如果是突发新闻的话，它甚至就可以做到利用拍摄进行剪辑，拍完就可以播出了。纯数字摄像机从技术上做到这一点，没有一点问题。

现在，中央电视台和北京电视台都已购买了少量的纯数字摄像机——SONY 公司的光盘摄录像机和松下公司制造的半导体存储卡摄录一体机 P2，在 2004 年的雅典奥运会的报道中，P2 卡摄录一体机大显身手。这个 P2 卡，每个卡的容量是 4 个 G，可以拍 9 分钟的素材，拍回来直接把卡一拔往电脑上一插就可以进行非线性编辑了，省去了上载下载的过程，而且这款机器甚至在摄像机上都直接能剪辑新闻。①

从这里，我们已经可以看到这种纯数字摄像机在拍摄制作新闻中的方便快

① 出自作者 2004 年 10 月对中央电视台新闻中心制作部谢继红和北京电视台技术制作部张一平的访谈

捷之处了，它基本上可以从技术上将新闻采集制作的时效性提高到一个极致。也就是，只要记者跑得足够快，纯数字摄像机的技术已经可以保证你拍的新闻做得足够快。毋庸置疑，数字技术将极大地提高电视新闻的时效性和制作效率，使我们进入真正实时新闻的时代。

目前，虽然市场已经出现了硬盘、光盘、半导体存储器这几种摄像机，但由于只有几家公司掌握这种技术，导致价格过于昂贵，以P2卡为例，一块只能拍9分钟的P2卡市场上的售价为1万多元人民币。所以，目前，纯数字摄像机在电视新闻采集、制作上还未能完全发挥它的作用。不过，再高新、再精尖的技术也有走下神坛，归于民间的时候。在不久的将来，纯数字摄像机必将在电视采集制作领域取代磁带摄像机，到那时，我们的电视新闻的制作速度会更快。

**视频服务器播出系统**

新闻播出技术也是电视新闻生产环节非常重要的一项技术，它对新闻的时效性影响也非常大。在录像机播出时代，经常会遇到绞带、卡带以及糊磁头等多种故障，从而影响新闻的正常播出。而数字化时代的视频服务器的出现给避免以上播出事故的发生带来了新的希望。[①] 早期的视频服务器被称作硬盘录像机，一般承担着录制较短节目并进行重播的简单工作。如今，视频服务器已经成为电视新闻播出控制系统的核心，承担着许多新闻节目的一线播出任务。

首先，视频服务器播出系统可以绝对确保电视新闻的安全播出。众所周知，一些重要的新闻节目，像《新闻联播》，一旦在播出中出现设备故障而引起播出事故，将带来极其重大的负面影响。而在传统的录像机播出系统中，系统的机械故障又往往是难以预防的。无论是磁带出错、节目串联单误差，还是由于微波、光缆或卫星信号中断，都可能引发播出事故。为了尽量弥补停播和劣波事故造成恶劣影响，传统的做法是用字幕机播出一个静止画面或占用一台录像机播出一盘事先准备好的录像带。而长时间播放静止画面效果不好，用录像机播放录像带不仅长时间占用一台录像机，而且挂带、走带也需要3秒钟左右的时间才能稳定。使用了视频服务器，这所有的问题都很容易得到解决。新闻节目播出人员把节目上载到视频中，依照播出控制程序，与此同时，启动普通录像机和视频服务器输出同一节目，使两个输出信号互为备份，这样就可以百分之百地确保新闻节目播出中信号源的稳定性。

另外，现场直播也是新闻报道经常采用的一种重要形态，然而直播现场中一些意外事件容易出现，很有可能造成不良的社会影响。从技术上如何规避这

---

① 出自作者2004年10月对中央电视台新闻中心制作部谢继红和北京电视台技术制作部张一平的访谈

种风险，使直播节目既能即时播出又不出意外呢？最理想的方式仍是利用视频服务器对重大节目进行短时间的延时，然后进行播出。这样既给了编导人员意外事件发生时的处理时间，又尽可能地保证了现场直播的即时性。

其次，视频服务器播出系统可以进一步提高电视新闻播出的时效性。在传统的磁带播出系统中，如果在节目直播的过程中，收到了一条刚刚做好的最新消息，要想把这条消息播出去，就必须要调整播出顺序，要么把已经串好各条新闻的带子来回倒，要么变换最新的调整顺序再翻录一版，而在电视新闻节目直播过程中，经常没有再翻录一版的时间，来回倒带子对安全播出的风险又很大。因此，保险起见，这条最新消息经常只能在下一档新闻节目中播出了，这样新闻的时效性就受到了影响。但是在视频服器播出系统中，只要轻点鼠标，就可以在新闻节目的直播过程中，随意调整播出顺序，插播最近的新闻。

美国著名的传播学者约翰·帕夫利克说："数字时代的记者从20世纪新闻业人为技术造成的截稿日期的错乱中解脱出来，由此开启一个更少地由时间而更多地由事实和报道准确性的需要决定的新闻时代。"①

由于超越了"磁带"这一概念，叫做"随机存储器"的记录媒介不再具有线性，所以，不用按照顺序逐一进行，使得随机性调出和编辑简单易行，数字化使得以新闻影像为代表的各种信息的出入变得非常简单，在紧急情况下的大量入稿和整理，或是在最需要时效性的情况下，都能够毫不混乱地进行播出。②

**数字化影像存储检索技术**

当重大新闻事件发生以后，能迅速、全面的拿到资料，包括文字的、视频的，最快速地做出新闻是至关重要的。如果没有强大的技术支持，强大的分类检索工具，就没有办法找到你需要的东西，也就没有办法快速地做出新闻。所以资料支持技术也是新闻制播非常重要的一个技术。

在电视新闻的存储、保存、活用、检索等方面，数字化也将发挥巨大的作用。在电视行业的历史中，影像和档案库存储器是作为不同的系统起步发展的。现在，影像素材并没有进入新闻信息系统。现在要找到重大事件的背景资料画面，需要先看资料库，然后从仓库中搬出成山的磁带，把它们重放以后再整理素材。而靠磁带检索效率是非常低的，中央电视台库里30多万盒磁带，还有大量散在编辑记者手里的磁带根本无法检索。③

如果进入这一系统的话，作为过去的影像素材或文本数据，马上就能知道

---

① 《新闻业与新媒介》 P105 （美）约翰·帕夫利克著 张军芳译 新华出版社 2005年第1版

② 《多媒体时代与大众传播》 P90 （日）桂敬一著 刘雪雁译 新华出版社 2000年1月第1版

③ 出自中央电视台副总工程师宋宜纯2004年11月在中国传媒大学做的讲演"电视新闻制播技术的现状与发展"

曾经有过某一新闻。另外，如果能够把影像压缩传送的话，记者外出采访时也能看到具体的影像，没有必要再随身携带成堆的文件了。①

资料的含义对于个人或电视台来说，都不再是堆积如山的纸张、录音带和录像带。未来存档的资料只是一些薄薄的光盘或直接从网络上的资料库查询。计算机在最短时间里，提供的资料可以是多个来源的文字、图像（静止的和运动的）、声音的综合形式。这是目前电视新闻绝对无法做到的。

比如将来，要查找江泽民1997年11月出访美国的情况，在电脑上你可以得到江泽民和克林顿的个人简历、重要的政治业绩，中美两国的国情介绍和外交往来，可以看到、听到中国中央电视台或美国CNN对这一事件的报道，看到《人民日报》就此事发表的评论，《纽约时报》的专栏文章……而完成所有这些信息接收的工作，只需要你按几下鼠标。

数字化之后，信息素材的存储也有了飞速的增长。在利用它的时候，可以把素材存储在服务器上，在哪里都能任意取出组合，这是一个巨大的变化。组合好的内容还可以存入其他的服务器中再组合成新闻。现在的电视台都有很多频道，用了素材存储服务器后，各个频道就可以从一大堆素材中，按照各自频道的特色，取出相应的内容组成新闻节目，或者，关于某个时间话题的经过、背景等素材也可以迅速取出使用，制作成深度报道。

在逐渐地应用了数字存储器以后，即使在突发事件的时候，也可以检索同类的事件，并使用当时的影像。在一年的总回顾或者对某个事件、问题进行总结报道的时候，也可以通过这种方法进行编辑作业。

数字化还会带来电视的高画质、多频道等好处，但是这些好处只是扩大了观众进行选择的范围，并不能从根本上改变现在的电视。所以，电视新闻数字化制作的最大好处就是，视频信息易于加工处理、储存、传送和操纵，而这都将会极大地满足观众第一时间观看新闻的要求，这才是数字化带给电视新闻革命之所在。

**二、网络技术**

数字化是网络化的前提和必要条件，网络化是数字化的有益延伸和拓展。电视新闻制作和播出的网络化是数字化后的必然步骤。原有的模拟业务都可能有自己的网，但那样的网不能称为网络化，因为各业务仍是独立的、隔离的。数字化的结果是使各种业务，如话音、音乐、电视和数据能在任何传输媒体中传输，从而使各业务网能相互连接，组成一个统一的各有分工、互通互连的整体网络，这才能真正称得上网络化。

**内部网**

视频数据压缩技术的发展产生出非线性编辑设备，这是视频编辑技术与计

---

① 《多媒体时代与大众传播》 P94 （日）桂敬一著 刘雪雁译 新华出版社 2000年1月第1版

算机技术的结合，由此推进了数字电视技术向网络化方向发展，从而出现了基于非线性编辑的制作网，基于视频服务器的硬盘播出网以及用于媒体资产管理的存储网。非线性视频编辑网采用以宽带视频服务器为中心的多媒体数字网络化视频制作系统，采用了分布式非线性结构，系统设备及功能也在发生着巨大的变化。视频处理非线性网络技术已经对传统电视制作产生了巨大冲击，整个编辑系统的一体化，改变了传统的电视制作与管理模式。

其一，网络化将大大提高电视新闻节目的制作效率。随着数字化时代的到来，随着非线性编辑系统和硬盘播出系统的普及，电视节目的后期制作和播出与计算机网络的联系越来越紧密，可以说电视的整体已日趋向计算机网络化迈进。电视信号数字化后，才能实现节目的网络化制作、播出及存储，当存储、制作、播出于一体的数字视频网建立后，电视台将完全打破以往一台录像机、一个编辑系统、一套播出系统的传统结构，而代之以上载工作站、编辑制作工作站、播出工作站及节目存储工作站的流程，便于操作和管理。节目上载、节目编辑在工作站上完成，可成倍提高工作效率。同时，由于采用非线性编辑系统，除了采集时的压缩损失外。信号在制作、播出过程中不再有任何损失，节目的技术质量将大大提高。同时，电视节目实现数字化、网络化存储后，节目的再利用率就会大大提高，电视节目的制作成本也将大大降低。

在新闻节目的制作和播出环节中，一个基于新闻硬盘采集、数据传递、非线性编辑制作、多频道硬盘播出的数字制播网络，能够方便地传输视频、文稿和其他各类数据，无需素材上载和下载，可通过桌面编辑，实行节目的无磁带播出，增强了新闻的时效性，便于新闻的滚动播出。

网络化节目制作播出系统是一个具有制作、播出、交换能力的全数字环境的智能化、自动化的新闻网络系统，是完善电视台新闻业务高效运转的有效途径，也是提升电视台竞争实力的必要手段，它代表了新闻领域数字化的发展方向。

福建电视台在1999年率先采用了大洋非线性新闻网络，并一举获得成功，开创了国内电视台向网络化迈进的先河。该网络采用的“双网结构，双压缩比”技术被业内专家鉴定为“国内首创，达到国际领先水平”，此后，国内各大电视台相继采用非线性网络；凤凰卫视资讯台采用大洋网络实现了全台网络化，大大提高了制作效率和节目的时效性，并且在美国“9·11事件”的报道中大出风头，充分体现了网络化在电视新闻生产中的优越性。

其二，网络化可以帮助实现新闻画面资源共享，协同作战。目前，电视节目的存储主要采用磁带存储方式，这种方式有很多弊端：易损，占地大，成本高，难于重新使用。更重要的是难以长期保存，难以查找、难以共享。随着计算机技术和视频压缩技术的发展，高速宽带计算机网络以及大容量数据存储系统给电视台节目的网络化存储、查询、共享、交流提供了可能。新闻信号一般分为外来信号和自采素材。在电视台实现网络化以后，不管是外来信号，还是自采素材，先把它拷贝（实现数字化之前还得上载）到编辑部的工作站上，分类编号。各档新闻节目的编辑人员可以同时根据各自新闻节目的要求，再从工作站中选出自己所需要的素材，经过编辑、配音、上字幕，审看播出。这样真正实现新闻资源的共享，以往，一盘带子在某一时间段只能供一个编辑使用，其他人要想用这盘带子，要么等待，要么再翻一版，当然再翻一版，信号会损失一些。在实现网络化以后，一段素材，可以供无数个人同时使用，面对同样的素材，这些人可以各干各的，可以几个人同时做一件事，比如，上下游分工，前面做什么，后面做什么同时做。①

2002 年中央电视台建成一个具有一定规模的网络化节目制作播出系统（新闻共享系统）。该系统采用了当代最先进的计算机网络技术。编辑、记者可以把通过 ENG 等设备采集的素材通过录像机上载到服务中心。服务器通过高速光纤网络与分别处于不同地点的桌面系统和播出系统相连。这个系统提供节目制作流程的全部功能，从选题、报题、审批、收录、上载、编目、检索、修改、下载到节目的播出和存档管理等。全部上述功能均在网络化方式下运行，并且实现对同一素材内容的多用户共享。网络化的制作到后期编辑时已经没有磁带了，它是基于文件的一个操作。

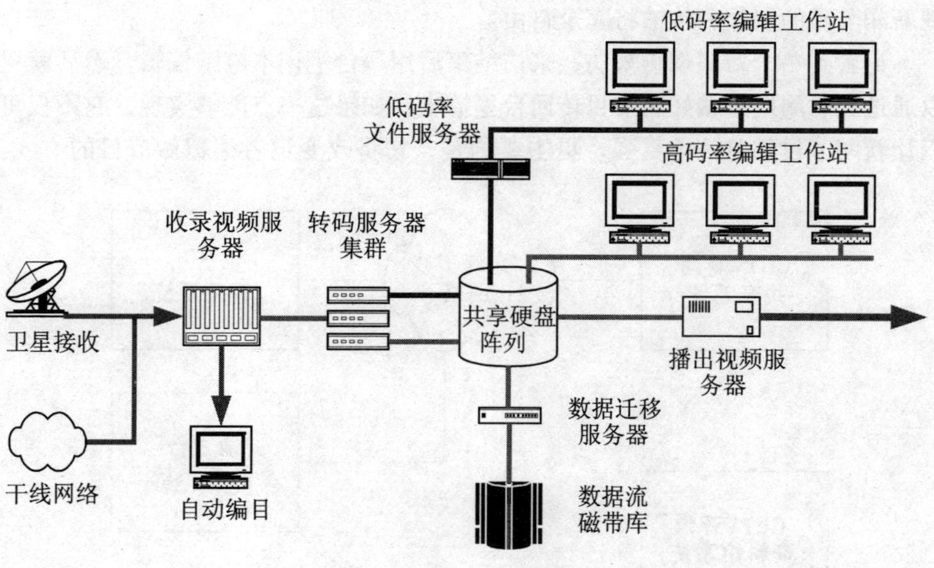


**CCTV 新闻共享系统结构**

① 出自中央电视台副总工程师宋宜纯 2004 年 11 月在中国传媒大学的演讲

举例来说，每年“两会”的时候，中央电视台十几个频道大都要围绕着两会宣传，许多部门许多栏目都要报道“两会”。在一个新闻现场，会有中央电视台的七、八台摄像机在那拍摄；或者某个人大代表，刚被《新闻联播》的记者采访过，马上又要对着《经济半小时》的话筒再说一遍，一旁《中国新闻》的摄像机还在等着呢。因为一个带子只能供一个栏目，或者一个频道使用，而网络化会通过共享，彻底解决数据冗余的问题。像2004年的“两会”，中央电视台采用的就是网络这个新闻共享系统。全台成立统一的“两会”前方报道小组，统一安排采访，前方采访信号一回来，先上到一个很大的硬盘上，然后后方新闻频道、经济频道、国际频道等各个新闻栏目或者专题栏目的编辑可以同时到硬盘上下载素材，再根据各自频道、栏目的特点，编辑制作节目。

其三，网络化将改变目前电视新闻节目的制作和传输方式。网络技术的快速发展，给电视媒体提供了跨越式发展的契机。网络化使传统的、个别的、孤立的资源有机地结合在一起，极大地提高了生产力，创造了全新的工艺流程。

前文所说的网络化的两个优点都是指的是电视台内部的局域网，那么我们可以设想，有一天，电视台内部的这个局域网能够和互联网连上，我们的带宽足够（现在的带宽不够，以太网：10Mbps、50Mbps（兆比特每秒）、ADSL：512Kbps－8Mbps、电话：56Kbps）。那将是一种什么样的景象呢？到那时，电视新闻节目的制作和传输将完全自由。

记者到一个新闻现场采访，采访结束后用一台笔记本电脑编辑，然后就可以通过互联网把刚编好的节目传回台里播出。如果这一点能够实现，它不仅可以让新闻节目的时效性更强，更主要的是，它将改变记者编辑做节目的方式。

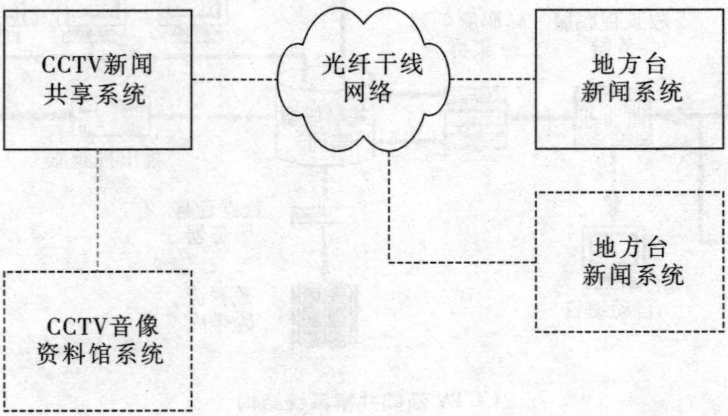


**CCTV新闻共享系统与其他系统的联系**

以往，记者采访结束后，要么通过卫星、光纤、微波把素材传回电视台，由台里的编辑制作播出，要么自己赶回到电视台进机房编辑新闻，一个小车，上面摞一大堆磁带，一盘磁带挨着一盘磁带找画面。而数字化、网络化后，用纯数字摄像机完成拍摄和采访后，记者把拍有素材的硬盘从摄像机里取出来，然后插在一台笔记本电脑上后，马上就可以编辑新闻了，片子编好后，上互联网把节目传回电视台，审看播出；编辑更方便，他们可以在电脑桌面上一个一个看，找到需要的画面，然后指定要哪一段，甚至可以把这一段画面剪切下来，传到自己的桌面上使用。也就是说，没有物流，都是数据流。如果这条新闻时效性不强，那记者编辑还可以回家，在家里编辑新闻，编完后一封电子邮件就把新闻发回电视台播出了。

作为电视中心网络化关键环节的媒体资源管理系统将节目制作、播出及管理等子系统，采用可传输多种信息的宽带网，扩大成一个大的局域网，再利用广域网实现台内与台外网络之间的联通。从理论上分析，未来的电视技术系统将是一种广义概念上的网络。电视台内部有一个网，而且这个网还要和电视、通讯、计算机这些网互连互通，实现业务上的互相渗透、融合。

**互联网**

的确，很难给互联网下一个准确的定义，它是媒体？它是通讯工具？在此，笔者把互联网当作新技术，来探讨互联网技术对电视新闻的生产会带来什么样的积极影响。

首先，电视记者可以利用互联网技术轻松地获取信息。

网络最大的特点就是信息的海量，互联网上超量的信息从理论上提供给节目制作一个无所不包的素材和背景资料。现在，许多电视新闻的选题都来自网络，电视记者利用网络来找选题、查背景资料也根本不是什么新鲜事。去Google、百度等搜索引擎中找信息，已经成为习惯和“网海”淘信息的必备。

网络技术本身也在不断发展，目前互联网也已经进入了2.0时代。和以BBS、新闻中心、频道、门户网站为代表的早期互联网技术相比，现在，一种不靠搜而靠“推”的新技术，已经可以把信息“送”到我们的面前。① 这就是RSS阅读器。作为WEB第二代的重要技术之一的RSS技术，或许以后对电视记者找选题、查资料的影响会更大。

RSS目前还是少数人用的“高新技术”，对于不搞技术的人，这些字母的英文原文和类似名词解释式的定义，根本不能让这些甚至连技术名词都难以理解的使用者明白，用下面的例子和类比来解释。

---

① “RSS：信息整合传播的未来” 作者：沈剑虹 载《河北大学学报》（哲学社会科学版）2006年第2期

假说一个记者每天通常要浏览30个网站来获得他所需要的各种信息，那么以现在浏览网页的方式，就需要登录30个不同的站点，来搜寻每天可能发布的新信息，因为作为终端用户一般很难获知这些网站在何时进行新信息的发布。如果在他访问的时候，某个网站暂时没有新内容，那么这个人可能在一天内还要再次甚至多次访问某些网站。这中间自然会浪费不少时间，访问晚了又容易错过获取信息的最佳时间，这种访问方式获取信息的效率比较低，随机性比较大。那么如果将这30个网站放到一个浏览器或者页面下，每当哪个网站有了新的信息发布，这个浏览器就能发出通知，并且能够显示更新的内容，这样用户就不用登录那么多的网站查信息，顶多去访问那些有信息更新的网站，也许每天只需要访问10个有新信息的网站。这样，记者就避免了时间的浪费，而且不会错过任何新信息，大大提高信息的获取效率。

因此可以打个这样的比方：能读取RSS文档的RSS阅读器就像是一份自己订制的报纸。[①] 每个记者可以将符合选题和报道要求的网站和栏目地址汇聚在一个页面——这个页面就是RSS阅读器的界面，通过这一个页面来浏览和监视所有这些网站的情况，一旦哪个网站有新内容发布就随时报告，并且显示这些新信息的标题和摘要，甚至全文。这些信息不仅可以是文本的，还可以是图片、音乐、视频。在另一种意义上，RSS阅读器就像一个临时的标签，可以时时记录个人浏览的历史纪录。它是以每个使用者的阅读历史来判断信息的新旧，无论网站的更新频率（一天更新几次也好，几个月不更新也好），用户读过的就被认定为旧信息，没读的就被当作新信息。因此，这些网站每一次更新的记录（未读的）都不会被错过，即使用户好几天才有机会上一次网。

所以就本质而言，RSS是一种信息聚合的技术，是为了提供一种更方便、高效的互联网信息的发布和共享。用好这种互联网新技术，记者就可以用更少的时间来获得更多的信息。

其次，电视新闻可以利用互联网完成视频采访。

2006年9月15日，上海电视台体育频道《超级马力》栏目专门制作了一期舒马赫退役的专题，在节目进行到最后的时候，主持人李兵和演播室嘉宾郁知非通过AVCON网络视频会议系统同在复旦大学和华东政法大学的舒马赫的车迷、网友进行了一场别开生面的对话。这种多空间连线对话节目形式本身并不新鲜，新鲜的是这次连线使用的通道是互联网。

虽然网络传来的图像清晰度不是很高，而且时断时续，但这对观众而言，能看到内容就可以了，对电视制作者而言，再模糊的图像也比没有图像要好得

① “RSS阅读器：等着信息来‘找’我” 作者：杨斌艳 载“中华传媒网”

多。尼葛洛庞蒂说："没有任何证据显示，消费者重视画面品质甚于节目内容。"① 所以说，像这样利用互联网即时技术如 QQ、MSN 等来进行采访的例子在电视屏幕中会经常出现。只要采访有实际内容，清晰度不是问题。

而且，清晰度的问题会随着带宽的逐渐增大而得到解决，网络技术发展迟早会有一天实现视频信息的自由流动。到那时，新闻主持人在演播室可以即时连线采访世界各地的网友。

再次，电视新闻可以利用互联网来完成互动。

过去，电视台与受众的交流必须通过电话或书信，效率低效果也不好，特别是一些直播的节目由于缺少受众的参与很容易变成"独角戏"，而通过电话交流又担心个别受众的问题没有代表性，同时主持人也处于被动局面没有选择性，通过网络这一问题已经迎刃而解。现在有不少电视台已经通过网络让观众直接参与节目，比如在足球转播、综艺晚会直播时开通网站聊天室，观众可以随时与主持人进行沟通与交流，实现点与点的交流。

与此同时，借助网络也可以为电视新闻建立高效的信息反馈系统。信息反馈是电视台办好节目的基础，没有反馈就很难真正地了解受众的想法满足受众的需求，在电视覆盖的范围内通过网站收集受众对节目的信息反馈可以有效地起到指导节目制作的作用，这一方式方便快捷而且有针对性和可靠性。对于某一事件的观众反应也可以通过网上调查来完成，这本身就是一个新闻的资源，同时由于调查的面更宽、人数更多，比电视镜头前的随机采访调查更有说服力。

**三、现代信息通讯技术**

从信息通讯技术的发展看，传统信息传输技术主要以无线电波和电缆为媒介，以电话机、传真机、报话机为基础，采用有线、无线报话方式。现代通讯技术向网络、光纤、卫星通信方式转化。

信息通讯技术可以影响到电视新闻的很多方面，而影响最直接、影响也最大的是电视新闻的传输。传输包括两个层次，第一个是电视记者从现场把磁带或者信号传回电视台，第二个是电视台把节目信号送到千家万户的电视机上。对电视新闻的生产而言，显然指的是第一个层次。

早期的电视新闻没有时效性，虽然原因是多方面的，但技术原因是其中很重要的一个原因。一个技术原因是胶片拍摄无法即时成像编辑；另一个非常重要的技术原因就是即使在新闻现场完成洗印剪辑的新闻片子，还必须经过汽车，或者火车，或者飞机的辗转运输才能从新闻现场回到台里，送到播出线上。

---

① 《数字化生存》 P52 （美）尼葛洛庞蒂著 胡泳、范海燕译 海南出版社 1996 年 12 月第 1 版

可以说，传输技术的滞后也是影响电视新闻时效的一个非常重要的因素。即便后来出现了磁带录像机，可以即时成像了，但却不能即时甚至及时传送。那时就是实实在在的“跑带子”，即把磁带从新闻现场借助尽可能快的交通工具送到台里编辑，编辑制作完成后，还要找一个跑得快的人，赶紧把播出带再送到播出线上。①

人再跑得快，飞机汽车等交通工具跑得再快，这个速度也经常低于人们第一时间获知新闻的期望。再者，把磁带这个实体运输的再快，也赶不上电信号、光信号这些虚体的传输速度。不断发展的现代信息通讯技术逐渐满足了电视新闻的传输要求，这样电视新闻的时效性大大提高了，以至到了一个极致。

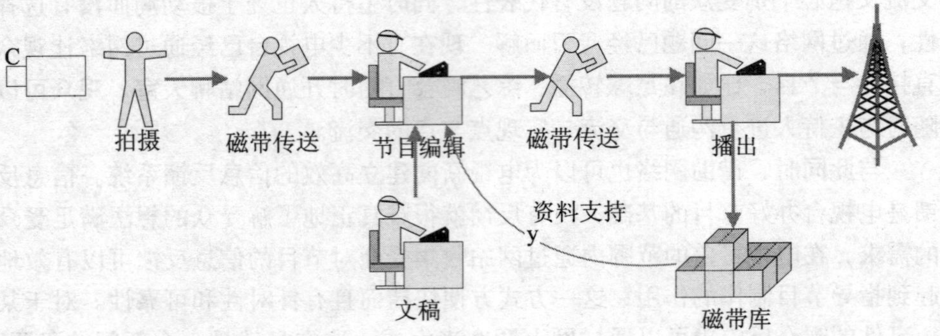


**电视新闻制播流程**

**微波传输技术**

微波是频率为300MHz－300KMHz的电磁波，是高频率、短波长的无线电波。利用微波，现场记者就可以把信号即时传回电视台。

1971年国家微波中继干线初步建成以后，中央电视台派到外地采访的记者，做好新闻后，在当地找一个微波地面站就可以把新闻传回台里播出。地方台向中央台提供的新闻，也不用邮寄了，在指定的时间传送就可以了。有时还可以利用微波进行现场直播。1984年国庆35周年阅兵式和群众游行盛况的直播，中央电视台就是用微波把电视信号传回电视中心直播出去的。

自从微波传输技术普及后，在有微波中继站的城市及周边发生的重大事件，中央电视台的新闻基本上做到了当天播出。可以说，微波技术大大提高了电视新闻的时效性，“今天的新闻今天报”在部分地区变成了现实。

现在，大部分电视台都有微波转播车，用它做新闻的现场直播也是司空见惯的事。浙江台直播了《台风“杰拉华”》、《一起飞翔》，南京台直播了《心脏膜置换手术》，青岛台直播了《价格听证会》，东方台直播了《公益募捐》，

---

① 出自中央电视台副总工程师宋宜纯2004年11月在中国传媒大学的演讲

深圳台直播了《高交会开幕式》，等等。

但是，微波传输的两个特性限制了它的使用范围。首先，微波是直线传播的，它无法像无线电波那样沿着地球的曲面传播，传输距离有限，一旦远了就需要接力。其次，大气条件和固体物将妨碍微波的传播。比如说，微波就无法穿过建筑物。

技术是新闻报道、节目传播的重要保障。如果没有由技术武装起来的传输覆盖系统和有效传播体系，满足受众多层次、多样化、多变性需求的各种传播与受传技术的支持，节目做得再好、媒体负载的内容再好也没用。更何况目前我们对于传统技术都还没有充分利用，而高新技术的浪潮又扑面而来。到了卫星传输时代，电视在传输方面的桎梏彻底被打破了，电视进入真正意义上的直播时代。

**卫星传输技术**

1964 年 8 月，美国同步三号卫星第一次向全世界转播东京奥运会，这是第一次用通信卫星转播电视节目，开启了一个新纪元。

从 1984 年开始的历届亚运会、奥运会、世界杯足球赛，中国都进行了现场直播，而且采用的都是卫星传播的信号。不过，那时中央电视台都是买别人的卫星电视信号直播，中央电视台自己还没有卫星直播能力。到 1997 年，中央电视台购买了自己的卫星直播车，只要车能开到的地方，就可以进行直播，因此那一年，我们看到了漠河日全食和彗星天象、黄河小浪底截流、江泽民主席访美、三峡工程合围等一系列重大事件的直播；特别是连续 72 小时的香港回归报道，中央电视台还向世界上许多国家的电视台提供了公共卫星电视信号。1999 年 3 月，直播了重庆綦江虹桥垮塌案的庭审。4 月 17 日，直播了第 85 届广交会。2000 年又和世界上许多国家的电视台合作，直播了“人类迎接新千年”的盛况。可以讲，在那个时候能直播的新闻都直播了。

SNG（Satellite News Gathering）意为“卫星新闻转播”，特指装载全套 SNG 设备的专用车，可称为“卫星新闻采访车（或转播车，车顶装有碟型天线，可随意调整方向对准太空中的通信卫星）”。它作为一个移动式发射站，电视台工作人员可随时将所在现场的信号通过卫星传送到电视台，电视台再从卫星接收信号播出，因而 SNG 成为现场直播重要的技术支持手段，尤其是实现了事件相关的多点直播。这一手段给电视新闻带来的最大变化是现场即时实况报道，让观众同步目睹新闻的发生；展现新闻事件的过程，给观众最真实的感受。

卫星车固然方便，但是必须要有路才行，这样有些新闻现场它就无法发挥作用。现在小型卫星设备在单机直播中的优势越来越明显。小型卫星直播设备不仅可以到达那些车到不了的现场，而且它的机动性更强，反应更快。

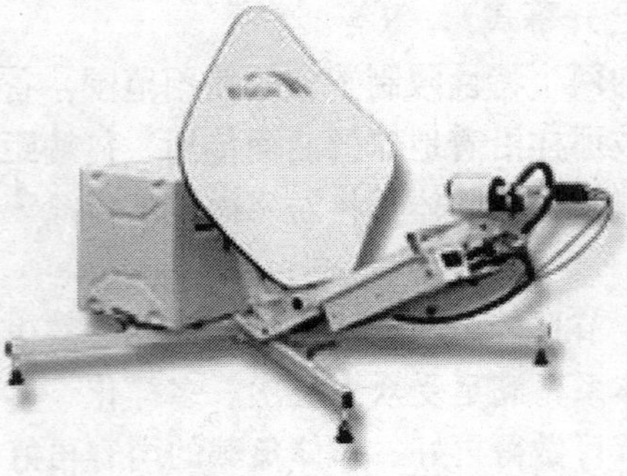

便携式卫星传输设备

用于伊拉克新闻报道的小型卫星上行设备

其实，海事卫星电话也是利用卫星通信技术的一种传输设备。相对于小型卫星直播设备，它更简易、更便携，使用起来更方便。海事卫星电话的缺点是传输速度慢，可能用几十分钟传回来一分钟的东西；而且传回来的图像质量比较差，达不到广播级的技术要求，但是它可以解决看得见的问题。

海事卫星电话

实际上，观众对图像的要求，并不是个个都像希望的那么好。实在不行，摇摇晃晃，一会儿一个马赛克，也不是不行。像伊拉克战争，记者随着美军往战争的第一线走，传回的画面就是用海事卫星电话传回来的，那个画面晃晃悠悠、模模糊糊的一团。但是观众一样瞪着眼睛使劲在那看。这说明，对于特定的事件，观众对观赏质量的要求是低于新闻事件的获取的要求的。①

在特定的新闻现场、特定的时间，海事卫星电话，还有便携式的卫星传输设备，降低质量传输，观众也是可以接受的。

用卫星传输新闻、搞现场直播的确又快又好，但租用卫星毕竟费用很高（2002 年仅一条卫星线路的租用费就是：1000 美元/分钟）②，所以卫星传输也要用得得当，否则电视台会有可能为其所累。

**光纤传输技术**

光导纤维（Optical Fiber）是细如头发的透明玻璃纤维，是一种新型的光波导介质。光纤可以对光信号进行有效的传输。把电信号转成光信号用光缆传输出去，接受方再把光信号转化为电信号使用。以往的通信，包括有线电通信和无线电通信，都是利用电磁波来通信的。而有了光纤以后，就可以利用光波来载送信息，实现通信。③

除了费用比卫星传输便宜，用光纤传输电视信号，还有很多优点。第一，信息容量巨大。一根和电缆一样粗细的光缆，可以传输的信息容量是电缆的五倍以上。电视信号既有视频又有音频，容量相对较大，光纤非常适合传输大容量的电视节目。第二，传输速率很高。世界上第一条商用光纤通讯系统的速率为 45Mbps（兆比特每秒）（1977 年美国芝加哥），而 1992 年实际商业系统的速率已经高达 2.4Gbps（千兆比特每秒）。④ 如此快的传输速度就是目前传输高清晰度电视节目都绰绰有余。

由于光纤通信属于有线传输，所以必须要事先铺设好光缆。现在世界各国都在大力建设光缆，国家之间还在建设国际光缆、海底光缆、环球光缆。这些年，我国的光缆通讯事业也蒸蒸日上，各省会城市之间基本上已经建成了主光缆干线，许多城市，像北京、深圳、杭州都铺设了光缆网。这些光缆线路的建设为我们传输电视新闻信号奠定了坚实的硬件基础，提供了良好的技术保障。一些电视已经开始使用光缆网传输电视信号。有了光纤之后，中国国际广播电台的国际新闻素材每天正是通过光缆即时传到北京电视台的，大大提高了北京

---

① 出自中央电视台副总工程师宋宜纯 2004 年 11 月在中国传媒大学的演讲

② 出自作者 2004 年 10 月对北京电视台技术制作部张一平的访谈

③ 转引自《科技发展与传播革命》 吴廷俊主编，华中科技大学出版社 2001 年 2 月版

④ 转引自《科技发展与传播革命》 吴廷俊主编，华中科技大学出版社 2001 年 2 月版

电视台的新闻《世界，你好》的时效性。[①] 以往，中央气象局制作好《天气预报》，要派人派车赶紧把带子送到中央电视台播出，现在有了光缆，再也不用"跑带子"了，节目做好后，打开租用的光纤通道，即时就传过去了。如果没有光纤传输技术，中央电视台新闻频道也就不可能实现半小时滚动播出一次《天气预报》。现在，从技术上来说，中央气象局制作的《天气预报》在中央电视台直播都没有问题。

前面所说的几种电视传输方式，除了"跑带子"传输是实体的物质的传输、延时传输，其他三种，微波传输、卫星传输、光纤传输都是虚体的信号的传输，都是即时传输，也就是说，摄像机只要和后三种传输方式的任意一种相结合，就可以做新闻的现场直播。

这几种传输技术各有优劣，巧的是，优劣刚好互补，因此这几种传输方式谁也没能取代谁，至今都在广泛被使用，而且，现在还有这样一种趋势：在一次新闻传输中综合使用几种传输方式，一个新闻直播同时使用多种传输方式。

2003年5月11日到5月21日，中央电视台连续11天对中国登山队攀登珠穆朗玛峰的活动进行现场直播。可以想象，在海拔七八千米的山上进行电视转播，技术难度有多大。然而，采用综合传输技术，问题就变得相对简单了。[②] 因为，再简易的卫星上行站，也比摄像机身上装的微波发射设备重许多，而且还需要专门的技术人员对准卫星。中央电视台先用微波把信号从山顶传到海拔5200米的转播大本营，然后再用卫星地面站，把微波传回来的信号，送上卫星传到台里播出。

综合传输直播新闻最典型的例子就是，移动直播中对微波传输技术和卫星传输技术的综合使用。

移动直播最早是从马拉松的直播开始的。移动转播车利用摄像机跟踪拍摄马拉松运动员，用转播车附近的移动摩托车将拍摄信号用移动微波传送到马拉松移动转播车上，马拉松转播车将合成信号通过移动微波传送到各个制高点，各制高点将信号传送到电视台，经过电视台演播室配上解说制作成马拉松转播的播出信号。而2004年7月13日中央电视台做的"奥运会徽揭晓"的直播是对移动直播的进一步发展和丰富。这次直播用一个双层大巴的上层做移动演播室，在大巴车的后面跟着一个马拉松移动直播车，关键是这个马拉松移动转播车不仅能接受移动演播室发过来的信号，而且它还利用转播车上的卫星上行站把信号送到卫星上，从而实现新闻的移动直播。

① 出自作者2004年10月对北京电视台技术制作部张一平的访谈

② "登珠峰电视直播是怎样实现的" 作者：韩东光 载《电视研究》2003年9期

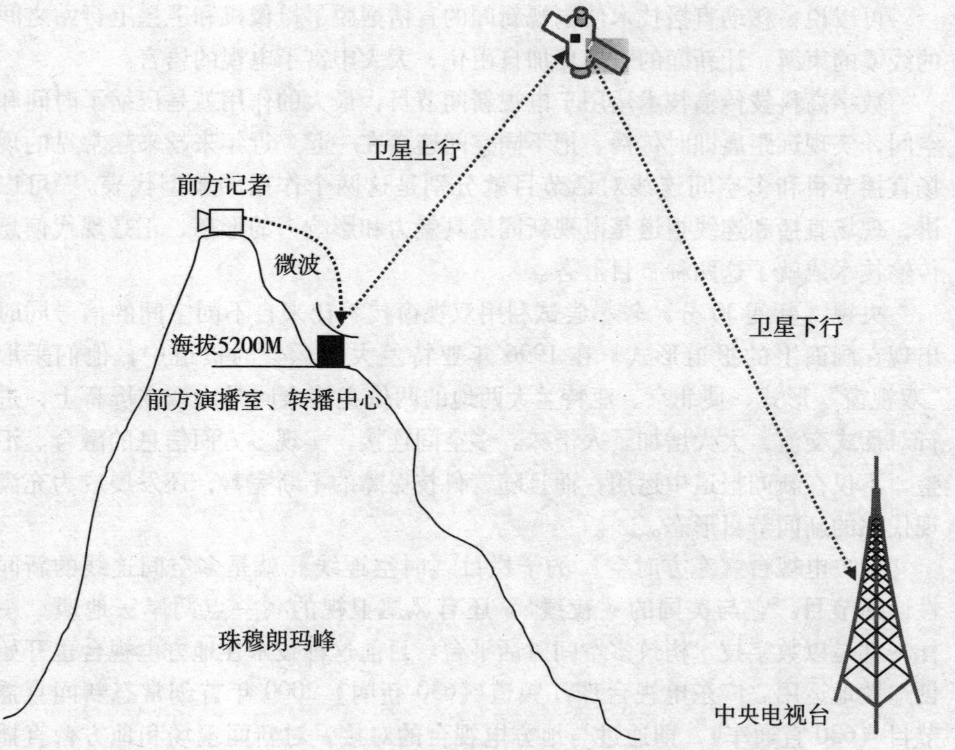


登珠穆朗玛峰直播示意

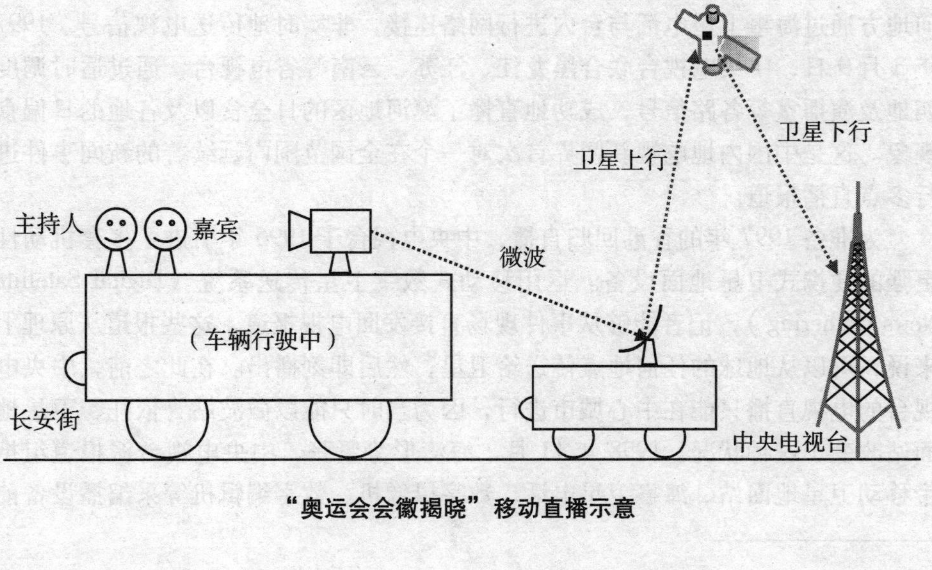


“奥运会会徽揭晓”移动直播示意

可以说，移动直播技术使电视新闻的直播摆脱了摄像机和卫星上行站之间的线缆的束缚，让新闻的直播更加自由化，大大丰富了电视的语言。

数字高科技传输技术运用于电视新闻节目，最大的作用就是压缩了时间和空间，实现远距离即时传播、把不同空间连接在一起。近年来越来越常见的现场直播节目和多空间连线对话节目就分别是这两个作用的典型代表。① 可以讲，现场直播和连线报道是电视新闻最具魅力和影响力的形态，正是现代信息传输技术成就了这两种节目形态。

央视《新闻30分》较早尝试利用双视窗技术让来自不同空间的信号同时出现在画面上的报道形式。在1996年亚特兰大奥运会的报道中，他们采取“双视窗”形式，使北京、亚特兰大两地的两位主持人同时出现在屏幕上，进行对话式交流，大大增加了人情味。多空间连接，实现多方面信息的融合、汇整，不仅在新闻报道中运用，而且随着科技保障的不断完善，还发展成为充满现代感的新闻节目形态。

中央电视台《东方时空》的子栏目《时空连线》就是多空间连线的新闻性谈话节目。它与美国的《夜线》，还有凤凰卫视的《一点两岸三地谈》一样，都是以数字技术构筑多空间对话平台。目前这种技术在地方电视台也开始创造性地运用。广东电视台珠江频道《630新闻》2000年首创常态新闻直播节目《630直通车》，即通过与地方电视台的对接，对新闻现场和地方台直播室现场进行直播，通过与地方台合作，发掘全省新闻来源，新闻触角遍及全省，实现对正在发生的新闻事件进行报道，富有强烈的时效性和现场感。

1996年，中央电视台《新闻联播》记者开始配备笔记本电脑，可以在任何地方通过海事卫星电话与台内进行网络连接，非实时地传送电视信号。1997年3月9日，中央电视台联合黑龙江、江苏、云南等省电视台，通过适时调度四地及演播室等各路信号，成功地直播了漠河地区的日全食以及各地的日偏食现象。这是中国内地电视新闻界首次对一个在全国范围内延续着的新闻事件进行多点直播报道。

为准备1997年的香港回归直播，中央电视台于1996年引进了多套机动性更强的便携式卫星地面设备。运用移动式数字卫星传送系统（Digital Satellite News Gathering），记者能够从事件现场直接发回电视报道，这些报道从原理上来说，可以从地球的任何地点传送给卫星，然后即刻播出。在此之前，中央电视台的电视直播只能在中心城市进行，因为当时只能以微波站为依托，卫星地面站改变了这种状况。1998年11月，海湾形势紧张，中央电视台派报道组携带移动卫星地面站、海事卫星电话、数字摄像机、数字编辑机等采编播设备前

① “科技，为电视新闻构架新高度” 作者：叶子、李苒 载《现代传播》2002年第4期

往现场，除了传送回大量新闻素材外，还与国内演播室对接，进行了现场报道。到目前为止最复杂的直播要数建国50周年国庆直播，那次直播共动用了10颗卫星、15个转发器，并在宽带互联网上播出。

总之，数字化、网络化和使用现代信息通讯技术都是手段，而不是目的，最终目的是要实现各种信息的无障碍流通，使各种信息能快速有效地传送到每个需要信息的地点和个人，不管目的地在何处。对于电视新闻的生产而言，就是要实现电视新闻的采集、制作、传输甚至接受又快又好。

**四、新技术的发展趋势**

人的愿望是技术前行的驱动力。只要人对电视新闻更快更好的愿望不停止，技术进步的步伐就永不停止。从电视新闻来说，今天看起来困难或是不可能实现的事情，明天不一定实现不了。以往的事实都证明了这一点。可以说，技术上的制约，就是为了被超越而存在的。只要人有愿望，技术就会跟上来。技术的未来发展一定是越来越人性化。

具体来说，未来电视新闻制播技术的人性化发展趋势是朝两方面走，一方面是效率，就是快的问题，也就是技术要尽可能地保证最快速的制作、播出新闻。采集设备、传输设备的小型化、便携化、无线化是电视技术发展大的方向之一，小型便携设备便于现场采集、现场制作、现场传输，这样才能满足快的要求。另一方面就是清晰度，就是技术要尽可能地提供高质量的电视图像和声音。现在我们普通的电视画面只有52万像素，这样的清晰程度从长远来看是远远不够的。现在，包括我国在内的世界各国都在试验自己的高清晰电视。在这方面，日本和美国已经走在了前列，日本NHK电视台播出的电视节目已经是高清了。

不过，没有任何证据足以显示，消费者重视画面品质胜于节目内容。① 对新闻而言，拍到看见的永远是第一位的。因此，清晰度的问题便被消解在效率的要求里。所以，接下来本文探讨的技术发展还是未来技术将会如何更快更好地拍摄、编辑、制作电视新闻的趋势。

技术发展的趋势是在模仿或者复制人的感知模式和认知模式。这种人性化发展的趋势显示了在技术的进化发展中，人是其“自然环境”，是人类主动的选择了技术和媒介，用以维持生存、发展自我、认识和改造世界。

**便携化**

事件的发生并不是都在人们的预料之中，新闻事件发生以后，记者第一时间赶到现场对电视新闻来说是至关重要的。很长一段时间甚至到现在，我们的记者都扛着笨重的摄像机和录音设备四处奔波，这些大型专业设备，有时候会

---

① 《数字化生存》 P52 （美）尼葛洛庞蒂著　胡泳、范海燕译　海南出版社　1996年12月第1版

因为移动缓慢而影响到电视新闻的制作效率，有时候还会干扰我们的拍摄对象，从而影响到真实性。因此，发展数字化的小型便携设备已成大势所趋。在保证专业性的前提下，未来的电视采集装备势必会越来越小、传输设备也势必会变得无线化，这一切都是为了更便携，移动起来更方便。

其一，小型化。专业的摄像机、编辑机也正在变得越来越小，越来越轻便，小型的卫星移动设备可以保证突发事件的随时直播。记者能够从事件现场直接发回电视报道，这些报道可以从地球的任何地点传送给卫星，然后即刻播出。这种样式国外经常使用，譬如 CNN 等世界大台在世界上的任何地方随时随地都可以直播，我国也在这个方面不断努力。1998 年 2 月，在对伊拉克武器核查危机的报道中，中央电视台派出了 8 人报道小组赶赴巴格达进行现场报道，11 月，海湾形式又趋紧张，中央电视台 11 人报道组携带了移动卫星地面站、海事卫星电话、数字摄像机、数字编辑机等采编播设备赶赴现场，除了传送回大量新闻素材外，还在突发事件现场与国内演播室连线，随时进行现场直播。

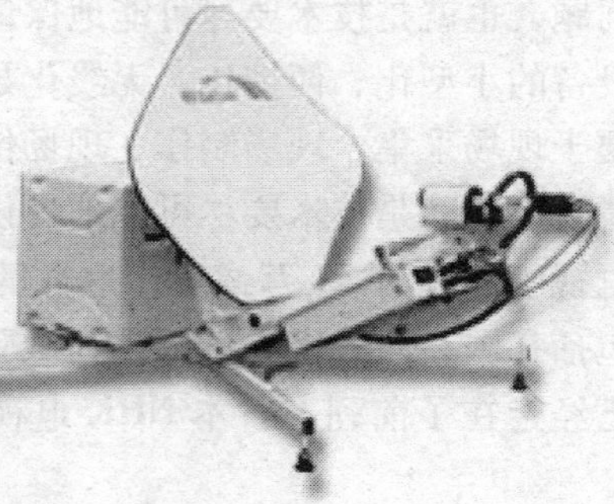

**便携式卫星上行设备**

其实，正是数字技术的发展才使得传输设备越来越小型化。模拟时代的卫星直播设备是非常庞大的，移动起来非常不方便。而且数字化的数据可以伸展或压缩时间轴，即使是很窄的频道也能传送影像。比如，使用电话线路就可以传送电视影像。利用 INS（高度信息通信系统），运用电话线路和压缩技术，如果是一个 2 分钟的素材，只要花上数倍的传送时间，就能成为毫不逊色的影像。今后的记者，将带着移动电话、电脑和高画质数字摄像机，在正式的采访组赶到现场之前进行采访，抢发首家新闻。比如，东京大都会电视台的摄像记者，已经进行了这方面的尝试。通过积累经验，摄像记者的存在将会变得越来越重要。①

① 《多媒体时代与大众传播》 P91 （日）桂敬一著 刘雪雁译 新华出版社 2000 年 1 月第 1 版

现在，在战争报道中还出现了一种头盔摄像机，这种数码摄像机轻便小巧，只需两节电池，还可以用胶带固定在头盔上。任何人把这个头盔一带就可以进行拍摄了，不耽误你做其他事情。拍摄时间最长为一小时，画质也很清晰。拍摄完成之后，就可把录像资料下载到电脑，进行编辑播出。或者再上传到互联网站、通过电子邮件发给他人。[①]

尼葛洛庞蒂说，昨天还占据了整个房间的电脑设备，今天出现在了你的桌面上，明天你就可以把袖珍型电脑戴在手腕上。[②] 当然这种变小的趋势不会是无止境的，方便人操作的尺寸应该就是小的极限。

其二，无线化。现在通常的电视新闻直播中的视频信号，都是通过摄像机和一根三同轴电缆与导波车相连传输的。带来的问题是，这种电缆本身比较笨重，和固定点摄像机连接时受环境影响不大，但和移动范围比较大的摄像机连接时就会受电缆长度、架设位置等多方面的限制，而且这种电缆的使用环境比较脆弱，怕踩踏、怕碰撞。使用数字单机微波设备，这些问题就迎刃而解了。数字信号非常稳定，这样就解决了模拟微波信号易受干扰的问题，而且没有了电缆连接的单机拍摄范围更大，活动更自由。现在，马拉松直播等移动直播就使用数字单机微波设备来做。如果把微波信号再上传到卫星上，那直播的自由度就更大了。

除此之外，最新的带有强大拍摄功能的手机也可以进行无线直播。不久前，美国一架单引擎飞机坠毁，第一个在现场报道的，不是 CNN，更不是路透社，而是 Fox 新闻频道的一个摄影记者 Scott Wilder 。当时 Scott 正在距飞机出事地点不远处执行任务，赶到现场，他拿出 Treo 智能手机，摁下一个按钮，Treo 手机立刻就与 Fox 新闻转播室的电脑相连，于是，他在现场用手机拍摄的视频直接就在 Fox 新闻频道上向观众直播了。据说，现在 Fox 的摄影记者每人都至少配备一至两部 Treo 手机。[③]

哥伦比亚大学的工程师们已经开发了一种可以背的移动工作站，以便记者能采集多种形式的内容。这个系统包括可佩戴在腰上的电脑、头戴式相机、用来获取和处理新闻信息的头戴式透明显示器，还包括一个可以传送动态视频和音频的个人宽带通讯设备。想象一下，如果将来的电视记者都配备了这个移动工作站，那他就可以非常自由地采集制作传输新闻了。总之，便携化是未来电视制播技术发展的一个大方向。轻便的电子设备可以深入到任何地方，可以声

---

① “头盔摄像机风靡战地　士兵‘客串’摄影师”　载 http：//www. cjr. com. cn　中国新闻传播学评论（CJR）　2006 年 11 月 29 日

② 《数字化生存》　P174　（美）尼葛洛庞蒂著　胡泳、范海燕译　海南出版社　1996 年 12 月第 1 版

③ “Fox 记者这样报道新闻”　作者：晓霞　载《我写传媒网》2006 年 10 月 30 日

画同步撷取，便于灵活机动地采集现场素材，将流动的生活状态完整地保留下来进行传递。数字技术的出现更是去除了电子时代一些不可避免的信息损耗，采录设备更为轻巧，更为贴近生活，以数码方式传送电视信号，信息失真度小，防干扰能力强，信息传送质量高，更适合信号的远距离传输，而且更多的数据可以在光纤的宽频道上传输。

**智能化**

人们对美好的追求是无止境的，他们不仅希望机器能按编好的程序运行，还希望它具有一定的智能，能根据环境、条件的变化调整相应的作业，能在远方指令各种电器自动工作，比如，自动完成剪辑、记录电视节目、录像等，到那时，智能技术会有长足发展，届时将进入信息社会的第四个阶段，智能时代。①

电脑介入电视的制作、播出，就是智能化的一种表现，是早期的智能化，主要包括在提高电视新闻的生产效率方面的计算机非线性编辑、计算机制图、还有虚拟演播室等。未来的智能化发展也是在这个基础上进行的，它以人工智能为代表的智能技术，包括智能机器人、智能控制、专家系统、模式识别等技术。

从拍摄来说，装了动态检测装置摄像机，就可以自动记录新闻过程。举例说，电视台可以把一个装有动感监测器的机器人摄像机放置在一些容易发生新闻的地方，当有人走入它的视野的时候，摄像机可以自动给操作员一个警告或开始记录画面。

从制作上来说，以后记者写稿越来越智能化，甚至不去动脑，只要输入几个关键字，新闻稿件就自动生成了。现在一种集文字处理、语法、拼写和检测风格等功能于一身的软件包已经能够写出新闻报道了，越来越多的新闻出版机构购买了这样的软件包并用它来写作需要的文章。② 或许若干年后，非线性编辑系统也会越来越智能化，记者只需输入几个关键指令，然后电脑就会套用之前的画面模式，进行自动剪辑。技术的不断进步使得新闻信息的采集、编辑、发布将可能全部由电子机器完成。2007 年，两名匈牙利科学家称已经找到合适的算法，将能使电脑的围棋程序达到围棋职业棋手的水平。③ “新华社电：明年 1 月，第一部由电脑创作的小说：《真正的爱情》将在俄罗斯与读者见面”。④ 这标志着一个人类制造的电子产品全面参与人类文化活动的全新工程

---

① 《智能信息技术》 P23 郭军编著 北京邮电大学出版社 2001 年 1 月第 1 版

② 《新媒体技术——文化和商业前景》 P193 （美）约翰·帕夫利克著 周勇、张平锋、景刚译 清华大学出版社 2005 年 5 月第 2 版

③ http：//it. sohu. com/20070222/n248315594. shtml

④ http：//info. easyeb. com

已经成功启动。几十年、几百年以后，人类制造的智能机器人将逐步替代人类本身，独立进行新闻信息的采集，并开始参与新闻信息的编辑和发布，人类就可以专心地享受智能机器人采集、传播的新闻信息和文化产品。

从接受上说，未来的晚间新闻，不仅能在你需要的时候传送给你，而且也能专门为你编辑，而且让你随意获取。如果你想在晚上 8 点 17 分看一部老电影，电话公司通过双绞线，就可以提供给你想要的节目。最终，当你观赏棒球比赛的时候，你可以选择从球场观众席中的任何位置，甚至从棒球抛出的角度来欣赏。①

观众如按照传统的收视方式，借助遥控器或电视报在浩如烟海的各个电视台、电视频道和电视节目中“冲浪”，已经越来越困难和不现实。然而，电脑的智能化可以帮助观众解决这一问题。一种名为“智能视频代理人”的软件，可以在收视过程中“学会”每位观众的收视习惯、兴趣和爱好，它可以代替观众搜寻、汇集观众感兴趣的节目，还可以跳过观众生厌的广告节目，并将挑选出来的节目编排、整理，按照观众自己的时间表，形成观众每天的独特收视频道。

其实，智能化本身就是人性化的题中之意。如果按照麦克卢汉“媒介是人的延伸”的观念，那么，智能化的技术将延伸的是人的大脑。尼葛洛庞蒂说，将来的任何器具都是简单化或者复杂化了的个人电脑。向这个方向发展的原因之一是，我们需要更友好的、更易于使用的、简单的技术。②

**宽带化**

带宽指某个特定信道传送信息的容量。③ 首先需要强调的是，这里的宽带，不仅仅指互联网的带宽，还包括各种电视传输的带宽，甚至还包括手机网络的带宽。

宽带目前还没有一个公认的定义，而且它也是一个动态的、发展的概念。从一般的角度理解，它是能够满足人们感官所能感受到的各种媒体在网络上传输所需要的带宽。目前的宽带对家庭用户而言是指传输速率超过 1M，可以实现 24 小时连接的非拨号接入的网络基础设施及其服务。普通电话线路的非对称数字用户环路技术（ADSL）、基于光纤 IP 网的以太网技术、有线电视的 CableModem技术和基于卫星通信的 DirectPC 技术等都是宽带技术的典型。

宽带是看得见的，意即用户可以欣赏到流畅的动态图像和音乐。目前尚无

---

① 《数字化生存》 P64 （美）尼葛洛庞蒂著 胡泳、范海燕译 海南出版社 1996 年 12 月第 1 版

② 《数字化生存》 P251 （美）尼葛洛庞蒂著 胡泳、范海燕译 海南出版社 1996 年 12 月第 1 版

③ 《数字化生存》 P34 （美）尼葛洛庞蒂著 胡泳、范海燕译 海南出版社 1996 年 12 月第 1 版

法在窄带网上全面实现的视频点播、网上远程医疗、实时视频会议等将在宽带网上美梦成真。带宽不足是当前制约网络发展的最大瓶颈。我国的网民中，有近九成抱怨国内上网速度太慢。[①] 宽带接入技术的应用，能够提供视频点播、远程教育等更多的内容和服务，使家庭办公真正得到普及。同时，宽带接入技术可以提供无需拨号的始终联线性能，将大大降低用户的等待时间。

对电视制播而言，宽带还将使新闻记者真正实现足不出户就能进行远程采访。传统的电话线是普通的双绞线，主要用来传输语音，视音频同时传输时，其传输速率仅能达到33.6K，所以在普通电话线的支持下，不能传输清晰连贯的图像。正是宽带技术的成熟使可视电话能够得以普及。尤其是近年来，国际上XDSL、HFC等宽带应用渐热，用户越来越多，给可视电话的大发展打下了坚实的基础。可视电话能为记者远程异地采访、摄像、报道和取证带来便利，既能节约时间和成本，又能提高新闻时效性。

到各个层次的宽带完全建立起来的时候，就是人们可以在信息高速公路任意驰骋的时候。到那时，电视新闻的制作传输将完全自由。

电视新闻生产技术的轻便化、无线化、智能化、宽带化发展都是为了满足更快更好地制作电视新闻的需要，归根结底都是为了更好地满足人对视频信息的愿望。人的愿望是技术前行的驱动力，只要人对电视新闻更快更好的愿望不停止，电视新闻生产技术的人性化发展步伐就永不停止。

技术的便携化、智能化、宽带化发展归根结底都是为了更好地满足人对信息的愿望。技术发展从对人性的原始亲近到对人性的隔离再到对人性的部分回归，最终技术的发展趋势就是对人性的最大限度回归。总结技术发展的规律，那就是人性化趋势。技术发展的趋势是在模仿或者复制人的感知模式和认知模式。这种人性化发展的趋势显示了在技术的进化发展中，人是其“自然环境”，是人类主动地选择了技术和媒介，用以维持生存、发展自我、认识和改造世界。[②]

## 第二节　新技术使电视新闻的取材范围无限扩大

电视传播的革命实质上是电子信息技术的革命，电视技术的每一步小的改良，或每一步大的变革都将带动电视传播的发展以至对整个社会产生不可估量的巨大影响。从另一个角度说，电视技术的进步，不仅使电视从业者对传播工具的使用与操纵更加随心所欲、运用自如，而且还极大扩展了电视的表现领域

① “传媒数字化生存三大路径选择”　作者：杨树弘　载《中国新闻研究中心网》2006年12月14日

② 《思想无羁》（美）保罗·莱文森著　何道宽译　南京大学出版社　2003年

和传播领域。

摄像机就像是电视从业人员的“眼睛”、电视新闻记者用它来完成取材，用它来记录世界、观察世界、告诉观众世界上发生的事。电视新闻的取材范围是随着技术的不断进步而一步步地扩大的。摄像技术的发展从来都是朝着两个截然相反的方向在前进：或极端接近，或宏观观察。① 一方面，长焦镜头可以无限的延伸，搜索并放大物质世界的任何角落，探索物质世界的微观极至。例如望远镜头、显微镜头可以让电视新闻画面无限靠近，同时也无限具体，微电子光纤镜头的发明运用，甚至使我们可以亲眼目睹人体中的血液循环，观察一个受精卵是如何长成一个发育良好的婴儿等。另一方面，超大广角、鱼眼镜头、航空摄像也让我们无限可能地扩大视野，满足我们看得更大、望得更远的心理需求。电视系列节目《探索》（DISCOVERY）中大量运用新的摄像技术来拍摄水底鲨鱼、木星、太阳系等，使观众获得了从未有过的视觉体验。

声音作为电视画面的一个重要组成部分，技术进步也促使声音的取材范围进一步扩大。从早期没有同期声的电视新闻到同期声的出现，再到现在电视新闻声音的效果越来越好。2006 年 7 月播出的大型纪录片《再说长江》，在声音的记录方面具有里程碑式的意义。如在讲述长江源头时，《再说长江》最大限度地还原那种冰川融化水滴落下的声音，流水摩擦岩石的声音，微风掠过旷野的声音，甚至源头的夜晚人耳不能分辨的声音，采集到的声音近乎可以称为天籁，最大限度地展现出了大自然自己真实的声音。而且为了达到最好的还原效果，在这部纪录片中，摄制组第一次使用了杜比立体声录音技术，从而采集到了极富原始美感的大浪拍岸之声、潺潺流水之声、微风掠过原野之声……当它们与各类画面相配合时，便产生了一种强烈的身临其境之感。

如果把摄像机比作人的眼睛，那么新的摄像技术的不断出现，让我们看到了一个仅仅依靠眼睛无法看到的全新世界，从而也使得电视新闻的取材范围不断扩大。现在，凡是人能到的地方，摄像取材、新闻表现几乎都没有什么问题。看看现在摄像机的分类，基本上已经可以得出这样的结论了。常用的摄像机的种类有：轨道摄像机、摄远摄像机、遥控摄像机、摇臂摄像机、吊挂摄像机、高速摄像机 、能在飞机上或机动车上操作的摄像机、斯坦尼康摄像机、无线摄像机、电子现场制作摄像机，等等。而且摄像取材技术还在不断进步。安装在卫星上的摄像机可以让人类鸟瞰地球，带有遥控设备的水下摄像机帮助人类探索海底奥秘，微型摄像机则可以让人类换个角度看世界。比如在探索频道的节目中，微型摄像机让我们看见茧内正在吐丝的蚕，峭壁上蛋壳中正在孵化的小鸟，甚至把摄像机拴在的翅膀上，带给观众全新的视觉体验。

---

① 《影视艺术与高科技应用》 P145 李兴国主编 中国传媒大学出版社 2005 年 7 月第 1 版

另一方面，新闻画面的来源更加多元化。原本垄断在电视台制作的新闻画面，现在可以通过百姓手中的家用DV作为素材来源，可以通过因特网视频资源的上传下载作为素材来源，公安稽查的记录画面、考古发现的记录画面，甚至可以用闭路监视系统的影像作为素材来源，影像触角所及的地方都成为了新闻报道的领域。

现在，新技术的发展又为电视新闻源源不断地注入了新的表达手段。

**一、360度全景成像技术**

新技术不同寻常的成就之一就是全景摄像机。全景摄像机能够拍到180度，甚至360度范围内的图像。

哥伦比亚大学的教授施里·内亚（Sheer Nayer）正在研究新的全景成像技术——一种达到能够直接播出的实时视频的360度全景成像。这套系统采用了单一制式的NTSC摄像机，并在这种摄像机上加装了特别的抛物柱面反射镜，以拍摄半球区域内的取景，观众在浏览这些图像的时候不需要移动摄像机就可以欣赏到全景图像。因为它通过单个镜头就可以有360度的取景角度，之后用编写的软件处理全景视频，去除视频图像被扭曲的部分，将视频展示为全景或是全景中的部分（就像12部“软件”相机，每一个都有整个360度空间的30%，可以在计算机监视器上显示）。① 通过一根同轴电缆将全景视频输出到台式计算机，这套系统可以将模拟图像转为数字格式存储。

现在，在发明者的指导下，哥伦比亚大学的新媒体研究中心正在一个纽约市新闻节目中使用这套系统。

全景相机可以观测到整个场景而几乎不存在任何盲点。它可以使记者以一种新颖和也许进步的方式做新闻。例如，一个记者端着相机指向一个方向采访，而这时其他地方发生了重要事情，他必须快速移动相机，否则就会错过这个重要事件。如果有了全景相机，记者可以得到所有的视频，这样他就可以集中精力提问了。另外在报道突发性事件时，尤其记者在现场采访时，大部分记者集中精力获得一个好的镜头而不是进行完全正确的报道。即使全景相机有一点帮助，也会是很有意义的进步。② 全景相机也使得记者在采访中不必切换镜头，这通常可以在采访之后进行。

现在全世界每年都有一些战地摄影师为拍摄好的新闻画面而因公殉职，因此，全景相机对处于危险地区的记者也是有用的。记者不必站起来移动相机来环视战场，以至于将自己置于敌人或友方的炮火之下冒着伤亡的危险，他只需简单地把全景相机放在三脚架上，自己趴下即可。

---

① 《新闻业与新媒介》 P7 （美）约翰·帕夫利克著 张军芳译 新华出版社 2005年第1版

② 《新闻业与新媒介》 P9 （美）约翰·帕夫利克著 张军芳译 新华出版社 2005年第1版

全景成像技术的出现打破了摄影技术出现以后的一个基本假定：即摄像者可以自我决定，根据人物在镜头里的位置，判断取景框里什么内容最重要。除了全景成像技术之外，内亚还研究了一种3D相机，如果它能与全景成像系统相融合，那么将意味着可以实现数字视频和新闻事件场景的自由转换。①

**二、卫星遥感成像技术**

每天，我们都读报或者看电视，但我们很少意识到技术在其中发挥的作用。因为技术对大多数普通人来说显得过于抽象和复杂，人们只要充分享受它的产品就足够了。但是如果去看美国电影《爱国者的游戏》，也许我们就能意识到卫星技术改变了人类的一切。随着最新图像增强软件的推出，美国中央情报局（或者任何具备遥感卫星的个人和组织）能在500公里外检查行使在华盛顿环形公路上的汽车的车牌。②

2006年，美国discovery公司大制作纪录片《列国图志》系列，都大量的使用了google earth提供的卫星遥感图像放在片子的开头和过渡处，既大气磅礴，又流畅自然。更有甚者，2006年11月15日，法新社最先报道了来自Google地图产品的新消息，它将会增加历史地图地貌，非洲地区可以回溯至1787年，亚洲地区可以回溯至1710年，按照Google发言人的说法，“观者将有乘坐时空机器穿越的感觉”。

现在的卫星遥感成像技术已经可以拍到分辨率非常高的图像，完全可以达到电视台播出的技术标准。在通常的情况下，一般的记者没有像中央情报局那样配备有高精度传感器材和先进图像增强技术的间谍卫星，不过，记者有时候可以利用一些方法，用获取到的卫星图像来报道重要的新闻事件。纪录片《再说长江》就第一次运用卫星遥感全景展现长江水系全貌，观众也第一次如此真实、如此清晰地从几万公里的高空看到了长江，那感觉绝不是震撼两个字所能形容的。正是卫星遥感成像技术成就了这种震撼。③

尽管现在许多国家对什么时候可以使用卫星图像还有争论，但是卫星遥感成像技术已经为新闻业带来了新气象。它对于那些想远距离或大视角取景的记者来说特别有意义。

**三、全息摄像技术**

全息摄影术指的是美国科学家丹尼斯·盖博（Dennis Gabor）发明的一种三维摄影术。拍摄者使用激光相机拍下一个物体的多个形象，然后以三维格式

---

① 《新闻业与新媒介》 P11 （美）约翰·帕夫利克著 张军芳译 新华出版社 2005年第1版

② 《新媒体技术——文化和商业前景》 P199 （美）约翰·帕夫利克著 周勇、张平锋、景刚译 清华大学出版社 2005年5月第2版

③ “以长江的名义，见证20年中国巨变——大型电视纪录片《再说长江》的创作构想” 作者：刘文 载《现代传播》2006年第4期

重新进行制作。这样做出的图像比传统图像复杂得多，也表达了更多的信息。对观众而言，三维全息图像几乎等同于全色彩、全动态的真实所见，而不需要像在观看其他三维图像时那样必须借助特殊的眼镜或其他设备。无论从哪个角度，无论从前从后，无论从顶部或者底部来看，全息图像都能保持完全的三维形态。

有些科学家预测，全息图像可能以实物大小在未来生活中出现，形成所谓的“全息空间”景象。不过，现在，以激光为基础的全息图像，制作耗时，造价昂贵，所以只在信用卡防伪时有所使用，暂时还没有应用于电视新闻传播领域。

假如随着技术的发展，有一天，全息摄影术变得价格便宜、操作简单，我们用全息摄影来采集素材，那我们的电视新闻将是怎样一番景象呢？科幻电视剧《星球舰队：下一代》曾对“全息空间”进行过描绘。想象一下你完全由人工合成，但看起来又完全在真实的环境中——这自然要拜严丝合缝的三维技术所赐——学习、娱乐或者训练。一个人身处用视角无法分辨真伪的世界，这将多么过瘾！①

全息摄像技术运用于电视制作无疑会促进三维电视的发展。设想一下，将来一家人看电视可以围坐成一个圆圈，从各个角度看，电视画面（实际上画面已不存在）上的人物就活灵活现地在屋子里奔跑、跳跃……那是多么令人激动的事！

**用于电视直播的直升机的前部摄像装置**

① 《新媒体技术——文化和商业前景》 P108 （美）约翰·帕夫利克著 周勇、张平锋、景刚译 清华大学出版社 2005年5月第2版

还有其他成像工具包括无人驾驶飞行器，它能够从相对较低的高速拍摄视频信息；还有在烟雾弥漫的起火的建筑中拍摄的热感应摄像机；还有一些现在还处于试验阶段的刚刚出现的可能会改变新闻采集的设备。哥伦比亚大学一位教授研制了一种机器人可以在曼哈顿的大街上穿行，使用激光扫描建筑物，然后以精确的三维形式将建筑物呈现出来。哥伦比亚大学的另外一项合作促进了带有嵌入式全球定位系统的移动记者工作台的发展，它可以根据照片或声音录制时精确经度、纬度和海拔为每幅照片编码。

用于电视直播的直升机

音频录制技术也正在发生变化，其中最重要的工具是数字音频录像带、数字录音音频磁盘和三维成音设备。这些工具不仅能够再现所有的模拟视频录音技术，而且还增加了事件编码或注释等许多重要技术，记者可以方便地在采访的音频录制部分作注释，例如提问。

事实上，技术因素在这里始终是同摄像机前的事物的统一中起作用的。这其中包括与器械设备性能直接有关的一切：镜头特性、聚焦、摄像机运动形式、景别、角度、蒙太奇、光线变化、色彩还原、还音性质、节目编辑、镜头连接方式、字幕元素、快慢动作、电视抠像、图像特技等。电视节目的发展优化，时时都与技术的进步紧密相连，技术的魅力让节目更加多姿多彩。

## 第三节　新技术为电视新闻带来了无限的想象空间

新技术不仅使得电视新闻的制作速度大大提高，而且还为电视新闻带来新的制作手段和想象空间。计算机操作技术方便了对画面亮度、色调、饱和度等参数的处理，从而也提高了电视节目的制作质量，计算机图文提供的画面特技等又增强了节目的艺术性。

尤其值得一提的是，计算机技术还构筑了另一个时空：虚拟世界、虚拟时空、虚拟人物、虚拟真实给电视新闻的制作带来了无限的想象空间。

## 一、计算机快速做图技术

电视新闻具有视听结合的天然优势，它的表现符号要比报纸广播新闻丰富得多。各种地图、图表、示意图对电视新闻的整体信息、或其中的个别信息作形象的阐释和说明，可以使电视新闻表现得更加直观，使新闻的传播效果得到增强。而过去很长一段时间，为了让电视新闻更直观一点，我们只能借助于地图、图示、图表等模型的使用，在那时，在电视上出地图、做示意图是一件既费力又费钱的事。所以，一般的新闻中很少使用地图、图示、图表。在新技术时代，地图、图示、图表的制作已经变得非常简单，而且效果更好。

作为中国最长的河流，长江的流域面积占了半个中国，不仅自身结构复杂，所涉及的历史、古迹等更是复杂难懂，为了能把长江“说”明白，纪录片《再说长江》第一次运用真实再现和动画合成演绎长江文明的源流，专门制作了200多幅精美的地理动画以更全面地表现长江的风貌。一幅壮美的长江画卷点亮了电视屏幕前的每一双眼睛。同时还在片中用了大量的电脑动画技术制作了一幅立体、精细的长江脉络图，它的主干、支流、流向都一目了然，将抽象化变为具体，更利于解说与理解。如在对三峡工程的解说中就借助了三维动画清晰明白地展现了工程的原理与船闸的工作原理，以一种利于理解的方式人性化地处理了枯燥的专业问题，将精英文化进行了大众化的解读。①

不仅如此，以计算机技术为代表的新技术带给电视的已不仅仅是现实世界最真实的表现，而是创造出根本不存在的视觉影像。② 它所依赖的技术就是电脑图像生成技术，即CGI技术（computer - generated image）。制作过程简单的来说就是通过电脑将影像分解为像素，由模拟转换为数字，经过再次创作时，便可以生成任意一种想象创造出来的物像。这种计算机生成的图像可以将镜头无法轻易表现的自然现象、科技原理以尽可能逼真的、生动的加以再现，在有些新闻报道中是大有用途的。

例如，2004年12月26日，印度洋发生里氏9.0级强烈地震并引发海啸。虽然随着影像技术的发展，这次灾难留下了很多宝贵的影像资料，包括全球定位系统的卫星图片，家用DV的现场画面，专业电视台的系统报道，等等。但是，如果想说明这次海啸及其严重后果的成因，除了传统的模型加解说的讲解，传统影像确实缺少办法。但是计算机图像生成技术就可以构建一个三维动画的模版，模拟海啸发生后海洋发生的变化，更加直观的表现出灾难的成因。

---

① “以长江的名义，见证20年中国巨变——大型电视纪录片《再说长江》的创作构想” 作者：刘文 载《现代传播》2006年第4期

② 《影视艺术与高科技应用》 P20 李兴国主编 中国传媒大学出版社 2005年7月第1版

同时，计算机图像生成技术已经能够非常逼真地模拟出海水的波浪效果和海水在印度洋海域反复激荡造成多次高潮的影像，这就使得信息传播的科学性和可视性能够并重，使观众的认知过程更加富有切身体验的生动性。

再比如，2002年4月15日，中国国际航空公司一架波音767客机在韩国釜山机场附近坠毁。传统影像可以拍摄到现场凌乱的飞机残骸，甚至能够及时的抓拍到遇难者的遗骨。这些画面虽然带有强烈的视觉冲击力，但是从人性的角度出发，这些信息的传播无疑会伤害遇难者亲属的感情，也不符合人性化传播的愿望。计算机快速作图技术就可以回避这些现实的血腥和残忍，用更加委婉的方式表现飞机坠毁的信息。可见，在某种情况下，现实的简单呈现不一定是最符合人性化传播需要的表达方式，而计算机生成图像则用曲折达意的方式帮助了原本左右为难的影像传播，使得信息传播既符合事实真实的原则，又兼顾了人性化传播的愿望。

世纪之交，BBC制作的大型系列科教纪录片《与恐龙同行》，就应用了大量的计算机制图技术完全再现远古时代的生态环境，重演了一遍恐龙族群在地球上的兴衰历史，令观众身临其境的切实感受远古时代的生物进化过程。从另一个方面来说，影像的基本价值在于记录历史，对于影像诞生之前的时空我们只能凭借着流传下来的文字或图片来揣测当时的情景，计算机图像生成技术可以在自然、历史类的纪实节目中复原历史时空。又如在表现宇宙物理科学类纪录片中，由于目前技术物质条件所限，摄影机不可能摄制到许多天文物理现象，或是由于超常时空远远大于人类所承受的极限，或是由于宇宙中的实际条件根本无法完成光学成像。计算机图像生成技术在摄影机无法触及的这类领域扮演了举足轻重的角色。

FLASH出现以后，电视又多了一种可以借助的符号，一种可以丰富电视表现力的技术手段。

2005年5月24日，《东方时空》的“看点”播了一条叫作《“猫鼠游戏”的背后》的报道，讲述一位军人在成都市火车站的奇遇：他被小偷偷了钱包，去找车站警察，警察不帮他抓小偷，却好言相劝算了算了，还主动掏钱帮他解决当前困难。这位军人决定自己去抓小偷，却不意间发现偷他钱包的小偷居然向这位警察进贡钱包。他向该铁路派出所的上级机关投诉，上级机关成立了专案组，查出来的内幕吓人一跳——原来这里的小偷经铁路派出所的警察许可方可“入场作业”，“作业所得”要让警察提成……

这件事绝对具有爆炸性，因此这条报道无疑是相当引人注目的。但当日《东方时空》这条报道引人注目还有一个很重要的原因：这不是一条常态的电视新闻，它是一件彻头彻尾的FLASH作品，从头到尾全部用动漫再现事件经过，没有使用任何由摄像机录制的真实画面和真实声音。

FLASH 是随着多媒体技术的发展而出现的，最初就是一套计算机动画软件的名称，后来泛指网络动画制作技术，而以此种技术创造的作品，就被称作 FLASH 作品。熟悉或精通 FLASH 的人，主要是伴随多媒体和互联网成长起来的一代，他们用它表达情感、讲述故事、制作歌曲，也记述各种现实事件。FLASH 作品大多借鉴卡通和漫画手法，对生活进行适度夸张、变形，形象生动，风趣幽默，意味深长。

或许是因为符合人们心底与生俱来且不可泯灭的游戏情结，而且制作方便，成本低廉，又为人们所喜闻乐见，FLASH 渐渐不再局限于网络游戏，而是被运用得越来越广泛。很多多媒体教学课程，都采用了 FLASH 技术。譬如著名的《新概念英语》就出了 FLASH 版，很受欢迎。渐渐地，FLASH 作为一种叙事手段也进入了电视屏幕。①

首先，FLASH 技术为一些迥异于传统新闻的另类新闻节目提供了形态解决方案，从而促成了新的电视新闻节目形态的出现。生动活泼、充满想像力和创造力的 FLASH 作品给人们带来了耳目一新之感，电视传播者也很快发现了这种技术可以带来的便捷性和强大的表现力。在一些思维活跃、勇于创新的传播者的大胆尝试下，FLASH 开始频繁出现在一些电视节目之中，甚至成为某些新闻节目的重要传播元素，逐渐形成了一批以凤凰卫视窦文涛的《海湾风云录》为代表的另类新闻节目。这类节目最大的特征是娱乐性强，迥异于传统新闻的严肃面孔，轻松愉快、充满游戏意味地完成新闻信息的传播。

其次，FLASH 进一步加强了电视新闻传播的直观性。电视新闻一直是以直观性和现场性为其本体特征的，长于记录和展现新闻事件发生发展的过程，但是，如何叙述过去和未来的时空以及如何表达抽象的信息，一直是电视的难题。有些信息，无法获得相应的声画素材来对其进行直观表述时，过去最常见的处理方式是让解说承担主要的叙述任务，同时贴万能镜头，解说与画面常常并无多大关联，这就是所谓的“两张皮”。后来，电脑特技开始被较多使用，一些抽象信息开始获得较为直观的表现方式。譬如经济类报道当中经常使用数据示意图，而像远洋考察或是沙漠探险这一类的报道，会利用电脑动画来直观地展示行进路线。但是电脑特技制作复杂、功能有限、生成缓慢，还是无法承担起更复杂的叙述任务。忽然间，FLASH 开始风行一时，许多电视新闻从业者惊喜地发现，有了 FLASH，要讲述一个业已过去、没有拍到的场景或者过程简直太容易了，不光容易，而且好玩。它可以生动形象地叙述一个新闻故事，甚至比用摄像机去拍摄然后进行编辑还要更顺畅、更完整。这个过程的展现，与一度风行的“真实再现”有异曲同工之效，只不过此种再现并非真人

① “Flash 对电视新闻实证性的影响” 作者：杨小铃 载《电视研究》2004 年第 1 期

扮演，也不采用真实场景。它所用的手段，是动漫。有了这一招，电视似乎更加无所不能。譬如前面提到的《东方时空》的《“猫鼠游戏”的背后》，传播者足不出户，只需坐在电脑前，就完成了一个新闻事件的生动讲述。

在电视新闻节目中，把计算机生成图像作为辅助性的传播符号，少量地、恰如其分地加以运用，可以增强电视新闻的直观性和观赏性，尚不至于影响电视新闻的真实性。但是，如果把计算机生成图像当成主要的传播符号，全无真实影像与声音，那就值得商榷了。

**二、虚拟演播室技术**

新技术，尤其是数字技术还创造了一个虚拟的时空，并可以使虚拟时空和真实时空相结合，制造一种虚拟的真实，甚至是视觉世界与虚拟世界的融合。

虚拟演播室，是视频作品（节目）虚拟现实实时制作的一种专用视频设备，集高频响视频数据采集技术、计算机图像处理技术和数字电视技术为一体。它可以将摄像机摄取的真实影像，有选择地与任意创意的虚拟场景，按照真实的三维透视关系，动态地、实时地合成在一起，从而创作出现实中无法比拟的视觉效果。

在传统的电视节目制作中，为有一个美观多样的演播室布景，制作人员必须精心设计和搭建表演区和场景，需要耗费大量的人力、财力用于道具的购买、场景的布置和维护，而且场景一旦制成，无法即时更新和变换，如要改换只能重建，资源利用率低且工作周期长，即使如此，许多场景、舞台效果仍无法实现。而目前相对先进的色键制作技术，仍会产生主持人好像在背景上飘浮的感觉，缺乏真实感，具有很大局限性。

为了产生出逼真视觉的场景效果，电视制作人员探索着用计算机场景工作站生成的三维图像代替简单的二维图像作为演播室的“虚拟”背景，并跟踪摄像机运动实时调整和“移动”该背景，使之与拍摄的主持人图像（前景）同步变换，实现三维场景的移动变换与真实摄像机相一致的虚拟效果，这就是三维图形学、人工智能、模式识别与计算机图形图像处理相结合的虚拟演播室技术。[①] 随着虚拟技术的不断发展，目前，虚拟演播室系统已经完全可以真实再现前景图像中的如头发、半透明物体、阴影、烟雾等细节，抠像质量也大大提高，从而使合成图像的效果看起来更加逼真。

虚拟演播室技术无疑是电视节目制作技术的一种革命性飞跃，充分体现了电视技术对当代最新的数字技术、计算机技术兼容并蓄的特点，是一个具有高技术含量、高附加值和广阔市场前景的产品，它非但能把在蓝背景中的主持人

---

① “虚拟技术与电视媒介的立体发展态势” 作者：陈国利、张卫斌 载《传媒学术网》2005 年 11 月 22 日

与计算机生成的三维虚拟场景完善融合在一起，还可以用建模软件控制合适的贴图、灯光、模型等参数，给场景中的物体贴画，加光影和润色，使其更具真实感。自1991年日本广播公司（NHK）开发了一套图像合成系统以来，国外很多有实力的公司一直致力于这一技术的研究开发。目前可以了解到的已经商品化的虚拟演播室系统生产厂商有13个。

在虚拟场景中，主持人可以来回走动，场景中的虚拟物体可以实时移动和处理，电视窗口能显示外部视频源送来的视频信号。主持人不仅能在虚拟物体的前面或后面，并且能隐藏在物体的里面，主持人之间还可以进行异地对话。可见，虚拟演播室给制作人员更新、更广阔的创作空间，迎合了电视节目制作创新的需要。

但是，虚拟演播室昂贵的价格，使其难以全面推广，对大多数电视台而言，只能是望而却步，国内只有中央电视台等少数有实力的电视台购买。虚拟演播室价格昂贵的主要原因，是需要配制使用高档的图形生成硬件。

然而，在现有节目，尤其是新闻串联、访谈等节目的制作中，极少使用镜头摇移、俯仰、变焦等操作。在这样的场合，虚拟演播室中那些花费昂贵代价而得到的功能几乎没有用武之地。针对现实，国内一些技术实力雄厚的计算机集团、数字视频产品公司开发了虚拟布景系统，以镜头切换代替镜头的实时跟踪，这就无需实时生成背景，而可以采用高质量的绘制算法，大大降低了成本。这样的虚拟布景系统，能提供一套完整的视频制作方案，可实现从三维虚拟布景的建造、材质的选择、灯光和摄像机位的设置、背景图像的渲染，到色键抠像、视频合成与输出。[①] 虚拟布景的用途很多，对小型演播室特别有吸引力。在全国的电视台中，凤凰卫视可能是最广泛运用虚拟演播室技术的电视台了。据笔者粗略统计，就有《凤凰大视野》、《冷暖人生》、《秋雨时分》、《文涛拍案》等十几个栏目使用了虚拟演播室，并取得了很好的收视效果。

以后随着计算机技术的进一步发展和三维图像软件的开发，虚拟演播室将会在电视新闻节目制作领域发挥出更为重要的作用。

**三、虚拟主持人技术**

利用三维动画技术创造的虚拟人物可以完全实现创作者的创作意图。创作者可以对虚拟人物做任何造型、表演、动作上的处理，使其完全按照创作者的原始意图行动，以达到与真实人物完全不同的视觉、表演效果，以使人们产生不同的视觉、心理感受。

虚拟新闻节目主持人，是以虚拟为前提创作的。在设计这些虚拟主持人

---

① 出自作者2004年10月对中央电视台新闻中心制作部谢继红和北京电视台技术制作部张一平的访谈

时，设计者在网上征求人们对这些人物的造型要求，最后综合各方意见，设计出最完美的大众情人的形象，从肤色、身高、三围、发型、脸部比例，到声音都以完美为前提。2000年4月19日，全球第一位虚拟主持人阿娜诺娃就是这样完美面世的。[①] 虽然目前对虚拟主持人存在的必要性和用途还有待商榷，但至少数字技术又提供了一种选择。

应该说，由于本身的“非人”特点，因而具有常人所没有的超常能力和超常智慧，在“不知疲倦永相伴，随时随地传信息”方面，虚拟主持人确实非一般的电视节目主持人可比拟。

其一，作为生物的人而言，形象和声音差不多是与生俱来的，后天的包装和训练不能对他（她）带来根本性的改变。而虚拟主持人的优势恰恰在于其形象可以根据受众的要求进行集成并作出调整，其声音也可以在电脑调制下达到几乎完美的效果。

其二，广博的知识是胜任新闻节目主持人的另一重要条件。就记忆以及存储调用功能而言，人脑和电脑相比就相形见绌了。现在大多数人对虚拟主持人的认识往往还是停留在脸孔和性格层面，而对其把握新闻信息的能力却估量不足。阿娜诺娃的即时计算机系统会告诉“她”该做什么，该说什么和怎样去说各种新闻，她能用搜索引擎在网上搜寻世界上最新发生的新闻。

其三，新闻节目主持人的工作是在大众面前抛头露面，常常要承受各种社会评价带来的沉重的心理压力，而且随着新闻竞争的激烈，工作节奏的急剧加快还往往使人身心疲累，这种情形是大部分新闻节目主持人的共同体味。而虚拟主持人则可以承受任何评价，一直保持饱满的热情和坚定的自信心。

正因为虚拟主持人有着这种种优点，社会上传出了一种声音：虚拟新闻节目主持人会不会替代传统节目主持人？回答是否定的。因为，经过短暂的震惊，我们发现，虚拟主持人完全不能与传统的电视新闻主持人同日而语。人类的表情丰富多彩，一颦一笑、一举手一投足都蕴涵着广泛的信息，而其中用语言也无法描绘的微妙之处只有人与人之间才能彼此领会，这是任何机器与技术都无法实现的。电视新闻主持人以自己的学识和人格感染观众，以人类共有的情感与观众达成共鸣，并由此对观众产生巨大的吸引力。很难想象当美联社记者在菲律宾菲航坠机现场以煽动性的语言对这个举世瞩目的时间进行第一时间的实况报道时，人们会首先选择聆听虚拟主持人的“机械语言”。[②] 所以，当人们越过了对虚拟主持人的新鲜劲之后，虚拟主持人对活生生的主持人并没有多大威胁，但它会作为传统主持人的一个有益补充。

---

① 《影视艺术与高科技应用》 P82 李兴国主编 中国传媒大学出版社 2005年7月第1版
② 《影视艺术与高科技应用》 P83 李兴国主编 中国传媒大学出版社 2005年7月第1版

在新技术时代，电视媒介纷纷采取各种手段，提高电视节目质量、降低电视节目制作成本，寻找作为在竞争中致胜的最大筹码。计算机快速制图技术的日臻成熟、虚拟演播室技术的应运而生、虚拟主持人的呼之欲出，都为电视制作提供无限想象和表现空间，更是给传统的电视新闻注入了新的生机和活力，为电视新闻的生存与发展提出了新的思路和观念。

**本章小结：**新技术被引入电视新闻节目的编辑制作传输中，其意义不仅仅在于提高工作效率，重要的是用电脑软件的运算和数字式信息的流通取代很大部分的手工操作和机械运转，代替操作热源的部分脑力劳动，更重要的是，新技术提供的可能性可以将新闻现场的信息损耗将到最低，使电视新闻进一步接近人性化。

# 第三章 增大的现实——新技术与电视新闻的形态

形态对电视而言，一般都指节目形态。“所谓节目形态，就是电视节目设计的基本模式。”① 电视新闻的节目形态包括消息类电视新闻节目、谈话类电视新闻节目、专题类电视新闻节目、杂志类电视新闻节目、直播类电视新闻节目等等。而本章所论述的形态不是指一般意义上的电视新闻的节目形态，而是指新技术影响下的电视新闻的报道方式、报道方法、报道模式。

电视作为20世纪最伟大的发明之一，它的诞生给人类带来了无数的惊喜与快乐。从本体的角度看，电视新闻自诞生之日起，就是伴随着一定的报道形态而存在着的。电视与以往的任何媒介都不一样，它的传播元素由画面和声音构成，文字元素其实也可以被囊括在画面元素之中，它也是一种视觉上的接受元素。依赖于画面和声音这两种元素，电视可以构成各种不同的电视新闻传播形态。报道形态是电视新闻传播者实现传播目的的最基本手段，电视新闻形态设置的优劣直接关系到电视新闻的传播效果。

从历史上看，在电视媒介与社会的互动发展过程中，电视新闻的形态一直在不停地演变。技术的每一个进步都给电视新闻发展开辟了广阔的空间，催生出许多新的报道形态，也帮助旧的报道形态在推陈出新中不断发展。

例如，随着电子计算机和字幕发生器技术运用到电视

① 《电视新闻节目的理念、形态与实务》 吕正标、王嘉著 中国广播电视出版社 2004年1月第1版

中，一种新的新闻报道形态——字幕新闻开始出现在电视屏幕上。1988 年，中央电视台第一次用字幕新闻的形式播出了蒋经国去世的消息。现在字幕常被在新闻中用来展示规文条例或讲话内容，凤凰卫视资讯台以及中央电视台新开播的新闻频道，还采用在画面下端滚字幕的办法及时播出新闻内容。字幕新闻之所以能够活跃于屏幕之上，正在于它满足了观众迅速获知新闻动态以及更准确地了解新闻内容的需求，而技术为需求的满足提供了条件。

电视传播手段的每一次变革和演进，电视新闻报道形态的每一次焕然一新，几乎无一例外地依赖于技术的进步。从电子新闻采集方式 ENG（electronic news gathering）到卫星新闻采集方式（satellite news gathering），从实现“今天的新闻今天报”到实现“现在的新闻现在报”，技术改变电视，改变了新闻的时效，也拓宽和延伸了新闻定义的内涵及外延。①

卫星通讯技术的进步推动了电视新闻新的报道形态的产生，最具代表性的报道形态就是现场直播和连线报道。

新闻现场直播在最大限度上体现了电视对人本质感知能力的延伸和扩展，最大限度地满足了人的共时感知天性。重大新闻事件的现场直播都离不开卫星新闻采集设备的即时传播，利用卫星传输这一高科技设施进行电视新闻的采集和传送、播出，以提高电视新闻的权威和影响，这是世界电视新闻发展的趋势，也是电视新闻现代化的重要标志，同时，更是为电视新闻发展带来广阔的创作空间。

电视新闻连线报道依托现代电视传输技术，借助音频、视频信号，由主持人在同一时间把位于不同空间的两个或多个采访对象连接起来，就某一新闻事实发表各自的看法、观点，进行评述、讨论，最后以双视窗或者多视窗的形式呈现出来。连线报道同步报道新闻现场、多方观点交流碰撞的优势在新闻报道中已经得到了充分的发挥，满足了观众对新闻时效和深度的需求，提升了电视新闻的魅力，推动了电视新闻报道观念的更新，拓宽了电视新闻报道的范围。

现在，以数字技术、网络技术和信息通讯技术为代表的新技术的迅速发展更是为电视新闻带来了崭新的形态。全景化的报道、互动化的报道、个人化的报道和导航化的报道正呼之欲出。

## 第一节　全景化的报道

从整体上看，新技术的发展正在改变电视新闻的报道方式。在 21 世纪，我们可通过计算机促成的现实来认识世界，并且成为全景化报道的有力参与

---

① “科技，为电视新闻构架新高度”　作者：叶子、李冉　载《现代传播》

者。现在正在出现的是一种新型的新闻报道方式，它超越了浪漫但不可能实现纯粹的新闻的客观性。① 这种新的样式可能会为受众提供新闻报道和事件的综合视角，这会比任何单一视角都复杂得多。

只提供一个必要的视角，那仅仅提供了发生事实的一个有限的角度。然而，不论是否可以达到客观和真实，客观和真实能在将结构和全景置于网络、多媒体和数字技术环境的媒体中得到最好的保障。因为任何人都不可能完全抛开他或她所有的个人观念，而对任何事件、进程或事实提供无偏见的表达。电视能做的最好的就是提供对事实、环境、事件背景的平衡的叙述，观众会得出他们自己关于事实的结论。②

全景化报道目前还没有科学的定义，但笔者以为，全景化报道在内容上必须是能提供环境守望的、动态的；在形式上要有消息、直播、连线、评论，要利用所有的传播形式，包括文本、音频、视频、图表和动画等。

**一、能提供环境守望的、动态的内容**

从20世纪90年代初以来，随着ENG的使用，国内电视新闻性节目呈现出了信息量大、时效快、可视性增强等特点；新闻报道领域大大拓宽，尤其是社会新闻、批评性新闻大量增加，电视新闻发挥出了明显的参与生活、介入生活的作用；新闻的视觉日趋“平民化”，内容更加贴近社会生活，贴近民众需要，关注、讲述“老百姓的故事”，已经成了电视新闻中的“家常菜”。

但是，电视新闻的第一价值是其肩负的“环境守望”功能。90年代中期兴起的第一轮电视新闻浪潮所诉求的重点是帮助人们监测微观社会环境的社会新闻和实用资讯。随着中产阶层的崛起，社会有机化程度的提升，以及社会转型的要求，基本面、体制面越来越成为制约整个社会发展的瓶颈性因素，社会对于中观与宏观环境的监测要求日益强烈，而满足这一环境守望要求的“材质”正是社会的重大时政新闻和主流资讯。换言之，在未来的传媒竞争中，谁能够更好地满足社会对于时政新闻和主流资讯方面的环境守望诉求，谁就会成为新时期的媒体英雄，而仅仅拿社会新闻和实用资讯说事，已经很难成为社会青睐的对象了。③

因此，在数字技术、网络技术的推动下，新技术时代的电视新闻的内容必然走向，凡是与人民生活有关、影响人们有效社会决策和社会判断的重大新闻和资讯，无论它是“喜”还是“忧”，无论它对于我们是“有利”还是“不利”，都应该及时、客观、完整和充分地加以报道，以便为人民群众的理性判断提供最为基础性的资讯保障。

---

① 《新闻业与新媒介》 P27 （美）约翰·帕夫利克著 张军芳译 新华出版社 2005年第1版
② 《新闻业与新媒介》 P29 （美）约翰·帕夫利克著 张军芳译 新华出版社 2005年第1版
③ “当前传媒业发展客观趋势解读” 作者：喻国明 载《现代传播》2004年第2期

而且，网络时代的人们按需要实时要求并得到新闻，受众不愿意等着晚间新闻或者第二天的报纸来得知突发事件，他们想马上知道，他们想得到尽可能多的信息。如果受众不能在电视屏幕上找到最及时的新闻，他们通过网络也可以找到这个。因此，新时代的电视新闻必须是动态的，能更好地展示现实生活中的事件和进程。

这就要求电视记者不仅能也必须不断为日益习惯获得新闻最新进展的受众提供更新的新闻。新华社的著名记者唐师僧曾经说，“我只不过比任何写得快的人写得好，比任何写得好的人写得快”，① 但是今天的记者必须写得又快又好。一方面是因为，受众是这样要求的，另一方面也是因为，新技术已经为尽可能快、尽可能好地做电视新闻提供了可能。

**二、利用一切电视传播形式**

全景化报道还要求在新闻事件发生时，电视台马上派出记者，带着便携直播设备，第一时间报道，有动态新闻消息，记者的现场连线报道，有新闻背景分析，有专家点评，甚至直播，发挥电视的特点，加强过程的展示和场信息的传递，在过程中制造悬念，创造出可以供观众体验的新闻场，同时，充分考虑电视观众的参与、反馈，注重电视新闻的整合性、完整性、系统性传播。

新技术环境下的电视新闻可以利用所有的传播形式，包括文本、音频、视频和图表、动画、FLASH 等，还有前文提到的正在出现的技术，比如 360 度全景成像技术。这些技术使得记者能够选择最合适的报道模式，不必受以前模拟技术时代传播形式的限制。

例如：2003 年 3 月，央视国际频道“关注伊拉克战事”报道中，就以一种开放式的报道样式，兼容了各种信息传播形式，成为多种报道手段共有的舞台。“关注伊拉克战事”除了每日首播 80 条左右的动态消息、新闻综述、新闻分析等传统的新闻播报方式外，节目还以滚动字幕的形式，以最快的速度发布最新消息。据统计，自 3 月 20 日至 4 月 30 日，国际频道“关注伊拉克战事”报道共播发滚动字幕近 1.56 万条次，使得影像新闻报道同时兼具了网络媒体滚动翻新的功能。

同时，由于条件所限，所有与战事有关的新闻信息不可能都通过画面的形式传回节目组，而观众又想在第一时间获得最新而又详尽的信息，电话采访便派上用场。仅在直播的前 8 天，央视国际频道就进行了 88 次电话连线，日均 11 次，像与本台驻美国、英国、约旦的记者站连线，每天都有 2～3 次，形成了对战事的跟踪式报道样式。

多视窗的画面组织形式也成为这次报道的一大亮点。无论是同声传译、专

---

① 转引自《千龙传媒网》2005 年 2 月 11 日

家访谈还是电话连线，“关注伊拉克战事”报道均采用多视窗形式的画面。在同期声作为音轨背景的同时，画面选择紧扣访谈的内容，一方面切入现场实况，利用子画面及时提供最新信息，另一方面选用准备好的战争资料画面。这些画面都是从每日播出的十多个小时的直播节目中挑选出来的，大多是动态画面。在播出时，由于这些画面本身也是在一直向前走，从而为节目增添了现场气氛。更为重要的是，多视窗画面的有机组合，使电视新闻具有了报纸版面编排的特色。

为了更直接了解观众的收视要求和建议，特别报道在3月28日下午5点开通了“关注伊拉克战事”特别邮箱。这之后节目组共收到观众电子邮件1.8万封。与此同时，手机短信息的互动平台也同时展开。截至4月4日，节目组收到的短信超过了80万条。①

数字技术充分调动了电视新闻的表现力，新闻画面的枯燥与单调得到了改善。多媒体技术相互间的广泛兼容性，不仅是各种传播形式互通有无，而且是各种类型的互为补充。这使得电视新闻不再是一个自我封闭的系统，广泛地接受其他的信息传播形式为我所用，成为数字时代电视新闻传播的新趋势。

全景化的报道，对于公众和新闻业可能会带来许多好处，包括更吸引人的报道，更全面的信息和更好地反映日益多样和丰富的社会的复杂性和细微差别。将事实置于全景中报道不是什么新想法。过去的记者已经在寻求将报道置于更好更全面的全景中。问题是媒体习惯于发表的大多数报道没有提供得到全景的方式。模拟的印刷和广播媒介的时空限制已经删减了新闻，并使新闻编辑室形成了这样的文化：新闻应以简短的形式为主，从一个角度出发来报道新闻，为受众提供大意即真理的新闻。尽管过去许多记者抱怨真实是难以概括成1500字或更少的线性印刷报道，或者3分钟或更少的音频和视频的。而现代技术却为复杂、多维的新闻事件进行全景报道提供了可能，全景化报道的观点和角度对理解新闻背后的全面真实都是极其重要的。

## 第二节　互动化的报道

“互动”是英语单词“interactive”的意译。Inter是拉丁语前缀，意思是“相互的”。“active”是“积极的，能起作用的，现行的”。近年来由于网络媒体的迅猛发展，“互动”这个词也随之热了起来。实际上，很多人使用的只是“互动”的一部分含义，或者是在现代语言环境中延伸出来的意义。从对“互动”一词在语源和语意上的追究，我们可以得出这样一个结论：“互动”是随

① 转引自《央视国际网》2003年4月22日

着现代电子计算机科技的发展而形成的。从抽象层面上来讲，“互动”就是发生在两者之间的行为或行为的可能；而具体地来说，“互动”已经由一种计算机程序语言发展成为电视娱乐的一种形式，它最大的特点就是能够影响电视屏幕上发生的事件。①

理论上当信息由传播者出发，单向地流往受传者时是没有形成“互动”；只有当受传者在接受了传播者发出的信息后，做出反应，并反馈（回传）给传播者时，这个信息的回路才得以形成。可见，“互动”产生的首要条件就是在传播者与受传者之间形成一个信息流动的回路。此外，传播者与受传者之间的“互动”关系，绝不仅仅是交流沟通的关系，而是一种更为即时的反馈，它尽可能多地让观众参与到节目中间，并尽量多地使观众获得“内容主权”以便对电视节目产生影响作用。

**一、电视新闻的互动努力**

传统电视媒体，是我播你看，观众被动接受，但随着信息化时代的日益临近，信息在整个社会和个人生活中扮演着越来越重要的角色，不同的信息对不同的决策主体具有不同的利益关联和影响，因而，对于新近发生的各类重大新闻，受众不仅仅要求在第一时间内获取有关的信息报道，满足自己的强烈的“新闻欲”，更希望电视能够成为自己发表意见、展示主张的窗口和平台，实现其同样强烈的“表达欲”。

现代信息通讯技术又一次顺应了这一历史潮流。热线电话、手机短信、网上交流等现代化的即时交流在电视新闻节目中越来越常见，尤其是互联网让电视新闻和电视观众真正互动起来。现在，每当新闻节目结束的时候，常会听到主持人对大家说：“有关节目的具体内容，请点击我们的主页，并欢迎您提供新闻线索，发表意见看法。”同样的结束语出现在凤凰卫视的许多新闻节目里。在凤凰网里，新闻主页的更新非常及时，还加入了“时评链接”等专为网页设计的内容。这是电视节目借助网络与观众形成互动空间的最直接途径。

网络的即时性、隐蔽性，可以使受众及时并且无所顾忌（因为不用实名）地参与传播、表达自己的观点，这一点每一位网民都会有切身的体会。网络消除了“发送者主权”，造就了“接收者主权”，以往被动接收信息的受众在网络中获得了空前的主动。当用户在因特网上用鼠标和键盘搜寻着自己感兴趣的信息的时候，这种获取信息的方式就更多地体现着“拉”的特点。

受网络技术的推动和网络传播的启发，电视传播也出现了革命性的变化，

---

① Interactive: Adj. ①Acting or capable of acting on each other. ② Computer Science Of or relating to a program that responds to user activity. ③Of, relating to, or being a form of television entertainment in which the signal activates electronic apparatus in the viewer's home or the viewer uses the apparatus to affect events on the screen, or both. The American Heritage Dictionary of the English Language Fourth Edition 2000.

将互联网中"拉"式的信息传播延伸到了电视传播领域。"互动电视"和"网播"的出现，第一次赋予了电视观众严格意义上的信息主动权。互动电视改变了观众收看电视节目的习惯，使他们可以创制一套纯个人的休闲娱乐生活模式，它在强调交互的同时，也就使这时的电视传播具有了更多的双向性。"网播"用网络来传输电视信号，使观众可以在任意的时间根据自己的口味和需要有选择地收看存储在网站上的电视节目。暂且不论这两者目前的应用范围和实际效果如何，但值得肯定的是，它们至少是史无前例地为电视观众提供了一种获取信息主动权的机会。

十几年前，比尔盖茨还曾经这样说过："电视是被动的新闻，而人们需要的是互动性的新闻。"[①] 他大概不会料到，在网络的巨浪压过来的时候，电视业是如此快速地调整了自己，在电视的独特领域里开始尝试互动。

在我国，不少电视媒体已经展开了一些"互动"实践：在栏目中开辟互动内容，让观众自己"做"节目，就是对"互动"进行的最生动阐释。凤凰卫视有一档节目，叫做《媒体大拼盘》，串编各地新闻。其中有一个小板块叫做"我来评新闻"，就是每天请一位异地的观众做评论员，通过电话对当天的一则新闻进行评点。曾经有一期节目，先是报了一条内蒙交警为解决堵车问题当街下跪的新闻，接着就请厦门的一个中学生来评论。中学生明确表示，交警的做法不是最好的办法，还应该从管理上寻找解决途径。虽然中学生的"高见"未免稚嫩，但他有板有眼的"点评"，却使整个节目都变得生动起来。这个"我来评新闻"的意义还在于，从传播方式上说，传者和受者之间的界线被淡化了，体现了个体的话语权，受众个体话语权在某种程度上得到了尊重和满足。

从一定意义上说，现代通讯技术和互联网技术进步到今天，电视向观众单向传播的时代已经过去。电视这个以电子为载体的媒体从其诞生的那一刻起，就与突飞猛进的现代传播技术和手段比翼齐飞。时至今日，身临数字化的汪洋大海，电视新闻互动的新突破又应运而生了，那就是互动电视，它将为新的电视新闻的互动提供有力的技术支撑。

## 二、互动电视技术时代

互动电视（ITV 或 INTERACTIVE）又称"宽带交互电视"，它将网络模块和应用软件与电视机芯融为一体，通过电话线或宽带实现网上浏览，是集宽带或电话线上网、大屏幕电视显示和数码电视三位一体的家用高亮度、高清晰度显示器。互动电视是电视数字化和网络化后的产物。在电视领域，它的实现是以数字电视为基础的，通过卫星数字电视、有线数字电视、无线数字电视的途

① 《未来之路》（美）比尔·盖茨著　辜正坤译　北京大学出版社　1996 年 6 月第 1 版

径来实现的。传统电视，观众处于一种你播什么我看什么的状态，而互动电视，观众可以利用遥控器、红外遥控键盘等手段进行操作，在观看电视节目的同时，能上传有关要求信息，选择与节目相关的内容和服务。

传统电视只向观众传送一路信号，而互动电视可同时发出多路信号，让观众选择。如新闻直播现场有多台摄像机，每一位观众可随时选择不同机位所拍摄的图像和镜头的切换，相当大的操控权力由导播手中转移到观众手中；又如电视画面可能像现在互联网上超文本链接一样也有视频音频的超链接，观众在观看电视新闻时，若对新闻中提到的某个人感兴趣，就可以点击链接，查看这个人所有的视频音频资料；再如正在播出一条新闻，主持人会问电视机前的观众喜不喜欢这条新闻，观众便可通过交互功能，马上做出欢迎或否定的表态，电视台的计算机系统处理所有观众意见的数据，然后自动形成一个结果，主持人如果看到结果是肯定的，就继续播送新闻，如果结果是否定的，这条新闻很快便会停下来，然后播下面的新闻。互动电视的这种反馈有两个最大的好处，一是实时性，几乎没有时间差，调整是在瞬间发生的，不至于让新闻节目的播出产生割裂感和迟钝感；二是群体性，它的互动是区域内观众群体甚至全球范围内观众群体的互动，而不仅仅是和个人间的互动。

2002 世界杯期间，中央电视台和 Open TV 合作，运用 Open TV 的先进技术，播出了交互体育电视，做了交互电视的试验，取得了成功。这种电视在每场赛事都提供四个角度的选择，观众可以通过手中的遥控器，任意切换到自己想看的角度。观众还可以通过电视机浏览因特网，参加社区和全球“闲聊”，接收电子邮件。而实现上面的精彩互动，只需在一台普通电视机上加上一个机顶盒和一个遥控器或无线的键盘。除了可以自由切换视频画面之外，观众还可以随时查询比赛实时技术统计，球队、球员和教练员的介绍，还可以在同一个电视屏幕上，用分屏功能同时观看多场比赛。互动体育电视节目给观众带来全新体验。

当然，目前真正使用互动电视的人并不是很多，但它却带给我们全新的尝试，不仅观众感到新鲜，对电视业来说，也是一次极大的迈进。有人说，互动电视将电视从传统媒体时代带到了新媒体时代。

布莱恩·麦克耐尔说：“大众媒体的发展历史是技术发展不断影响社会生活各方面的历史。然而我们有充分的理由相信现代媒体将是一个互动的、可参与的和多样化的媒体新时代，它将给观众带来新的自由。”①

挪威奥斯洛大学媒体和传播学院的特里恩·席沃森教授说过：“电视越来

---

① 《新技术和媒体》（美）布莱恩·麦克耐尔著 新华出版社 2002 年版

越倾向于‘参与之事’，而不仅仅是‘观看之物’了。”①

既然体育节目的互动电视播出都可以，那么，互动电视新闻节目的播出也就为时不远了。因为观众有主动选择控制电视新闻观看的愿望，技术也已经走到了这一步。英国有一个学者写了一本书《交互电视是电视的未来、还是未来的电视?》，他提出，如果交互电视是未来的电视，那么交互电视仍然是电视，而如果交互电视是电视的未来，交互电视就很可能不是电视了，那么不是电视又是什么呢？毫无疑问，对这个问题的解答与认知，将对电视的发展、电视新闻的制作、传播产生重要的影响。

**三、我们需要什么样的互动化报道**

媒介传播者与受众之间是有明确的社会分工的，试图完全改变两者之间的分工关系是徒劳的，更有意义的应当是考虑怎样在现实情况下，去改善这种传播关系，让受众拥有更多的平等交流权力，让媒体能够留住更多的受众。事实上，“互动”是传受双方的一种传播关系，必须由传受双方共同作用完成。缺少任何一方的努力，“互动”都只能是孤掌难鸣。

作为技巧的“互动”能够实现的是更为及时的信息双向交流，能够让尽可能多的观众参与到节目中来，尽可能多地对节目产生影响。而这种功能的实现最终都体现为电视传媒所提供的信息质量的提高——不仅表现为信息内容的高质量，同时也应该表现为受众获取信息方式的高度便捷。

但若是将“互动”仅仅作为一种技巧来使用的话，由于这种技巧是先于观念而存在，就常常会造成为了互动而互动。于是观众进入了节目当中，却并没有得到相应的平等的地位。表面上看来电视观众似乎成了节目的主体，但由于传播者是这个“传播游戏”中的规则制定者，于是这种主体便只能是传播者营造出来的假象或者幻觉，于是便有人疾呼：“观众，到底是游戏者，还是被游戏者?”其结果是造成节目将庸俗化等同于通俗化，致使广大知识阶层观众与电视节目的脱离现象日益严重。传播者若非抱着平等的“互动”观念，就不会将观众视为节目的主人之一，也就不能给予观众真正开放、自由的空间。于是技巧便会流于形式，而内容则仍然是一片空白。②

作为技巧的互动，提供给观众的是直观的各类反馈方式，或者是呈现在屏幕上的多种信息的选择按钮。作为观念的互动，提供给观众的是主动选择的愉悦感，是一种个性得到张扬的满足感。它会使观众产生自己是媒介主人的意识，毕竟媒介本身就是一种工具，而对于这种工具，传受双方都应当具有同等的使用权。

---

① 转引自《传播学论坛网》2004 年 2 月 1 日

② “数字电视、互动电视与网络电视之异同” 作者：齐心 载《新闻界》2005 年第 1 期

## 第三节 个人化的报道

### 一、个人化报道的可能性

依据新闻传播中的受众心理，受众在信息接受活动中，如果感到传播者在许多方面与自己有相似或相同之处，就会在心理上定位为“自己人”，从而提高了传播效果。在这里，能够使受众将其确认为“自己人”的条件是：立场相同（与受众具有相同的世界观、阶级立场、信仰、理想）、背景相同（民族、籍贯、职业、经历、年龄）、个性相投（兴趣、爱好、性格、气质）、观点一致、利益一致。新闻报道的受众绝大部分是普通民众，他们拥有大致相同的表征，新闻报道如果能够从普通民众的立场着眼，或者在新闻报道中以普通民众为基点进行报道，能够产生一种“自己人”效应。① 从受众方面考虑是为了增强新闻报道的可看性，而从新闻工作者方面考虑，则是提高新闻的传播效果。

观众有了需求，新技术就会想方设法满足这种需求。当受众需要具有更多贴近性和亲和力的新闻时，个人化的报道应运而生。所谓个人化报道，就是以老百姓的个人故事、体验为切入点和线索来报道一个重大的新闻事件，或解释新出台的法规政策等。② 新闻魅力在于其个人化，只有个人化的新闻，才能够在报道的一开始就紧紧抓住受众注意力，激起受众的极大兴趣。

### 二、报道内容的个人化

伴随文化需求的不断增长，对新闻信息的需求也不断增长，并呈现多样化的特征。人们不再仅仅满足于新闻信息的告知，更希望新闻能够体现社会对受众个人主体意识的注重，以人性化的报道实现与自己心灵的契合。在模拟时代，个人化报道是很少出现的。因为模拟时代的家用摄像机拍出来的画面难以达到电视台播出的技术要求。一般情况下，电视台是不会播老百姓拿模拟家用摄像机拍的东西的。而到了数字时代，情况就变了，受众有了个人化报道的需求，新技术便自觉地满足了这一要求。

随着新技术的发展，视频的拍摄门槛越来越低，手机、摄像头、DV、数码照相机、MP4 都可以拍，30 秒到 20 分钟都可以。尤其是 DV 数码摄像机（digital video）开始走向中国的老百姓，除了取代照相机成为家庭留念的重要设备外，视频的个人化传播也随着家用数码摄像机和视频媒介的联姻而愈演愈烈。DV 这种小型的视频摄录设备因为能够通过 1394 接口或者 USB 接口和电

---

① 《传播理论——起源、方法与应用》（美）沃纳·赛佛林等著 华夏出版社 2001 年第 1 版

② 《个人化：新闻报道的新态势》作者：周婧 载《紫金网》2005 年 7 月 19 日

脑的编辑软件结合在一起，进行视频的制作，因此原本的电视观众已经逐渐摆脱单一的信息接受者的角色，成为信息的重要发布者，而且个人化的百姓日常生活也走进了电视银屏。例如：北京电视台的《北京特快》就曾经播出过由市民拍摄的龙潭湖公园救助落水者的社会新闻。中央电视台的《本周》播出的家长里短的社会新闻：如公园里的猴子跑进了百姓家里，落单受伤的候鸟被精心护养，工厂发生了火灾，菜市场中的小偷落网，等等，大多来自百姓自己手中的摄像机。

DV 的出现改变了以往电视新闻视频制作只掌握在少数一部分电视从业人员手中的垄断局面，让过去一直站在局外的普通人也能制作视频，表达自我。过去观众都是被动的，电视里放什么就看什么。新技术时代就不一样了，想看什么自己拍去；想表达什么，自己去拍！

### 三、个人体验式的报道方式

在日常生活中和没有新闻记者的突发新闻现场，往往都有不止一台 DV 从不同的角度在同时记录。中国申奥成功，中国男足世界杯出线，更多的 DV 拥有者以个人体验式的视角记录下了这些历史的瞬间。一些电视台还看到个人化 DV 视频的价值，还为此开办专门的栏目。如上海电视台纪实频道开辟的《新生代》专栏，对外发布征稿启事："社会上任何人只要使用 DV 摄像机拍摄长度为 10 ~ 20 分钟，能够鲜活表现当代人生活和情感状况的纪录片都有可能在荧屏播出，欢迎方方面面的纪录片发烧友共同参与。"又如凤凰卫视中文台发起"中华青年影像大奖赛"在《DV 新世代》节目中播出，鼓励两岸三地的年轻人拿起 DV 摄像机来记录和传递自己的所见所闻。

现在，个人体验式报道的报道方式在一些栏目已经成为常态。像江苏电视台的《南京零距离》和北京电视台《特别关注》等栏目，在社会上签约了大量业余 DV 记者，拍摄新闻。仅《南京零距离》一个栏目在南京市就有一百多个业余 DV 记者。DV 作为一种新出现的，面向民间的影像摄录方式，自问世以来极大的冲击和影响着传统的影像表达方式。它对电视突发性新闻节目的现场报道以及对媒介话语权的颠覆等，都使其不仅仅成为一种科技发展的新趋势，同时也成为了当前十分值得关注的一种社会现象。[①]

对电视新闻从业人员而言，DV 摄像机不会像大块头的摄像机给人那么大压迫感，它的确可以更加自如地进入从前大型摄像机所不能到达的领域，也与被拍摄对象有了某种物理空间上面的接近。过去用传统手段拍片，四、五块电池，一个三脚架，需要一个人；一个摄像师，拿着摄像机；一个灯光师，带着灯光；成堆的磁带（30 分钟一盘，算 10 盘）需要一个人，编导带彩色监视

---

① "地方电视台民生新闻的成功之道及禁忌思考" 作者：许志晖 载《中国新闻传播学评论》

器，一个摄制组至少五、六个人，面对着这么大的机器和这么多人，被摄对象很难不受影响。而现在，一个人用DV来做，一个人带小DV、小脚架、小型新闻灯、4块电池，一个充电器，5盒磁带，可以全部装在一个包里，和采访对象混熟后，他基本不会受什么影响。

可以说，新技术，尤其数字DV技术使个人化体验式的报道经常出现在屏幕上真正变成可能。打个比方，以前，看到一件新鲜事，获得"灵感"，要马上回去，拿起毛笔宣纸，然后研磨，等墨磨好了，估计灵感也没有了；现在呢，圆珠笔、小笔记本，你看到东西，想什么时候记就什么时候记。拍片子也是一样，一个记者不可能整天扛着一个大机器，在马路上走来走去，但是如果带着DV就无所谓了，记者可以随时随地进行个人化的体验式记录。

看来，新技术正在使目前的电视新闻报道越来越个人化，但是现在这种改变毕竟还很有限，因为拥有DV者目前还是少数。但是在不久的将来，DV越来越便宜、操作越来越简单，全社会都能普及DV这支笔的时候，电视新闻的个人化制作、编辑甚至报道时代就真正来临了。

而且，新技术和传统媒体的联姻，也使得新闻传播呈现出更具个人化特色。传统媒体不再是一种声音的独角戏，而变成多个声音都可以粉墨登场的平台。媒介正在成为成千上万的普通百姓培养自主意识，展现个性化思考的平台。数字传播的星状网络更为这样的个人化传播带来了畅通的传播渠道。

## 第四节　导航性的报道

### 一、信息爆炸、信息焦虑

自20世纪90年代以来，随着新技术的发展，电视新闻信息的增长速度越来越快，传播速度也越来越快。24小时的电视新闻频道、整点新闻、重大新闻事件的现场直播使得电视新闻信息就像四处弥漫的空气一样，让人肆意地呼吸。我们时刻浸泡在信息的海洋里，却又时刻面临信息过盛的苦恼。人们在信息的海洋中要"广、快、精、准"地查找到自己所需要的信息已变得越来越困难。打开频道越来越多的电视，资讯眼花缭乱。就像一位英国浪漫主义诗人的著名诗句所说"到处是水却没有一滴水可以喝"①。人们一方面被海量的信息淹没，一方面却又不知如何及时有效地获取所需的信息，从而产生了所谓的信息焦虑。

信息焦虑表现为信息使用者在大量信息面前缺乏抽取所需信息的能力，信息焦虑的产生源于我们所理解的内容与我们期望自己应该理解的内容之间的差

---

① 转引自《西祠胡同网》2005年12月23日

距。的确如此，科技的发展日新月异，知识的增长也呈几何级数，人们由于社会环境和生活环境的压力总是试图掌握尽可能多的信息知识，以此来增强个人自身的社会竞争力，使自己能够处于有利的社会地位，获取更多社会的或个人的利益。有学者就曾指出："在我们这个信息狂热和信息超载的社会，已开始出现一种病症。症状是偏执地迫使自己读遍一切可读之物，当吸收的阅读量超过消化所需的能量时，超出的部分日积月累，最后因压力与过度刺激转化为所谓的信息焦虑。"因为从本质上讲，我们每一个人的信息负载量总是有一定限度的，当信息接受者所接受的信息超过其所能消化或负载的信息量时，就会使人不自觉产生各种无所适从的焦虑或紧张症状。①

电视观众如乘一叶孤舟，在茫茫大海中找不到方向。电视观众期待着，导航性报道的出现，使他们能够搜索想要的电视新闻信息。

**二、导航性的报道让我们找到需要的电视新闻信息**

导航性报道就是在电视信息传播者和信息接受者中间建立一种联系，导航系统按照一种结构或模式对信息进行分类，使得信息接受者能够在其引导下，有效、快速、便捷的找到所需要的信息。

传统的电视新闻信息导航依靠的是内容提要和节目预告，而现在这种传统的手段显然已经很难满足观众的要求。

现在渐渐被一些电视台所采用的新闻排行榜报道方式就是一种新的导航性报道形态。像中央电视台第2套的新闻节目《全球资讯榜》就是这样，为观众做好传播学所谓的"把关人"，给观众充当梳理信息的私人秘书。《全球资讯榜》的主要板块有要闻排行榜、新闻人物榜、财经新闻榜、公司新闻榜、科技新闻榜，还有好看轻松的《图片新闻》和《今日看点》，把全世界一天里发生的新闻事件进行全方位扫描并分类梳理，用这种方式提供观众最需要知道的资讯，从而获得了很好的收视效果。

国际上大的通讯社和新闻媒体的网站，和国内网站让人眼花缭乱的排版基本相反，页面显得非常简洁，而且几乎都有排行性质的编排处理，比如，路透社的网站就有"Top Business"和"TOP News"，CNN网站有"Top story"，Google网站则以"BIG STORY"来做排行。电视台亦然，FOX电视台就有"BIG STORY"，对几条最为重大的新闻事件进行记者的现场报道。

在新技术时代，一种借助软件的电视新闻信息导航方式正在出现。美国微软公司在2002年CATV展示会上，展出了提供交互式电视节目导航的软件"Microsoft TV IPG"，用这个软件可以更加迅速、简单、直观地进行电视节目

① "信息污染综合症和信息技术恐惧综合症——信息科学研究的两个新课题" 作者：程焕文 载《图书情报工作》2002年第6期

的选择和交换。

中国也已经开发出 EPG（电子节目指南）软件，利用互联网的便捷性和数据库的强大查询功能，使观众可以方便地下载最近一周地电视节目并选定自己最喜爱看地内容，在这些节目开演前 1 ~5 分钟内，该软件会用声音和闪动的图标通知观众注意收看。

**三、视频搜索引擎——人类大脑的延伸**

靠排行榜来完成新闻的梳理也好，还是借助软件找到想看的节目内容，这些都是过渡，导航性报道的最终归宿必然是电视搜索引擎的出现，因为电视搜索引擎是人类大脑的延伸。

搜索引擎，就是应人们面对海量信息时的主动性而产生的搜寻查找信息的技术。通过对现有数据库中的所有信息进行搜寻扫描，然后对包含特定关键词的信息内容进行排序，最后输出结果，也就是我们所需的信息。技术发展趋势告诉我们，未来电视的终端和电脑的终端会合二为一，到那时，观众搜索想要看的电视节目，估计会和现在网上输入关键字搜索一样简单。到那时，观众再也不会感觉到信息焦虑了。①

媒介——人体的延伸，这是麦克卢汉早在三十多年前作出的深刻洞见。他把人类任何技术的进步，任何工具的发展都看作是媒介的成长，看作是人体的延伸。衣服是皮肤的延伸，石斧是手的延伸，车轮是脚的延伸，广播是耳朵的延伸，电视是耳朵和眼睛的共同延伸。然而，所有这些单个人体器官的延伸都只是一种外在的延伸，因为就人体接受信息的所有器官而言，可分为外在器官和内在器官。眼睛的视觉，耳朵的听觉，皮肤的触觉等都是人体外在表面的器官，而中枢神经系统则是人体内在的器官。所以，中枢神经系统的延伸是一种内在的延伸，它是相对于耳朵、眼睛和鼻子等外在器官而进一步指向人体内在器官的延伸。当然，延伸中枢神经系统的就是以 Google 为代表的搜索技术。

虽然人类是有思想意识的高等灵长类动物，大脑的搜寻机制也非常复杂，有线性的和非线性的，有逻辑的和非逻辑的。但是，互联网搜索引擎也早已在向智能化方向发展，随着技术的不断发展，终究会出现技术模拟意识的阶段。

当前搜索引擎在智能化发展上有以下几个方面：一，将信息检索从目前基于关键词层面提高到基于知识或概念层面，对知识有一定理解能力与处理能力，能够运用分词技术、同义词技术、概念搜索、短语识别以及机器翻译等技术。用户可以直接以“how can kill virus of computer?”的问句形式搜索信息。二，能够通过分析检索者的检索和浏览行为来学习检索者的需求，利用搜索引擎的现有服务有选择性地为检索者提供个性化的检索服务，实现对用户的信息

---

① “互联网搜索引擎的传播学意义” 作者：雷赫 载《青年记者》2006 年第 10 期

需求从被动接受到主动智能化的理解。例如目前最具代表性的 Google 搜索引擎提供的新闻 E-mail 订阅服务。三，基于未来互联网时代的多媒体特征，搜索引擎的搜索对象将从目前的纯文本扩大到视频、音频、图片和图像等信息。所有这些不断发展的智能化搜索方式无疑是搜索引擎作为人脑延伸的最好注脚。对此，麦克卢汉也早有预言："经过了一个世纪的电力技术（electric technology）发展之后，我们的中枢神经系统又得到了延伸，以至于能拥抱全球。"①

**本章小结：** 新技术正在不可阻挡地改变着电视新闻的报道形态，这种新的报道形式可能会为受众提供新闻报道的新鲜视角和综合视角。

融合是电视新闻报道形态未来的发展方向。就电视新闻自身而言，消息和专题融合，消息和直播，消息和谈话融合；从整个新闻来看，电视和报纸的融合，已经产生了新的形态，电视和广播的融合、电视和电影的融合，电视和互联网的融合等等也将会产生新的电视新闻形态。

传播学者麦克卢汉说"传播样式的变化可以改变人们的感觉，可以改变人与人的关系"。报道形式本身并没有好坏之分，只有运用合理不合理、恰当不恰当之说，只有当形式与内容达到完美融洽状态时，才能实现信息传播效果的最大化。

电视新闻的报道形态一旦形成，其内部就凝聚了不断优化自身的力量，它总是朝着传播者认为的最合理、最有效的组合方向发展，不断发展成最适合于存在、最能发挥自身潜能的一种形态。

① 《理解媒介——论人的延伸》（加）马歇尔·麦克卢汉著　何道宽译　商务印书馆　2000 年 10 月第 1 版

# 第四章 播发适合电视特点的——新技术与电视新闻的观念

电视是一种具有高度技术依赖性的媒体，甚至可以说，电视就是一种技术先决型的媒体。在电视发展史上，几乎每一次电视传播观念的变革，都是以某一种技术革新为前提的。反过来说，几乎每一次电视传播技术的革新，都会带来一次电视传播观念的变革。

ENG（Electronic News Gathering，电子新闻采集）系统出现之后，很快在电视新闻报道领域取代了电影摄影机，由于成本低廉、工序简单、可以同步记录画面和声音，这种技术促进了电视新闻报道的时效观念，并使得电视新闻报道的现场感和真实感受到前所未有的重视，从而使得电视新闻报道形成了独特的传播优势。

卫星通信技术的普及，使得电视传播突破地域限制进入了全球化时代，并以越来越快的时效和越来越多的卫星直播不断刷新着电视新闻的定义，从“昨天的新闻今天报道”到“今天的新闻今天报道”再到“现在的新闻现在报道”。

近些年来卫星通信设备的小型化和轻型化进一步使电视直播常态化成为可能；数字电视技术的发展无限扩大了电视频道资源，又将专业化传播、分众传播观念带入了人们的思维。

新技术不仅使电视新闻的采集、制作、传输、接收又快又好，而且它还带给我们一种创作的启示，给我们一种全新的思维观念。

## 第一节　视频信息无处不在的观念

曾几何时，信息是稀缺资源，人们生活在一个信息极度贫乏的时代，表现为：信息内容单一、陈旧，不够丰富多彩，信息更新不够及时。在那样的年代，新闻从属于宣传，人们找不到需要的信息资源。随着技术的进步，新闻的改革，各种各样的信息扑面而来，我们不需再为没有信息而担忧了。不过，即便是在这样的时刻，门槛很高的电视新闻信息仍然比较稀缺，人们还不能像利用文字信息那样方便地利用视频信息，要在电视上找到我们需要的新闻信息资源不是一件非常容易的事。电视新闻信息由于稀缺而格外引人注目，这就造成了电视从业人员一种高高在上的心态，从而也形成了视频信息稀缺的传播观念，电视新闻传播的前提便基于此。当天发生的新闻，第二天再播是经常化的，因为观众只有通过电视这个渠道才能看到视频新闻，这就是在很长一段时间电视新闻时效差的一个原因。现在，随着新技术革命的浪潮，视频信息正在走下神坛，视频信息也正在变得和文字信息一样无处不在。现在从客厅里的大屏幕电视到手机上的小屏幕，我们都可以在任何时间收看任何想要的视频图像。新技术时代，如果电视新闻从业人员仍然抱着视频信息稀缺的观念做新闻，那么做出来的电视新闻将会无人观看。

数字技术的发展，带来的一个直接后果就是电视频道的释放。以数字压缩技术为例，这一技术的发明和应用，给电视业带来了一场革命，使得电视频道的数量猛增。原来短缺稀少的频道资源突然变得富裕充足。数字压缩技术大大增加了可以被传输的电视频道数量，使得卫星信道从理论上将可以增加 20 倍左右，陆地信道可以增加 40 倍左右，一般的城市有线网络经过技术改造，普通家庭就可以接受到至少上百套电视节目。

在《数字化生存》一书中，尼葛洛庞蒂提到，一根光纤可以在不到 1 秒的时间传送《华尔街日报》创办以来每期报纸的所有内容。以这样的速度来传递数据，光纤可以传送 100 万个频道的电视节目。再假设一下，如果真如作者在书中的预言“每个人都可以办一个没有执照的电视台，电视和传播的数量，还有包括传递的视频信息就无可胜数了”。①

近几年来，数字技术、网络技术和现代通讯技术介入媒体的构成当中，还创造出诸多被称为新媒体的媒体形态。这些个具有“发现”或“突破”意义的新媒体都是多媒体性质的，视频信息只是其中的一个部分。短短几年间，中国的传统媒体界、新媒体机构和用户也的确或多或少看到了新媒体给视频信息

① 《数字化生存》 P35 （美）尼葛洛庞蒂著　胡泳、范海燕译　海南出版社　1996 年 12 月第 1 版

传播乃至生活带来的新景观。据不完全统计，目前比较热门的视频新媒体不下30种，如：数字电视、卫星电视、移动电视、网络电视（IPTV）、手机电视、楼宇电视（各种大屏幕）、视频博客（blog）、播客（podcsat）等。

**一、手机电视**

手机电视，通俗地说，就是在手机上收看电视节目。手机电视技术主要包括两个方面，一个是能够播放视频的手机终端，一个是能够传输视频信息的通讯网络。在新技术时代，这两块技术都可以解决，所以，手机电视现在发展的非常快。据市场研究公司IMS Research公司题为《手机电视世界市场》调研报告预测，到2010年底，全球将有1.2亿以上手机用户接收手机电视服务。在国内，2005年唯一拥有广电总局颁发的手机电视牌照的上海文广（SMG）牵手多普达，在多普达手机上可直接收看SMG旗下东方龙移动信息公司集成的所有电视节目；[①] 同样是2005年，中国联通与国内中央电视台新闻频道、4套、9套以及凤凰资讯台等12个电视频道联手推出“视讯新干线”手机视频服务。[②]

数字多媒体技术的广泛应用使得个人的信息空间得以不断延伸，人们获得信息的能力和范围不断扩大，人类的传播活动也集中表现出分众性、随身性、离散性、实时性、交互性等特点，而这正是手机电视的核心传播特征，手机电视最大的优势就是终端的移动化、个人化和双向化，这些都是传统电视无法做到的。传播学大师保罗·莱文森说：“媒介革命的最后一个阶段就是，使我们能够在任何地方、任何时间获取一切信息，既包括真实的形象和声音，也包括抽象的词语。”[③] 按照这个说法，手机电视恰好可以完成媒介革命的这个任务。

不过，目前，手机电视的发展过程遇到了一些问题。

第一，网络带宽的限制。目前国内运营商推出的视频服务，无论是基于GPRS还是CDMA 1X，声音、图像质量都无法令人满意，远不能跟普通电视相提并论。由于GPRS的实际带宽只有40kbps、CDMA 1X实际带宽只有70kbps左右，带宽的限制降低了图像的质量，同时也令用户的兴趣大打折扣。

第二，移动终端的局限。移动终端的缺乏以及价格的昂贵都极大地限制了手机电视的普及。据了解，目前支持移动GPRS的“电视手机”只有6款，而支持联通“视讯新干线”的手机只有3款，且售价平均在5000元左右，难以普及。

第三，价格问题。由于手机电视以数据流量为收费依据，以GPRS的优惠

---

① 出自《新华网》

② 出自《人民网》

③《手机——挡不住的呼唤》 P52 （美）保罗·莱文森著 何道宽译 中国人民大学出版社 2004年8月第1版

资费，每1kbps流量的费用在1分钱，由于视频的数据流量往往以M，甚至G来考虑，因此，巨大的数据流量必然导致高昂的使用资费，其不菲的使用资费也注定它离平民时代还有很大的距离。

第四，用户需求的考虑。从用户需求来看，那些经常出差的、喜欢浪漫的、酷爱体育又没有时间在家里看赛事直播的群体，还有那些热衷肥皂剧和时尚的群体，都是手机电视的潜在消费人群。但是，要改变用户的使用习惯需要经过长时间的引导，另外这部分的需求量是不确定的，用户不会为偶尔或有时使用这项功能而去购买昂贵的智能手机。

**二、网络电视**

网络电视（IPTV，全称是 Internet Protocol Television，互联网协议电视），是一种基于IP协议的电视广播服务，以电视机或个人计算机为显示终端，通过机顶盒接入宽带网络，可以向用户提供数字广播电视、视频点播（VOD）、视频录像等诸多宽带业务。又称网络视频、交互电视或宽带电视，指通过宽带，将文字、图片、声音、动画及图像融为一体的数字化、全方位、互动性的立体传播方式。

网络电视利用宽带技术为用户提供大众化多媒体娱乐和资讯，而其最大特色在于站上内容基本都来自网民，原汁原味，且用户本身不仅是观众，同时也是潜在的内容制作者。网络电视在整合电视与网络两大传播媒介的过程中，既保留了电视形象直观、生动灵活的表现形式，又具有了互联网按需获取的交互特征。同时消解了单一传播形态下的话语局限，构建了一个网络时代视觉形象下全新的话语体系，迎来了现代内涵的新的现代传播文化。

每一种新媒体或媒介形式的出现都为了更大程度地满足感观的需要。报纸满足可观看，广播满足了听觉的需要，电视将两者结合起来，网络则将前三者结合起来，更大程度地满足人的感官需求。媒介就是沿着多媒体不断集中的方向发展，最终的结果将会是有一种媒体能够满足人的所有感官需要，包括味觉、嗅觉和触觉。网络电视就是在这条媒介发展轨迹上出现的一种媒介形式。它虽然在感官的限制上没有突破但是却极大的提高了现在的视觉和听觉的自由度，一方面提供了海量的音视频，另一方面变传统的“有什么看什么”为“想看什么就看什么”，让互动的意义真实起来。因此，网络电视显示了旺盛的生命力。

IPTV在国外已经发展了一段时间（CNN在1995年就开始推出网络电视了），[1] 但在国内由于政策原因还处于起步阶段。

---

① Joseph Straubhaar Robert LaRose：《Media Now：Understanding Media，Culture，and Technology》P207、P241 清华大学出版社 2004年10月

### 三、视频博客

目前学界还没有形成对博客的一致定义及其内涵外延的界定。下面仅是对其形态的一种简单描述。“博客”（Blog）名称源于“Web Log”，是“网络日志”的缩写，是一种简易的个人信息发布方式。任何网民在遵守网络规章制度的前提下都可以在提供博客服务的网站上独立申请注册账号，对外开放个人信息的空间，从而完成个人网页的创建维护以及信息的发布和更新。

网民可以充分利用网络双向互动、超文本链接、动态更新、覆盖范围广等特点，集成互联网中有价值的信息资源和专业知识，或者将个人生活空间的私人经历与情感加以及时记录并随时更新，表达自己的意见和思想，同时也能实现博客之间的交流与互动，实现深度的交流与沟通。

博客的开放性和“零门槛”使博客队伍不断壮大。据博客搜索 Technorati 统计，目前，全球博客总数已超过 1.4 亿，博客数量正以每秒 10 个的惊人速度增加。[①] 随着数码摄像机的普及以及移动网络设备的发展，新兴的视频博客一经出现，就如火如荼。触角遍布世界的博客们通过手中的数码摄像机为传统媒体提供各地的原生态新闻素材，2004 年底爆发的印度洋海啸，被传统媒体广泛采用的海浪冲击海滩的画面就是出自博客之手。

依照麦克卢汉所提出的媒介即讯息，任何一种媒介都是人的延伸等观点，无论人们如何看待、使用博客都无关紧要，它所承载的实际上是我们的思维。博客这种形式本身而不是博客上的内容，将给我们带来巨大的变化。它使我们的思维越来越多元化、碎片化、跳跃化；使我们更容易发掘自己。博客作为我们的思维的延伸，必然令我们眷恋，给我们快乐。通过博客，我们融入全人类，得到了很多。[②]

上述这些新视频媒体，虽然在发展的过程中，都遇到了资金的问题、带宽的问题，但它们的存在毕竟使我们获取视频信息多了许多选择。在新技术时代，视频资讯已不再匮乏，海量的视频信息呼之欲出。众多新兴的视频媒体在固定的受众市场中，抢占着自己的市场份额，电视高枕无忧的黄金时代已经过去。在这样的时代背景下，我们的电视新闻再也不能高高在上了，电视新闻的核心理念必将变为“受众为体，内容为用”。[③]

现在，尽管由于政策的原因，这些新视频媒体在内容方面存在很大的缺口，但是它们在技术和业务上是对传统电视理论及实践的一次革命。在传统电视条件下，电视台处在对节目的播放的支配地位，观众选择的只能是看或者不看。在新技术时代，视频信息无处不在，电视台传统的节目播放“绝对”支

---

① “中国博客运营商年终‘井喷’”http://www.cnwnews.com/Html/tech_ hlw/130508620.html

② “博客——思维的延伸” 作者：杨娟 载中国新闻传播学评论

③ “新电视时代” 载《市场研究·媒介》 2004 年第 9 期

配权颠覆，受众决定“看什么”的时代来临。

## 第二节 现代受众观念

### 一、传统的受众

传播学意义上的受众又称接受者，指的是大众传播的传播对象或信息的接受者。受众通常是一个模糊的集合概念，它不特指社会的某个阶层和群体，而是指社会所有的一般人，只要是大众传媒信息的接受者。

大众传播学对受众的认识经历了一个曲折的过程。早期的传播学者比较重视对传播媒介的研究，而忽视受众的作用。他们认为，在大众传播中的受众不过是一大群呈原子结构的、沙粒般分散的、无防护的个人。这些个人在大众传媒有组织、有计划的传播活动面前始终是被动的、无抵抗力的。传播媒介传递的信息在受传者身上就像子弹击中躯体、药剂注入皮肤一样，可以引起直接速效的反应，能够左右人们的态度和意见，甚至直接支配他们的行动。对此传播学家威尔伯·施拉姆曾经作过概述：“传播被视为魔弹，它可以毫无阻挡地传递观念、知识和欲望，传播似乎可以把某些东西注入人的头脑，就像电流使电灯发出光亮一样直截了当。”① 这就是早期传播研究中的“子弹论”、“皮下注射论”或“靶子论”，这些观点影响了后来的传播学者的研究，致使在相当长的时期内，受众的心理、受众的诉求没有得到应有的重视。

随着时间的推移、研究的深入，人们越来越认识到，在整个传播活动中，受众占有极其重要的地位。于是出现了以受众为中心的观点。较有代表性的是美国社会学家卡茨提出的“使用与满足”，这种理论认为，不管是纸质媒介还是电子媒介，人们接触它们都是基于某种需求，包括信息的需求、娱乐的需求、社会关系的需求以及精神和心理的需求等，大众传播活动从根本上是为满足受众的这些基本需求。“使用与满足”论是对“以传播者为中心”的观念的一种纠正，它表明受众是大众传播真正的动力和目的，一切大众传播活动都是为受众服务的，它对于提高传播效果，满足受众需求，发挥受众在传播中的能动作用有着积极的意义。但是，“使用与满足”的理论仍然不能从根本上改变受众在传播中的被动地位，更不能改变大众传播单向线性的传播方式。② 由于大众传播的受众是一个具有分散性、匿名性、流动性、无组织性等特点的未分化的群体，大众传播很难满足他们的需求。

### 二、新技术时代的受众

新技术的发展从根本上彻底改变了“受众”在传播中的地位。这是因为

---

① 《传播学概论》（美）威尔伯·施拉姆著 陈亮译 新华出版社 1984 年 9 月第 1 版

② 《传播学总论》 胡正荣著 北京广播学院出版社 1997 年 4 月第 1 版

网络电视、手机电视等新的视频传播媒体从本质上是一种双向（或多向）的交互式的传播方式，是为受众度身定制的个人化传播模式。在新技术时代，受众不再是处于被动的接受端，而是可以主动在电视上搜索自己感兴趣的信息，根据自己的需求选择信息的内容。换句话说，信息不是从传播者那里“推”出去，而是由接受者从传播者那里“拉”出来。从这个意义上讲，“受众”这一特定的术语已经失去其本来的意义，如果我们仍以此来指代他们，那么必须把他们看成是“个人”的相加（复数），而不是只有一种性格的整体（单数）。正如尼葛洛庞蒂所言：“大众传媒将被重新定义为发送和接收个人信息和娱乐的系统。”① 任何人都享受对信息的自主选择和发表个人意见和观点的权力。如果你觉得有必要，你甚至可以把那些属于自己的“个人化”的信息集中起来，编一份属于自己的报纸或做一份属于自己的节目。

新技术时代不再有原来意义的受众，传统的受众变成了现代意义上的受众——用户。“使用与满足”论对新的视频媒体用户仍有借鉴意义。这一理论从如何满足接受者的需求出发，其前提是承认接受者是传播的真正的主体，而对接受者选择信息时的社会心理根源、需求、期望和满足程度做出认真的分析，研究在何种情况下“社会需求可能导致对媒介的需要和使用”。

放眼未来我们可以预见，在未来的新技术时代，人的交流愿望、人所拥有的信息沟通的自由，将不会受到任何外在因素的控制。信息的发布与接收将会更加自由，媒介将变成一种真正意义的信息发布平台。任何人在媒介中都是平等的，不再有政府的垄断，不再有单向的灌输，受众的选择性和接受自由度大大提高。任何人都可以作为信息的发布者和接收者，互动将变成信息传播的前提条件之一，而不再是像现在这样作为一种可以炫耀的特色存在。

于电视而言，电视新闻也可以通过计算机网络连通，观众完全可以不坐在电视机前面，而是坐在计算机前面来“收看”新闻。传统意义上“广播”出去的电视新闻成了“选播”。受众已不再是受众，而变成了用户。而且，摄像技术、录音技术还有传输技术的数字化、小型化、经济化，使得每个受众的新闻记者梦成为可能。通过数字化和压缩技术，还有采访设备自动化程度的提高，在没有记者出现的地方，受众可以用一台微型的数码摄像机，拍摄那里发生的新闻，而不用在乎拍摄技术是否专业，只要清晰就可以成为新鲜的新闻画面，然后进入主流电视台播放。如北京电视台的《七日七频道》节目中的部分新闻就是观众提供的画面。

由于技术的进步，受众变成了传者。新技术使得传者和受者的界线被淡化，体现了个体的话语权。当观众的个体话语权被尊重时，他们更容易获得满

---

① 《数字化生存》（美）尼葛洛庞蒂著　胡泳、范海燕译　海南出版社　1996年12月第1版

足感，产生对电视节目的共鸣，一个让观众有被尊重感的节目更能得到观众的认同和忠诚。①

新技术时代，内容提供者和内容消费者实现了动态转换，被动接受信息的单向传播过程正在被主动沟通、双向互动的传播过程所取代，受众既是内容的消费者，又可以是内容生产者。所以，用现代受众观念开辟传播新途径，已成为电视媒体的必然选择。

不过，知易行难，电视新闻要实现现代受众观念，真正做到以受众为中心，把受众当用户，全心全意为用户负责，要做的事还很多很多。

## 第三节　融合传播观念

### 一、技术条件

在人类近现代史上的两次重要媒介革命中，新媒介与旧媒介在传播渠道的物理状态上都有着明显的分界线：因为印刷术的普及而出现的报纸，其媒介形态是非线性的“报纸+文字”；之后，随着电子技术发展而出现的电台、电视台，其媒介形态是线性的“收音机+声音”，或者“电视机+声音和图像”。

数字技术的发展打破了这种媒介之间森严的壁垒，报纸、广播、电视等传统大众传播媒介在形式之间的差异正在缩小或消失。媒介融合取代割裂逐渐成了这个时代的主题，融合（Convergence）成为当今新闻传播业发展的一个重要趋势，融合传播成为了新技术时代的媒介尤其是电视的必然选择。

数字化新技术改变了整个传媒生态，未来的传媒必然分割、融合、交杂、放大、变异报纸、电台、电视乃至人际传播的诸多特点。从内容上来说，既可以传播文字，也可以传播声音和图像；从过程上来说，既可以通过流媒体方式线性传播，也可以通过存储、读取方式非线性传播。这样，原有的以材质、样式、符号系统等物理形态，对媒介所进行的分类和定义，已经不适用于数字技术条件下的发展趋势，“媒介”这个概念的外延已经大大扩展。

以数字电视为例，它不仅是通过数字技术使原有的画面和声音信号的质量大大提升，而且它带来的将是多元化的服务和交互式的服务。数字电视可以浏览互联网、进行远程教育、视频点播等，成为“三机”（电视机、收音机、计算机）功能交叉，“三网”（广播电视网、电信网、计算机信息网）业务融合的媒介平台。这样的数字媒介实际上已经不能够区分其中什么信息是来自文字传播的，什么是来自声音传播的，又有什么是来自影像传播的。传统媒介的分界线被打破，媒介的划分在数字化时代需要重新定义。这一状况的出现正是来

① “互动引发电视传播革命”　作者：郑蔚　载《中国广播电视学刊》2005 年第 1 期

自于数字技术强大的兼容能力。

因此，我们可以这样说，一种媒介的先进性在于它能够方便地转换成为其他相对落后的媒介进行传播，但是其自身的传播优势则是相对落后的媒介所不具备的。这也是先进媒介对传统媒介不断进行“补偿性发展”的必然结果。

网络技术的发展也是我们始料不及的。网络的优势在于，它不但是人类传播史上迄今为止最先进的传播工具，而且集迄今为止人类所有的传播媒介之大成，从根本上突破了任何一种传播媒介的局限。在网络传播中，传递的已不是单独作用于某种感官的信息（如文字信息、声音信息、图像信息），而是把文字、数据、图像和声音等融为一体的多媒体信息，是传播方式上一次真正意义上的突破。①

在新的多媒体集成环境里，原有的不同媒介的技术鸿沟已不存在，热媒介与冷媒介的界限被打破，各种传统的传媒在激烈的竞争中相互渗透，出现了整合的趋势。随着网络承载能力的不断改善，媒体融合将越来越多地付诸实践。当P2P技术、宽带技术、流媒体技术、无线通信等一系列的技术日趋成熟并相互结合时，传统的广播、电视等媒体必将越来越多地借助互联网发布音频、视频内容，媒体之间的界限也将越来越模糊，这又将带动新的信息接收设备的开发。② 当各种不同形式信息的传播渠道逐渐融合，信息的接收设备更新换代并全面挑战传统的信息接收设备（如目前的收音机、电视机、手机和电脑）时，新的媒介形态可能就会慢慢显现了。

传播学家罗杰·菲德勒在其著名的《媒介形态变化》一书中这样描述了媒介形态的变化过程。新媒介并不是自发的和独立的产生的——它们从旧媒介的形态变化中逐渐产生。当比较新的媒介形式出现时，比较旧的形式通常不会死亡，它们会继续演进和适应。媒介形态变化的原则来源于三个概念：共同演进、汇聚和复杂性。整合联合，共存共荣，这就是传统媒体和新媒体在21世纪的发展方向。③

**二、融合观念与实践**

媒介的融合产生了“融合传播”观念，促进了新闻传播业务的变革。融合传播不是媒介之间在新闻报道上的合作和联动，而是根据不同媒介的需要，将同一内容的新闻素材制成不同类型的新闻产品。融合媒介与融合传播可以根据不同受众对新闻内容和形式的偏好，制成不同类型的产品供他们选择，有效地避免传统媒体的同质化现象，以满足受众对新闻个性化的需求。

---

① “网络时代新闻定义的新突破” 载《新华网》2006年12月24日

② “P2P网络传播技术的现实影响和发展对策” 作者：赵宗禧 载《中华传媒网》2006年12月25日

③ 《媒介形态变化：认识新媒介》 罗杰·菲德勒著 华夏出版社 2000年版

"融合传播"观念在当下的电视新闻传播实践中已有应用。震惊世界的美国"9·11"事件发生后，CNN、ABC、CBS 等美国主流电视媒体已完全把电视和网站的内容整合到一起，形成一个立体的、高密度的、声像兼备而又传输快捷的新闻传播网。2003 年 3 月 20 日，在美军袭击巴格达的前数小时，CNN 建立了网上的第一家新闻电台 CNN Radio，免费向办公室白领提供来自海湾前线的流式音频内容。在美方采取军事行动的头 48 小时，CNN Radio 通过网络向听众进行了实况直播，48 小时之后，听众可以在网上收听录制好的为时半个小时的节目。这种流式音频内容出现在电脑的一个小窗口中，使用起来极为方便。同时，CNN 也提供两种增值的视频服务 Newspass 和 Quickcast。ABC 网站的总经理伯纳德·格申认为，自从网络新闻在几年前诞生以来，文字内容就在新闻网站中占据了主导地位，而技术的成熟会导致这一传统模式发生变化，高质量的音/视频内容现在逐渐成为第一位的东西。ABC 自称它的流式新闻服务是"迈向 7 天、24 小时的新闻网的第一步"，换句话说，它在打造一个以互联网为基础的 CNN。

我国的电视媒介在与网络媒介的融合传播上也正在积极探索。央视几年来与吉通公司合作对一年一度的春节联欢晚会进行全球网上直播。在新千年来临之际，上海东方电视台与以色列 CEO 公司合作，向全世界推出了《2000 看东方》迎新大直播活动。该活动从 1999 年 12 月 31 日下午 3 点起至 2000 年 1 月 2 日凌晨 0 点 20 分止，整台节目均由 CEO 公司通过最新的网上直播技术 EMBLAZE 进行网上全程直播。和 REALPLAY 等网上播放技术不同的是，网友无须下载任何播放软件，只要进入上海热线（www.online.sh.cn）或东视网站（www.shotv.com），就可以在第一时间品尝到这桌规模盛大的"世纪大餐"。[①]

麦克卢汉认为，在传播史上，每一种新媒介都把一种旧媒介作为自己的内容，因此"作为最古老的媒介的言语，几乎存在于一切新媒介中"。[②] 电视的兼容性实则含有此意。而当因特网出现时，其内容是文本，"到了 90 年代，它扩张以后就包括了图像和声音。到了世纪之交，它又提供了网络电话，在线音频播放，在线视频播放。因特网证明，这是一个宏大的包容一切媒介的媒介"。[③] 正缘于此，有人便片面地认为，因特网会成为终结的媒介，其前的媒介会因之消失。其实不然，麦克卢汉只是借其诗人的浪漫敏感描述出了一种方向，就像人终归是走向死亡，但人的意义却在于生之多彩。媒介的融合直至为

① 博士论文"影像革命与新闻传播" 作者：孙振虎

②《数字麦克卢汉——信息化新纪元指南》P58 保罗·莱文森著 何道宽译 2001 年版

③《数字麦克卢汉——信息化新纪元指南》P7 保罗·莱文森著 何道宽译 2001 年版

一体是一个方向，但各种媒介的多样化的特点才是其存在的意义。① 并且，媒介的融合不仅仅使“旧媒介成为新媒介的内容”，如字母是语音的视觉表达，文字成为电报、书籍的内容，电影成为电视的内容，等等；更重要的是新旧媒介间的本质特征以及内容表现形式等方面相互借鉴，相得益彰。多元化不仅仅是二元对立的消亡，还包括你中有我，我中有你的境界。

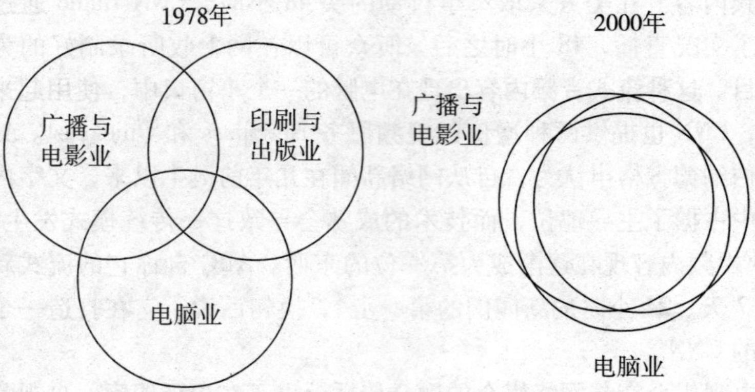


**几大信息行业的融合化趋势**

不论是未来网络与电视模糊了边界实现融合，抑或是电视以新的面目在未来传媒环境的“网络界面”中继续发挥视听强势，只有按照融合传播的要求，真正“链结”受众的需求，不断提供主流“内容”，电视新闻才可能长盛不衰。

种种迹象都表明，新技术时代颠覆的将是一个或多个封闭的产业，催生的将是一种多媒体，多种传播渠道高度整合的内容产业。

## 第四节　非线性观念

在开始本节的论述前，需要首先强调的是，这里指的非线性，不仅仅指电视节目的制作方式，更主要的是指电视新闻的叙事方式、传播理念，也涉及未来电视非线性收看模式。关于非线性制作，前文已有详细论述，这里不再赘述。

### 一、作为叙事方式的非线性

19 世纪 90 年代，卢米埃兄弟在巴黎发明了有限取景的照相技术，这决定了视频讲述特别是电视新闻的基本结构。视频、照片摄影记者和其他视频摄像者使用这种模式的成像镜头进行线性视觉讲述。现在，三项根本的进步将提高

① “论数字化时代电视节目创作与传播的新理念” 作者：宋家玲、宋素丽 载《现代传播》2005 年第 2 期

视觉讲述的形式。首先，数字视频尽管不新颖，但已经成熟，并且当观众在家和其他地方可以直接得到它的时候，数字视频不仅对新闻的生产而且对新闻报道都很重要。其次，新一代的成像成音设备（如新的三维照相机和麦克风、全景摄像机等）将为制作图像和视频提供可能性，提供从全景视角到三维沉浸式环境的选择。再次，网络媒介的发展，包括现在的因特网和将来的数字电视，将为视频讲述提供富有创造性和互动性的选择。①

在2002年的一次国际影视和新媒体论坛中，美国南加州大学伯克利分校的玛莎·金德（Marsha Kinder）教授放映了一部借助最新技术的纪录片，为我们展现了新技术时代的全新电视叙述方式。进入到这个纪录片中，观众就成了一双眼睛，在一个可以旋转的画面上布满了各种各样图案。观众可以用鼠标点击你想看的图案，比如你点击了某一处过道，然后就会出现当时肯尼迪总统的弟弟在这被刺杀的影片片断，点击旁边的一个链接，你还能看到当时的一些背景资料。观众可以以任何顺序看到想看的任何东西。

这种新技术带来的互动性已经打破了原来完整的叙事性，让人们从一个个的局部逐渐取得完整的叙事认识。这就打破了人们原先的叙事期望，也使人们失去了继续点击的兴趣。从叙事方式上讲，这部纪录片突破了线性叙事的方式。观众可以在文本的任何一个地方打断、撕开，开辟新的叙事路径；也可以在文本的任何地方进行缝补、接续，保持文本叙事上的完整性；从叙事主体上，这种方式打破了传播者对叙事权的垄断，有限度地将叙事权让给观众。观众可以有限度地决定情节的发展方向。这实际上是借用了网络中“超文本链接”的概念。这种链接关系和人们的思维方式和工作方式是比较接近的。它可以很好地将观众的意见收入到传播过程之中，它也可以提供不同的叙事角度，给观众更多的思考空间。故事依然存在，但讲故事的方式将发生很大改变。

或许不久的将来，在新技术浪潮的推动下，这种提供了“超文本链接”的电视新闻就将活跃于荧屏。这将是一种全新的电视新闻，它将新闻置于更丰富的历史、政治和文化的背景中，观众轻点鼠标或者按动遥控器就可以随意观看到丰富的超媒介的庞大信息库。那时候，电视新闻的叙述方式将完全改变。新闻将不用像现在这样严格按照提供“五个W”的方式来做，一条电视新闻不再是完整的报道，将变成一个一个的片断。

举例来说，一个时政记者要制作出美国总统候选人的报道。在传统电视节目中，典型的报道可以提供90秒的线性报道，所有受众看到的都是相同的内容。而在新技术时代，使用面向受众的多媒体，数字视频报道可以包含同样的90秒的线性报道，不同的是，它可以有许多层的附加内容。这些附加内容可

---

① 《新闻业与新媒介》 P6 （美）约翰·帕夫利克著 张军芳译 新华出版社 2005年月第1版

能包括候选人投票的详细统计，还有图表和动画来说明候选人选举活动的赞助人及他们与候选人就各种法案投票记录的关系，还可以链接到候选人自己的网页。这些附加的视频要素可以通过点击鼠标、遥控点击甚至声音命令得到。[①]而且，并不是所有受众，只有那些对此感兴趣的人才会得到这些内容。

新技术时代，大量的新闻报道可以同样有效地使用这些附加内容层，从天气预报到体育报道到艺术报道，所有的报道都会受益，都会有更好的传播效果。其实，受益最大的归根结底还是观众。

**二、作为传播模式的非线性**

拉斯韦尔所提出的“五W线形传播模式”：传播者（谁）——信息（说什么）——媒介（通过什么渠道）——接收者（向谁）——传播效果（取得什么效果）是传统传播学建构的基础。[②] 一直以来，电视都在沿用这种传播模式。

传统电视媒介以时间为维度展开其传播活动，按时间顺序依次完成节目内容的播出，每个节目的图像和声音也是依照顺序逐帧逐句加以呈现，有其固定流程。线性传播的一大劣势在于，节目内容的播出选择性差、保存性差。电视观众不能像报纸、杂志的读者一样，可以随时控制自己的信息接收（阅读）过程。对电视观众而言，线性传播的模式使电视节目过时不候；而且，收看电视节目时需要视听觉并用，声音影像稍纵即逝。以上两点难以适应观众收视活动的随意性与日常性。另外，观众在收视过程中难以根据自己的喜好作出选择，也无法对节目播出的全局进行掌握。电视媒介的节目播出带有“我播你看”的强制意味，提供什么内容，何时提供，都由电视台控制。

在传统电视线性传播结构当中，大众获取信息是以牺牲独立的思维品格，以受权话语主权缺席为代价的。由于受时间的限制，他们只能遵照媒介机构已经安排好的顺序进行接受。而且只能按照时间流程的方向，是不可逆的。因此，相应的思维方式具有线性的结构。[③] 但是，线性思维并非是人类思维的本质属性。跳动、发散、随意是人类观察社会、思考问题的本体思维模式。电视线性传播的技术手段禁锢了人们的思维，将人类原有的开放性、跳跃式的思维方式强制为与媒体线性传播相同步的惯性思考模式，令“‘把关人’在控制信息传播时，处于‘决定媒介内容’的支配地位”，使得媒体可以在传播中“往往从一个层面上推行着总体化策略，将多重性简化为一致性，或者朝着一个目标去组织话语”，[④] 并“通过反复播出某类新闻报道，强化该话题在公众心目

---

① 《新闻业与新媒介》 P21 （美）约翰·帕夫利克著　张军芳译　新华出版社　2005 年第 1 版

② 《大众传播模式论》（英）丹尼斯·麦奎尔 （瑞典）斯文·温德尔著　祝建华译　上海译文出版社　1997 年 8 月第 1 版

③ “网络思维方式及其对电视传播的影响” 作者：祁林　全国第七次传播学研究会论文集

④ “互联网的‘后现代’特征” 作者：秦志希、葛丰　全国第七次传播学研究会论文集

中的重要程度”,[①] 从而达到自己议程设置功能的主观目的，形成有明确价值指向的意识形态传播逻辑。此外，由于缺少类似电视媒体的强势技术手段，受众即使具有自己的理性空间，也无法在这种单向的线性传播结构体系当中拥有自己的话语空间。这样，“久而久之，在媒体与受众之间就形成了这样一种关系：媒体提供信息来源，规定话题的内容，而受众则无论喜欢与否都只能被动地接受媒体提供的信息，谈论媒体规定的话题。”[②]

新技术和新媒体的发展打破了这个线形构架，颠覆了以往传统的传播模式，电视将由单向传播向双向互动发展。在流媒体技术出现之后，网络媒介也可以负载起声音和影像的传播，理论上网络媒介可以像电视媒介一样，实现影音节目的实时直播和各种形式的视频点播，同时结合了网络媒介所特有的互动性和开放性，从而弥补了电视媒介在传播过程中的种种缺陷。用户在网络媒介上接收流媒体内容时，既可以控制整个收视过程，又可以与传播方随时进行沟通交流，还可以任意调看与收视内容相关的资料讯息。新技术使得传统电视中“我播你看”的线性传播模式，转变为“自点自看”的非线性互动传播模式。

电视线性传播在网络开放结构中破解，顺应了人类理性思维方式的回归。“传播者主权”下的话语中心裂变成无数个自由的话语单元，使新技术时代的电视传播更具有人文关怀的品格。尼葛洛庞蒂在《数字化生存》中说，从前所说的大众传媒正演变为个人化地双向交流，信息不再被“推给”消费者，相反，人们竟把所需要地信息拉出来并参与到创造信息的活动中。[③]

**本章小结：**电视新闻的种种变化通常都是从微小的、个别的技术变革开始的，由技术领域扩展到制作领域、观念领域，一旦形成了新的传播观念，将影响到电视新闻的方方面面，从内容生产、节目形态，到社会沟通传播的方式，最后涉及整体社会文化的问题。

传播理念的更新，对电视新闻今后走向产生的影响不可估量。运作方式、传播方式和节目形态都会因之而焕然一新。

电视的特点需要在新技术时代重新梳理。面对新技术、新媒体，《纽约时报》的理念是“刊载所有适合刊载的新闻”。对电视新闻而言，有选择性地播发那些最适合电视特点的新闻是大势所趋。

---

① 《传播理论：起源、方法与应用》 郭镇之主译 华夏出版社 2002 年版（Werner J. Severn & Janes W. Tankard, Jr.《Origins, Methods and Uses in the Mass media》）

② “从‘十大新闻’评选看媒体的话语霸权” 作者：赵雪波、龙学锋 载《现代传播》2002 年第 2 期

③ 《数字化生存》（美）尼葛洛庞蒂著 胡泳、范海燕译 海南出版社 1996 年 12 月第 1 版

# 第五章 从集中到分散——新技术与电视新闻的机制

对技术而言，人们所接触的不仅仅是一个技术物品，而是一个古典社会学意义上的机构，即一个有组织的、有规章制度、有雇员的机构。① 只要是机构就存在机制的问题，包括运作的问题、组织的问题、管理的问题等。因此，以数字技术、网络技术和现代信息通讯技术为代表的新技术，不但实实在在地影响着电视新闻的制作方式和传播观念，而且还会对电视新闻的组织、结构，甚至管理产生深远的意义。

举例来说，电子计算机在媒体中的广泛应用。其应用主要是信息处理和控制，如用于磁带库管理，节目播出控制资料的查询，调查问卷的统计分析，设备的管理等等。由于电子计算机在信息处理上具有强大的功能，使原有的工作方式及组织机构发生巨大改变。

新技术不仅是技术基础，事实上它会改变电视新闻生产方式和生产流程。随着一些新技术的采用，电视新闻的主要活动需要逐步按照新技术时代社会化大生产的方式来组织，实行专业化分工和大规模协作。而且，许多媒体管理者原有的管理观念存在与新技术不相适应的问题，这就要求媒体管理者更新观念，以适应所发生的变化。

## 第一节 大编辑部运作

我国电视台新闻部门的一般设置为采访部、编辑部、制

① 《技术帝国》P136 （法）R. 舍普等著 刘莉译 北京三联书店 1999 年 11 月第 1 版

作部、总编室等，采访部管记者采访、编辑部负责编排节目、制作部提供技术支持、总编室负责节目播出，这种部门设置只考虑到了电视新闻制作的分工，没有考虑到协调，所以造成我们的电视新闻制作效率低下，节目粗制滥造现象严重。

无论是从工作效率角度考虑，还是从成本效益观念出发，电视新闻都应该建立一个大编辑部，作为整个新闻运作的大脑、神经中枢。在大编辑部的统一管理下，以整个频道为管理单元，统一策划选题，统一调度记者，进行新闻素材采集工作。① 这就需要一个与之配套的覆盖广泛、高效运转、功能强大的新闻采集网络，以随时随地快捷方便地获取最鲜活的新闻信息。记者采集回来的新闻素材由中心编辑部统一调配，让各部门（时政、财经、科教文、体育等）编辑部各取所需，制作栏目。大编辑部运作是社会化大生产对电视新闻的生产方式的必然要求。

但是，在模拟时代，没有稳定的数字信号、没有完备的共享网络，电视台要想建立真正意义上的大编辑部是有许多困难的。而到了新技术时代，数字技术和网络技术使得建立大编辑部的技术障碍已经不复存在。

**一、编辑主导的时代**

目前，电视新闻的采制大都由记者“主导”，从选题、采访到写作，再到编辑基本上都由记者完成，编辑只是负责把记者的作品串连成节目。这种运作一是容易使新闻质量管理处于失控状态。遇上业务水平高的记者，有时能产生出类拔萃的报道；遇上业务水平低的记者，也可能出现平庸的报道，甚至还会出现有偿新闻。② 二是难以使新闻节目形成鲜明品牌特色，记者各自选题，采制方式各异，编辑东拼西凑，节目不容易形成整体风格。

建立在强大的计算机网络集成平台上的大编辑部，可以在一个频道内统一策划新闻选题，统一调度记者采访，统一新闻资料管理、统一新闻采访传送，打破各栏目、部门所有制，整合和合理配置新闻资源，实现新闻共享。在大编辑部范畴内，电视新闻采制由编辑“主导”，强化编辑策划，由编辑根据记者选择的题目，确立报道选题，记者主要负责采访素材，由文字水平较高的编辑负责写解说词，由剪辑水平较高的编辑负责报道包装，可以减少个人因素对电视新闻作品的影响，有效控制电视新闻节目的质量；还可以加强整体编辑力度，落实电视新闻节目的定位，强化电视新闻节目的品牌特色。

目前，中央电视台中文国际频道已形成了这样一个大编辑部来制作整个频道的电视新闻，最大可能地提高了工作效率、成本效益，取得了不错的收视效果。

---

① 出自作者 2004 年 11 月对广东深圳电视台新闻综合频道副总监李燮的访谈

② 出自作者 2004 年 11 月对广东深圳电视台新闻综合频道副总监李燮的访谈

## 二、流水线式的生产

传统的电视新闻运作不讲究分工协作，采用“散兵游勇”式的工作方法，管理比较粗放，总体上类似于“作坊式”，造成同一节目新闻报道水平参差不齐，采制效率低下。基于数字化和网络化的“大生产”式的运作，要求电视新闻采制像大工厂里的流水生产线一样，既保证每个环节的采制质量，又讲究环节之间的协作配合，以达到快速生产大量优质作品的目的。

如一个采访小组出去都是四、五个人，一个采访记者、一个或者两个摄像、一个录音、一个灯光，采访完之后，到最近的一个光纤传送点，把采访到的素材传送到总部，进入电视台的硬盘储存系统，然后各个栏目的编辑，在专门的画面剪辑师的配合下，再按照各自栏目的风格，在非线性编辑电脑上剪辑、配音、播出。[①] 电视新闻的生产是一条非常系统的流水线，它以分工协作为前提，重视对受众需要的调查、对竞争对手情况的分析以及节目播出后的反馈评估，推崇创新和整体包装策划，有强烈的市场意识和品牌意识，并以相当的规模和实力参与持久的电视新闻节目竞争。

现在有越来越多的电视新闻媒体采用“大生产”式的运作获得效益。美国CNN电视新闻网有八个频道，4000多名员工，其中记者800人，分布在国外24个记者站和9个国内报道分部。他们驻外记者站一般都分布在热点地区，同时兼顾周边地区，各记者站的记者不隶属于哪一个频道、哪一个部门、哪一个栏目，他们属于整个CNN网络。CNN制作新闻报道的过程就像做菜，驻外记者是采购员，频道和栏目是餐厅，频道和栏目负责人是厨师。采购员担负两项任务，一是猎取当地最新货物并主动向各餐厅提供，至于是否需要则是各餐厅自己的事。二是根据不同餐厅的个别要求采购货物。CNN的每个栏目都有撰稿人，专门负责写导语、提要，并根据制片人的意图处理稿件。CNN也配有专门的画面编辑，他们也是根据记者或制片人的要求来剪辑。为了配合完成节目，CNN还设有嘉宾预约部，被预约的嘉宾多是名人、专家或新闻人物。预约部的职责是了解这些嘉宾的背景资料，掌握这些人此刻的下落，落实采访方式，并向制片人、主持人提供完备的参考问题。[②] 专业分工和整体协调是CNN最突出的运营机制，这就使新闻报道的制作完全像是在流水线上生产，每个人都有明确的职责，整个系统工作效率很高。

在国内，如北京台，整个运作流程（从申报选题、选题策划、选题评审、前采、编辑、撰稿、审稿、审片到最终的播出）是建立在强大的计算机网络集成平台之上的，不仅仅是技术层面上带来的整合，而且是整个运行管理决策

---

① 出自作者2004年11月对广东深圳电视台新闻综合频道采访部副主任钟鑫的访谈

② 《镜头里的“第四势力”》 王伟编著 北京广播学院出版社

模式的彻底变化，已经建立一整套民主化、规则化和流程化的运行决策机制。所达到的效果，是各路记者之间、各个栏目之间、整个部门的各个分支机构之间都能达到非常好的联动效应。每天两次的编委会，以这个计算机网络平台为依托，能够实现对整个新闻中心三四百人，七、八个日播栏目的协调控制，保持整个部门有条不紊的运行。

所以，新技术将根本地改变传统的电视新闻的生产方式和运作模式，实现真正的大编辑部。

## 第二节　虚拟电视新闻编辑室

### 一、技术条件

新技术也影响传播产业的结构。计算机和远程通讯设备的集中应用已经打造了一个有线和无线的网络计算时代。这种分布式处理环境迫使包括新闻编辑部门在内的媒体组织开始重新思考他们办公的结构。

传统的新闻编辑室几乎是按照军事单位那样的线性组织结构的，一位强有力的出版人、编辑或者新闻制作人管理着一个等级森严的组织。决策产生于强有力的命令。而虚拟电视新闻编辑室则日益倾向于将权力下放，采取灵活的模式。所有的雇员不再需要工作于同一个地点、同一个城市甚至同一个国家。通过使用卫星通信、光纤通信和高性能台式计算机，媒体组织的雇员能够协同工作，共享文件、发送信息和同步创造来自世界各地的最新媒体产品。①

便携的卫星发射设备和分布越来越广泛的光纤接口，尤其是带宽越来越大的网络，使得虚拟的电视新闻编辑成为可能。在虚拟新闻编辑室，新闻制作人完全可以重新考虑新闻编辑室的组织模式，因为它不会受限于模拟技术的局限和要求，虚拟新闻编辑室可以按照任何有益于多媒体新闻内容生产和传输的方式组织。编辑或制作人可以坐在任何一个联网的工作台前观看或控制其他的联网工作台上的内容，不论这些工作台位于何处，不过安全是一个极端重要的问题。

将来的新闻编辑室将会减少甚至取消一个电视中心的费用。② 管理部门可以更有效地贯彻调整过的工作和传播模式，以进一步提高效率。这个系统甚至能通过人工智能应用程序自动评估从写作模式到视频编辑模式的所有事情。

---

① 《新媒体技术——文化和商业前景》P6 （美）约翰·帕夫利克著　周勇、张平锋、景刚译　清华大学出版社　2005 年 5 月第 2 版

② 《新闻业与新媒介》P117 （美） 约翰·帕夫利克著　张军芳译　新华出版社　2005 年第 1 版

### 二、优势所在

和传统的编辑室不同，虚拟的新闻编辑室可以使记者在现场拥有和总编室一样的获得信息、处理新闻的能力。这一进步的重要之处在于能够现场编辑突发事件的报道。现在支持这种报道的是最先进的新闻采集技术、计算机编辑技术和现代信息通讯技术。就好比电子诊断一样，一位负责诊治的医生可以通过先进的通讯设备与远方的一位医学专家商议诊断或治疗方案，新闻记者很快也能够实时同其他记者、相关专家商议，并可能在其他地方获得新闻来源。这可以很大地提高报道的准确性，特别在事件紧迫的情况下，易于核查事实和获得更可靠的信息。

在模拟时代，任何一项工作，从换一盘录像带到进行一项编辑，任何一位记者都可以在现场或新闻编辑室制作和编辑视频，工作人员都受到了严格的规则的限制，这些规则已经完全不适用于数字化时代。在数字化电视新闻编辑室中，任何一位记者都可以在现场或者新闻编辑室对视频进行编辑和制作，这些工具使用起来更简单，并且很快就会像文字处理软件那样直接用于编辑视频。

传播学者约翰·帕夫利克甚至乐观地说："正如在过去的半个世纪内我们所了解的，计算机技术与通讯技术的融合很快地改变传统新闻编辑室的组织和结构，移动通讯、手提电脑和数字化新闻采集标志着电视新闻编辑室的消失，虚拟的电视新闻编辑室正在成为21世纪的数字现实。"①

## 第三节 分散化的媒体组织结构

技术的进步催生出新的电视新闻的生产方式，而新的生产方式会改变人们的组织关系。新技术的应用使媒体传统的金字塔型的组织管理结构正在改变为网络型的组织管理机构，同时改变着媒体的机构设置。②

### 一、传统的金字塔型组织结构

所谓传统的金字塔型的组织管理机构，就是下层众多的管理机构和人员隶属于上层少量的管理机构和人员，管理权力则由上到下地贯彻，管理信息由底层向上层传输，在管理机构和人数上是下层大上层小，形成一个金字塔；管理权力是上层大下层小，形成一个倒金字塔。这种结构在人类的历史上长期存在，是统治阶级组织政治统治的主要形式。就企业管理来说，这种结构是随着大工业的发展而形成和完善，曾被称为科层制的组织管理机构。这种结构的特点是高度的集中和统一，可以统一决策、统一管理、统一意志、统一行动，使

---

① 《新闻业与新媒介》P118（美） 约翰·帕夫利克著 张军芳译 新华出版社 2005年第1版

②"高新技术的发展对当代媒体及媒体管理的影响" 作者：高福安、李天云 载《新浪传媒》2003年10月22日

一个组织的行为集中起来，在环境压力很大但变化不多的情况下，这种结构可以充分发挥它的优越性。以往媒体的组织管理结构也是这种金字塔型的，这种组织管理方式对社会主义宣传事业的发展，产生了巨大的作用。但随着当代科学技术革命，特别是新技术的发展，这种高度集中的金字塔型组织管理结构受到了严峻挑战。

传统的金字塔型结构是以管理高层可以垄断信息为前提的。在这种结构中，只有高层才能够掌握有关大局的大量信息，而下层至多只能掌握有限的局部信息，下层既无就全局发表见解的信息基础，也无对全局发表见解的愿望。新技术的发展正在改变这种局面，它使过去单一的信息传输渠道改变为全方位的、多层次多方面的、多种形式的传输渠道，管理上层和管理下层获得信息的范围、数量、时差上的区别不断缩小，现在经常出现的情况是，当管理高层获得某种重要信息时，管理低层也都获得了这种信息。管理高层渐渐失去了以前垄断信息从而垄断决策过程的优势。在媒体中，由于计算机和互联网络的应用，信息的高速流通，同样出现了这种情形。

**二、分散化的组织结构**

新技术使媒体的组织管理机构转向网络型的管理机构，在信息的传输渠道上，除了由上层到下层的垂直渠道外，还有同一层次的各管理机构部门和人员之间的横向渠道；不仅媒体的高层可以及时获得全局的信息，而且媒体其他各层次的部门和人员也能及时获得全局的信息；媒体管理的权力不是只集中在高层，而是适当地分配到媒体各部门。这样，使媒体能对环境的各种变化及时做出反应。同时，为适应这种变化，媒体设置了新的机构，如网络中心、系统工程处、信息中心等，通过这些部门使信息在媒体中快速流通。

而且，随着媒介融合趋势的不断加快，那些妨碍融合媒介的管理体制也需要改革，在这样的背景下，采编管理不再是一报一台各行其是，而是跨媒介的团队合作，是多种媒介新闻生产流程的重组和整合。新闻采集一次性完成，新闻加工方式与发布渠道却是多元化的，新闻信息资源由此能得到全方位的深度开发，新闻产品链由此形成。

比如做突发新闻报道，派往现场的就必须是一个小组，他们不再是报纸的记者或者电视的记者，而是为集团组织中所有的媒体采集新闻的专业记者团队，他们的新闻作品是多媒体形式的，文字报道、新闻图片、现场录音、新闻录像等一应俱全。[①] 而且在专业人员从事新闻采集加工的过程中，社会公众发布新闻信息和表达观点的权利得到充分尊重，来自公众的信息本身就是新闻内容的重要组成部分。在团队作业的前提下，新闻采集与新闻载体是分离的，团

① “新电视时代”《媒介·市场观察》封面文章 2005 年第 10 期

队成果不为某一个载体所独有，载体的使用完全以新闻传播的整体效果最优化为目标。从管理学的角度说，这是一种最复杂的网状组织结构的管理，每一套新闻产品生产都对应所有的媒介，每一个媒介都能在成套的新闻产品中获得最适合自己的那一部分。而整体上看，这些新闻产品是有差异的，包括内容的差异、角度的差异、表现形态的差异，等等。也正是这些差异，使媒介定位的差异得以实现。

**三、对电视体制的冲击**

新技术所带来的媒介形态、传播状态以及经营业态上的变化，使政府在大众传播领域的管理模式面临严重的挑战。新技术的不断发展，它所带来的巨大变革远远超越了技术的范畴，涉及电视的生产方式、服务方式、盈利方式、管理方式以及技术标准等各个层面。目前我们的电视管理机制和运营方式已经有点不适应新技术发展的需要。广电行政区域化的管理机制使全国广电系统很难统一行动，各级广电机构层级矛盾突出，有线电视网络市场分块运营，不利于有效地进行规划，从而扩大广电部门自己的优势。

目前我国在大众传播领域的政府管理体制上，还处于计划经济时代的，纵向上割裂，横向上割据的情形。纵向上，按照媒介形态分设管理部门，并互相构筑行业壁垒，造成了传播价值链的人为割裂。横向上，按照行政层级来设立和管理传媒机构，并按照行政区划和行政级别来划分传播范围与传播层次，造成了管理和传播效能上的双重衰减。而新媒体的出现以及它所代表的技术/市场趋势，不仅打破了媒介形态的边界，也将突破行政区域的拘囿和对于经营主体的限定，直接冲击着原有的按照媒介形态来划分行业，按照行政区域来分配传播范围，按照经营主体来确定行政隶属的管理模式。中国的电视台更像是一个机关，而不是产业化概念下的企业。我们的电视台不按岗置人，不按岗论酬，而是因人设岗，因人论酬。①

针对这种情况，必须转变按照传播形态和传播主体来进行分类管理的思维逻辑，从传播行为这个原点出发，重新梳理和整合管理体制和管理手段，从现有的分行业、分系统、分级别，对现有传媒组织这一类主体的管理，改为对所有传播行为的管理。具体说来，可以将目前的电子出版审批、报刊号行政审批、广播电视台站审批、有线网络的广播电视传输审批、广播电视上星审批、互联网转载信息审批、互联网上传播视听类节目审批、互联网上文化经营审批，等等，统一到大类的“传播许可”项目下，再根据媒介、范围、性质等现实情况进行细分。许可采取权证形式，通过拍卖和招标的方式进行发放，并允许在一定条件下的权益转移，这样，不仅使其无形价值有价化，因而保护和

---

① “中国电视的盛世危言” 作者：刘春 载《中华传媒网》

增加了公共资产，也可减少基于行政特权的寻租行为，同时使媒体市场的供给与需求情况得到明确而灵敏的反映，降低市场的成本和风险。

需要特别指出的是，传播许可证的提出，当然会将所有的传播行为囊括其中，但这并不意味着首先以管制为导向，而是要采取务实的态度，以降低合法传播行为的门槛为优先导向，因为只有将合法行为的成本降低到合适的程度，才能使违法行为的成本变得过高，从而减少违法行为的经济价值，提高行为合法的客观经济性和主观积极性——实际上，经济理性的引入，往往能使行政管理的目标以较低的成本得到最优实现。①

**本章小结：**数字技术和网络技术的发展很快地改变着传统电视新闻的组织和结构，新技术正在产生新的新闻机制。如果更乐观一点，从更长远来看，新技术甚至可能带来新的传播体制。

① “高新技术的发展对当代媒体及媒体管理的影响” 作者：高福安、李天云 载《新浪传媒》2003 年 10 月 22 日

# 第六章 技术的问题还是人的问题——技术瓶颈

就技术条件本身而言，我们国内电视台的拍摄设备、编辑设备和美国相比并不落后多少。那么为什么引进了和国外同行一样的设备，我们的电视新闻节目仍然在时效、形态等方面和国外的电视新闻有差距，而且这个差距有时还相当大。

因为，电视是一个技术媒体，技术给了它强大的动力，但技术永远只提供可能性，而可能性的实现则有赖于运用技术的人——电视新闻工作者对电视技术尤其是新技术的认知，他们的传播观念和行为，决定着电视新闻节目的形态和传播效果。技术被真正大规模利用起来，似乎总需要一种直接的动力。

而且各种传播技术作为一种技术并不是决定传播方式变革的唯一的、独立的、直接因素，我们肯定某种技术在人类和社会进步中的巨大作用，但不认为它们便是决定社会一切的力量。在传播方式变革的背后还有更深刻的原因，比如社会政治、经济、文化等因素的影响，新技术本身受这些因素的影响而决定自己的发展，社会中的个人同样受其影响而在应用技术的权力与能力方面呈现差异。[①] 在发达国家，由于商业电视体制，这个动力就是竞争和经济利益的追逐，因此新技术总是被尽快地利用起来。而在中国内地则要复杂得多，因为政治体制、经济体制和电视媒体的运作机制等从宏观到微观的影响因素的改革都还在推进之中。

---

① 《思想无羁》（美）保罗·莱文森著　何道宽译　南京大学出版社　2003 年

也就是说，技术只能解决生产力的问题，不能解决生产关系的问题。马克思主义告诉我们，生产关系会反作用于生产力，影响生产力发挥应有的作用。而生产关系的问题，其实又是人的问题，所以，我们的技术瓶颈归根结底不是技术本身的问题，而是人的问题。

## 第一节　木桶效应

### 一、何为“木桶效应”

管理学上有一个著名的“木桶效应”是指，一个木桶如果由多块长短不同的木板箍成，那么它能盛水的容量，不是取决于这个木桶中最长的木板，而是由木桶中最短的木板决定。如果你无视短木板的作用，无论你加入多少水，木桶中的水总会从最短的那块木板处溢出来，所以它又被称为“短板效应”。

其实，电视技术事业发展的客观规律亦是如此。整个电视技术就是由采集技术（包括摄像技术、录音技术、灯光技术等）、编辑制作技术（包括对编技术、非线性编辑技术、合成技术，包装技术等）、播出技术（包括磁带播出技术、硬盘播出技术）、传输技术（微波技术、光纤技术、卫星技术、网络技术）、接受技术等等组成的一个复杂而又完整的系统，这个系统就好比一个由多块木板组成的水桶。由于种种原因，这四大子技术的发展时间和技术高度是不平衡的，同其他技术群的发展一样，电视技术的演进也遵循“木桶原理”。即我们这个复杂的系统的技术高度，不是由最好的那块技术决定的，而是由最差的那块技术所决定的。

“木桶效应”告诉人们，在事物的发展过程中，“短板”的长度决定其整体发展程度。要想提高木桶的容量，不是增加最长的那块木板的长度，而是要下工夫补齐最短的那块木板的长度。

### 二、短板所在

就拿节目制作中的非线性编辑技术来说，制约它发展最大的短板现在是上载速度（从磁带到硬盘）的问题。虽然随着技术的进步，非编的上载速度一直在提高，现在最快已经可以达到 1∶1 了，但当记者面对数量巨大的素材带的时候，这个速度还是显得有些慢。在做专题的时候，这个问题还不太明显。在做新闻的时候，上载速度慢有时候就会成为影响新闻时效的一个致命问题。所以，目前许多电视台的新闻栏目，仍然在使用传统的对编机来制作新闻消息。[①]

有的电视台，在某一项技术上达到了当时最先进的技术水平，可以满足最

① 出自作者 2004 年 10 月对中央电视台新闻中心制作部谢继宏的访谈

快最好地拍摄新闻的要求，但如果相关的一系列的技术设备不能配套，那我们的新闻尽管在第一时间拍出来了，也一样难以在第一时间制作、播出。北京电视台斥巨资购买多台P2卡摄像机和蓝光盘摄像机，这两种摄像机完全脱离了磁带，所以拍完新闻后，不用上载，可以直接在硬盘上编辑、播出，这可以大大提高新闻制作播出的效率，但是我们后期编辑系统的计算机处理速度较慢，而且连接服务器和播出系统的带宽也不够，这样，导致我们只能把这种很昂贵的机器当成普通的设备来用，并没有充分发挥它的作用。①

作为国家级重要媒体之一的中央电视台，从1995年开始，在全国率先成规模地引进数字设备，按照单机设备数字化、局部系统数字岛直至全台制作播出全面数字化的发展思路，历时7年，台内大中小型演播室、后期制作房、非线性编辑、转播车等节目制作系统的数字化取得全面进展。② 殊不知，数字化也是一个整体的“水桶”，它由拍摄、编辑、制作、传输、播出等多块木板组成。摄像机和编辑机数字化了，而我们传输系统和播出系统却仍然处在模拟时代，这样使得这部分数字设备没有真正让我们新闻的制作和播出效率提升多少。电视台数字化最重要的环节是播出系统的数字化。在整个电视技术中，播出是一个承上启下的环节，对播出系统进行数字化改造是非常必要的，其中，关键一步就是构建硬盘播出系统。

所以发现了这块数字化的短板之后，中央电视台又开始了新一轮的数字化改造，主要是传输、播出系统的数字化。现在，中央电视台已建起了系统的硬盘播出系统，部分栏目已经开始使用硬盘播出了。2003年，台里大规模网络化新闻共享系统投入使用，以媒体资产管理与节目采编播业务系统结合为特点，通过遍布全台的420个新闻节目编辑终端，实现了新闻频道、国际频道和经济节目等新闻咨询类节目制作的全流程管理和新闻稿件、新闻素材、新闻节目的资源共享。③

一个技术短板解决了，下一个相关联的技术短板就又会出现，技术正是在这样的超越、局限、再超越的循环中不断发展。所以，我们现在的主要任务不是去增加最长的那块木板长度，而是下工夫依次补齐木桶上最短的那块木板，提高水桶的整体效应。

数字电视的发展同样也面临着“木桶效应”的问题。数字电视市场实际上是一个由采制、传输、接收和内容等木板组成的巨大“木桶”，其规模取决于任何一块“短板”的“长度”。现在的问题是，电视台担心用户太少，成本难以收回，不愿在设备改造、更新和节目制作上过多地投入资金；制造商担心

① 出自作者2004年10月对北京电视台技术制作部张一平的访谈
② “访中央电视台技术制作中心副主任陈默” 作者：王雪 载《中国广播电视技术网》
③ “访中央电视台技术制作中心副主任陈默” 作者：王雪 载《中国广播电视技术网》

数字电视机和机顶盒价格高卖不出去而不愿意大批量生产，导致数字电视机和机顶盒价格长期居高不下；用户除了觉得数字电视机和机顶盒价格太高、收费太高外，最担心看到的还是老一套的节目。

木桶中的短木板成了木桶盛水量的“制约因素”，因而只有加长这块短木板才能增加木桶的盛水量。一个电视台的技术又何尝不是如此？其效果是由所采取的多项措施即综合措施来决定的，即“木桶”的所有木板都加长到一致的长度，才能发挥其效能，若只采取一两项措施是达不到目的的。所以说不能单打一，即只加长一块木板是不够的。正确的做法是采取综合措施，特别是针对自身的具体情况加长自己“木桶”的“短木板”，做到“知短、补短、防短”三管齐下。也就是说，对我们现在的电视台而言，占有国际先进水平的设备和技术（长木板），比如卫星通讯技术，数字转播车等，固然重要，但是，我们那些模拟设备，窄带等技术（短木板）也要尽快发展，这样才能真正增强电视台总体技术实力，以满足不断发展的新闻制播的需要。

## 第二节　技术的管理机制

### 一、技术和管理机制的关系

有人说，技术和管理机制没有任何关系，管理机制怎么会成为技术瓶颈呢？其实不然，虽然看上去技术本身和管理机制没有什么关系，但是，技术都是人使用的，人和技术的关系、各种技术之间的关系，这些在某种程度上都是由管理所决定的。所以，这个管理机制，小到机器设备的使用制度，大到国家技术政策，都会影响到技术的使用。

而且技术人员不一定是个人，更确切地说是一个古典社会学意义上的机构，即一个有组织、有规章制度、有雇员的机构。① 这样就必然会涉及一个管理的问题，管理是各个生产要素的组合。具体到技术来说，主要是要形成好的技术管理机制。一个科学的技术管理机制会推动技术的使用，会让技术的作用百分之百得到发挥，反之亦然。

新技术所带来的巨大变革远远超越了技术的范畴，涉及电视的生产方式、服务方式、盈利方式、管理方式以及技术标准等各个层面。目前电视的管理机制和运营方式已经严重不适应新技术发展的需要。广电行政区域化的管理机制使全国广电系统很难统一行动，各级广电机构层级矛盾突出，有线电视网络市场分块运营，不利于有效地进行规划，从而扩大广电部门自己的优势。

### 二、我们的问题

一般来说，国外最好的电视制作设备总是最先在体育节目中试行使用，我

---

① 《技术帝国》 P142 （法）R. 舍普等著　刘莉译　北京三联书店 1999 年 11 月第 1 版

国也是这样。但是，接下来的情况就不一样了。在国外，在体育节目中试用合格后，新闻节目的制作中马上就会使用这种最新的设备，而在我国的电视台，新闻部门是最后一个使用新设备的部门。就拿数字设备的使用情况来说，中央电视台新闻中心是中央电视台最后一个实现数字化的部门。

这是为什么呢？因为国外的电视台大都是商业电视台，上最新设备有利于制作出好的新闻来，这样才能吸引来广告，从而达到它赚钱的目的，哪怕新设备偶尔会出现一些问题也在所不惜。[①] 而我们的电视台都是国有电视台，新闻节目承担着非常重的宣传任务，在新设备还没有完全磨合好的情况下，电视台的领导不敢贸然使用新设备，从而加大新闻节目出问题的风险。看来，设备是个技术问题，而设备的使用有时却是政治问题、体制问题。

管理机制对技术的影响较大的方面还表现在新闻直播上。现在，国外的新闻直播用的非常多，只要一有新闻发生，立即把直播车开到现场，进行直播。还有像台湾的电视台，他们有很多小型的卫星车，哪里一有事，支起锅盖来就直播。我们现在的技术条件已经能保证我们在任何时间任何地方都可以进行新闻的现场直播。[②] 一个折叠式卫星天线，一部可视电话就可以进行直播。那为什么我们的新闻直播大多是仪式性的，突发事件的直播却很少？原因有很多，其中很重要的一个原因就是，技术的管理机制导致我们直播设备不能充分利用。

在国外的电视台，技术部门是从属于新闻部门的，为新闻服务，所以，一有事件发生，记者马上带着直播车就可以进行直播。而在国内，技术部门和新闻部门是平行的两个部门，有突发事件发生，新闻部门要向台里申请调用技术部门的设备，批准以后，技术部门的转播车才会在记者到达新闻现场后一段时间，到达现场，技术再调试设备，和记者沟通，或许，转播车准备好之后，新闻事件已经结束了。更让人难以理解的是，在中央电视台，技术口又被分成了转播部和播出部等好几块，转播部负责直播车，而播出部负责打开直播通道，这样的技术管理机制直接导致了我们的直播必须要在事先进行大量的协调、沟通和准备，这些都是与直播的快速性格格不入的。所以，我们的技术虽然达到了随时直播的条件，但实际上，我们在操作过程中并没有实现突发事件的新闻直播，技术的管理机制又一次成为了技术的瓶颈。

前文提到的光纤传输是一种带宽高而成本低的传输方式，我们的电视台没能经常使用它，这也和技术管理机制有关。国外的新闻机构经常采用光纤技术

① 出自中央电视台副总工程师宋宣纯2004年11月在中国传媒大学做的讲演“电视新闻制播技术的现状与发展”

② 出自中央电视台副总工程师宋宣纯2004年11月在中国传媒大学做的讲演“电视新闻制播技术的现状与发展”

做新闻直播和连线报道。像美国，不光电信局，在白宫、五角大楼和政府主要职能部门，都建有光纤输入端口，而且这些光纤通道随时都处于开通状态，这些地方一旦有新闻发生，电视台只要派了两、三个人就可以在那做单机的现场直播，记者赶到现场用一根线把摄像机和最近的光纤输入端口一连，就可以做报道了。

在国内，许多城市尽管已经建有光纤网，截至 2004 年底，我国骨干通信网总长度已达 370 万公里，这些光缆线路总投资超过千亿元，但利用率却不足 20%，而城域网的利用率还不足 30%。[①] 利用率不高的一个原因就是光纤输入端口太少，而且只在电信局和广电局的传输公司这两个光纤运营商那有。现场记者如果需要传输新闻，必须到这两个地方去传。限于政策原因，国内的光纤通道一般都是关闭的，用的时候需要提前申请，到时才能开通。这些都限制了用光纤传输新闻的优势的发挥。

目前，直播直升机是搞移动直播最先进、最快捷的一种技术手段，中央电视台也于 2001 年斥巨资购买了一架直升机，想用于新闻事件的快速采访和直播，然而时至今日，6 年过去了，这架直升机除了航拍和大型体育赛事的直播中使用过几次之外，基本上停在那里成了摆设。[②] 因为在现行的空域管理体制下，这架直升机要想成为真正意义上的采访用机，随心所欲地使用却非易事。

根据我国目前对专业领域的飞机飞行规定，如对固定航线申报，须提前 24 小时；若是临时航线飞行，应提前 48 小时申报。对于新闻来说，除了可以预见的一些仪式直播，可以提前 48 小时申请，然后起飞采访拍摄，但对突发新闻事件来说，48 小时之后，新闻早已变成旧闻了，直播飞机也没有起飞的必要了。其实，西方国家也要申请，但是他们的申请事件和条件宽松很多，基本可以保证新闻直升机随时起飞，这里牵涉到的是一个国家政策的问题。

因此，我们在大力推进电视技术升级的同时，还应积极调整我们的技术管理机制，以利于新技术充分发挥其作用。

## 第三节　人的技能

### 一、人的技能瓶颈

技术本身就包含两层意思，一个硬件基础，机器设备能不能实现；另一个是软件基础，就是人的技能，他能不能给你做出来，能不能把机器的功能开发到极致。技术再先进，也是要靠人操作。如果一个设备的功能级别最高是十

① “我国光缆利用率不足 20%” 作者：王卫民　载《通信产业报》2005 年 10 月 10 日

② 出自作者 2004 年 10 月对中央电视台新闻中心制作部谢继宏的访谈

级，而使用这个设备的人的水平却只有一级，那么，这项技术设备的功能级别也只能是一级。

贝尔纳·瓦耶纳说："无论今天还是过去，无论现在还是将来，新闻工作者总是单独面对事实。任何电脑也无法帮助他们懂得事件发生的情况与轻重缓急，传播手段的背后是社会因素、文化因素与综合素质，人类利用技术超越时空，更需要超越自身"。[①] 有的时候，我们强调了机器设备的性能，却忽视了人的技能问题，从而致使人的技能也成了一个技术瓶颈。

例如，近年中央电视台新闻中心更换数字设备后，《新闻联播》的一个老记者用新设备拍摄国家领导人的一个重要时政活动，因为卡住带子而没有完成任务，回台后反映新机器性能不稳定，不应使用。台领导紧张之下决定新闻中心时政组换回原来的模拟设备。一段时间后才调查清楚。新设备没有问题，是操作的人没有完全掌握设备的使用技能。[②] 这只是中央电视台换数字设备的一个插曲，但这足以说明人的技能对于技术本身的重要性。

人的观念其实也是人的技能之一，有些时候，由于人们的观念跟不上技术的发展，致使某种技术不能被广泛使用，从而不能够及时对电视新闻产生作用；而又有一些时候，某种技术的出现正好符合了人们的期望，观念比技术发展超前一步，那么，一旦这种技术出现，就会马上被人们所接纳，从而立即对电视新闻产生巨大的影响。所以，观念作为一种技能既能够成为电视新闻发展的阻碍力量，也能够成为电视技术推动电视新闻发展的促进力量。

还以《新闻联播》为例。同期声对电视画面的重要性是不言而喻的，而且 ENG 电子同期录音技术已经出现 20 多年了，但是我们的《新闻联播》里大量的新闻到现在为止，依然没有同期声，这显然不是一个技术问题。

因此，技术必须由人来运用，人的技能决定了技术被挖掘的程度，而人是否能够把某个技术发挥到最佳状态将直接影响电视新闻的发展。对于技术人员而言，不仅要学会使用某个技术，而且应该通过自己的技术经验，发挥主观能动性，挖掘该技术的潜在价值，分析这个技术是否有创新的可能。而对于非技术人员，也必须在业务水平上有新的突破。以直播为例，直播的现场同步传送，要求记者、主持人有较强的采访能力和口头表达能力，甚至是双语能力、现场应变能力等，不然只是有清晰的图像却没有精彩的内容，电视新闻将大打折扣。

**二、新技术时代电视人的技能**

现在，我们将面临一场新技术引发的电视传播革命，而新技术本身就要求

---

① 转引自"传播学论坛"

② 出自中央电视台副总工程师宋宜纯 2004 年 11 月在中国传媒大学做的讲演"电视新闻制播技术的现状与发展"

电视新闻人，既要掌握高精尖的技能，还要有先进的意识，如互动意识、融合意识等。我们只有具备了这些技能和观念，才能使新技术对电视新闻真正产生影响。那么新技术时代，电视人究竟该掌握哪些技能呢?

（一）技术能手

电视作为一个技术性的媒体，电视记者懂技术是天经地义的事。但很长一段时间，由于种种原因，我们的电视台都设有一个技术部，专门解决技术问题，这样就造成了我们的记者对技术的惰性，电视记者对技术不求甚解，或者一知半解，混迹于新闻队伍中，也能生存。① 这种情况在模拟时代，还能勉强维持，而到了数字时代、网络时代，电视记者如果还对技术一知半解，那样他就面临淘汰，这样的记者也无法做出观众满意的电视新闻节目来。

新技术时代，电视记者必须是个技术能手。美国 CNN 要求每位工作人员做到一专多能，这些被业内人士称为“图像记者”（video journalists）的雇员对摄像机、图像编辑机等硬件设施的操作极为熟练，一旦突发性事件发生就能迅速奔赴现场。我们的记者显然需要这方面过硬的技术素质，不仅要对各种采访设备的原理、使用和保养十分熟悉，还要有很强的动手能力，在设备出现故障时能够在已有条件下维修解决。

新技术时代还要求电视工作者具有极熟练的运用电脑、互联网络、多媒体的能力，不仅具有关于电脑、互联网络、多媒体的硬、软件一般知识，而且能熟练运用文字处理、表格处理、图形处理直至音频文本、视频文本处理的能力。电视工作者还要像私人小车的司机一样，对于电脑、互联网络、多媒体在工作中出现的故障随时作必要的、简单的处理或修理。运用电脑、互联网络、多媒体对于未来的媒介工作者来说，就像现在用纸和笔、骑自行车、开小汽车一样司空见惯。

而且，在网络时代、多媒体时代，数字技术使得媒介工作者的传统职业分工或技能分工逐步消失。每个记者将集文字记者、摄影记者和录音、录像记者于一身。记者身背一套重量轻、体积小、质量高、功能强大的便携式电脑和数字式摄像机，就可以只身走遍天涯。他不仅要善于运用声音输入、手写输入和键盘输入等多种文本输入方式，把自己在现场采访的新闻信息以最快的速度传送到媒介编辑部，而且要善于把现场录音、录像通过电脑网络及时传送回去。

对于有些不能、不宜于或无法进行现场采访的新闻事件，记者就要善于运用国际互联网络在办公室或家中进行全国性的或全球性的实时采访。通过电子邮件、新闻组等方式进行实时的文字采访，通过语音信箱等方式进行实时的口头采访，还可以通过国际互联网络进行可视化的面对面采访。

---

① 出自作者 2004 年 10 月对中央电视台新闻中心制作部谢继宏的访谈

由于传统传播技术的限制，媒介工作者的新闻写作与报道方式是单一的、分离的。文字记者只能写文字报道，不能搞摄影、摄像；摄影记者只管拍照片，连冲胶卷都得另由专人负责；摄像记者也顾不上搞文字报道。数字传播技术不仅彻底打破了这种界限，而且要求媒介工作者（包括记者、编辑、主编等）以多媒体、超文本思维方式进行新闻报道。由于各种媒体都将上网、都将以某种电子式、数字式的形式出现，传统的、单一的文本形式或其他媒介形式，在新闻报道中将显得不生动、不形象，甚至难于做到真实、客观，是公众难于接受的。该用文字文本的，用文字文本；该用图像文本的，就用图像文本；该用声音文本的，就用声音文本；该用影像文本的，就用影像文本；该综合运用的，就综合运用；哪一种或几种文本形式能更准确、更真实、更客观地报道新闻事件，就怎么用。

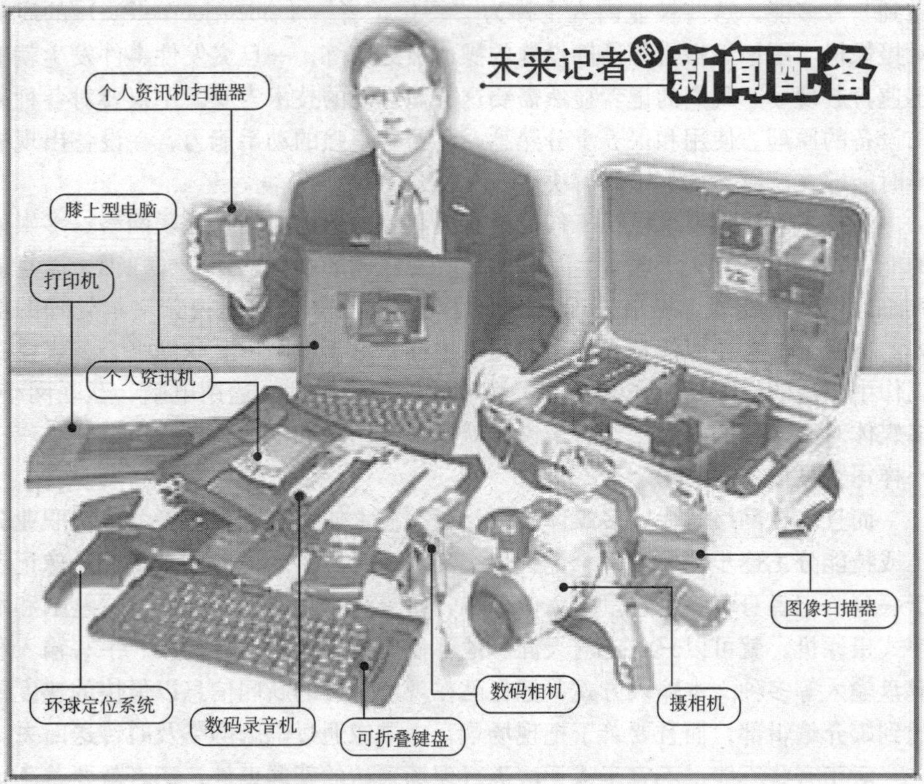


未来记者的新闻装备

（二）把关好手

如前所述，在网络时代、多媒体时代，任何一个公众都可以成为记者，在网上发布新闻；任何一位公众都可以成为一个小型的媒介机构，在网上建立自己的网址、主页，发布信息。公众作为信息接收者的地位和大众传媒作为信息发布者的地位将日益模糊。公众获得信息的来源极为多样化，再也不是只有依靠大众传播媒介了。但是，这绝不意味着大众传媒记者将失去存在的意义。相反，由于网络时代信息传播的高度自由和民主，更需要记者成为一个有技巧的新闻叙述者，他不仅要综合一个事件或过程的事实，还要将这些事实与更加广阔的背景和环境联系起来。他需要重视帮助受众分析新闻的意义和影响。

另一方面网络时代信息传播也不可避免地出现信息的真实度、可信度等问题。谁也不知道从网上获得的一条信息，究竟是网络另一端的一位专家发布的还是一位门外汉发布的，是一位负责任的成年人发布的还是一位乳臭未干的孩童发布的？普通公众往往没有时间和能力去验证这些信息。专业媒介工作者、专业媒介机构与普通公众、网上业余媒介机构的主要区别之一就是，他们有专业的人才、专门的知识、专门的时间去多方验证、过滤网上每日每时层出不穷的新闻和信息，为公众提供权威的、可靠的信息。怎样通过各种各样在线和非在线的信息来源、数据库、图书馆等，对网上的大量信息进行去粗取精、去伪存真的验证、分析，将是未来媒介工作者、特别是电视记者的重要业务素质和基本功之一。

因此，新技术时代，不仅要求电视记者要熟练掌握技术，还要能利用自己的知识和技术，来帮助受众把好新闻关，从而规避新技术带来的信息真假的问题。有了这样的电视人，我们的电视新闻才能在竞争中立于不败之地。

正如美国资深的电视制作人洪特所说："在信息时代，是人的技能，而不是技术本身，成为新闻竞争和成功的关键因素"。① 新技术层出不迭，都迫使我们的编辑记者要建立永久学习的模式，既要学习采访、编辑本领，更重要的还要不断学习，提高自己的技术技能。这样才能适应日新月异的技术要求。只有真正掌握了这些技能，才能达到"只有电视新闻想不到的，没有技术做不到的"境界。

**本章小结：**我国电视传媒行业的技术装备水平与世界各国几乎是同步的，但与美国、日本等世界电视传媒大国相比，其技术投入规模和采用高新技术的水平仍存在很大差距，还需解决在技术标准、运营模式、产业政策、体制机制等方面存在的问题。这些问题本质上来说还是人的问题。

---

① 转引自"广播电视媒体的数字化生存" 作者：肖清、龚汉洲 载《新传播资讯网》2003 年 5 月 20 日

# 第七章　做技术的主人——对新技术的反思

曾经的事实和发展的态势已经或正在证明，新技术会为电视新闻带来新的制作手段，发展出新的节目形态，产生新的传播观念，在此基础上，新技术会改变我们消费信息的方式和改变新闻传播业的格局，甚至新技术还将改变我们的生活方式和思考方式。

然而，新技术带给电视新闻的也并非完全是福音。人类的每一项技术实际上都是一柄双刃剑。新技术在带给电视新闻种种正面影响的同时，也带来了种种负面作用。如真实性的问题、知识产权保护的问题、隐私的问题，等等。①

曾经创立了诸如类象、内爆、超现实等后现代话语的社会理论家波德里亚，就对媒介技术进行了激烈的批判。在他的社会学视野中，传播的扩张性和影像的蒙太奇一起构成了后现代的社会体系，而“真实已经在形象和符号的迷雾中完全消逝了”。② 由于传媒技术打破了传统的时空整体性，瓦解了曾经为人们提供了统一感的时空量度，因而在电视新闻为大众提供的信息符码中，“历史”就演变成符合编码规则的视觉文本，零散、平面而无深度。在编码过程中，生产者会对一些真实事件的影像声音碎片进行任意地拼贴复制，由此产生的媒介文本会令人们推演出整个新闻事件的前因后果。然而就是在媒介技术的过滤、切割和操纵下，真实世界的面貌往往被窃取甚至取消，过往历史的深厚也会变得萎缩

① 《数字传媒概要》P199　闵大洪著　复旦大学出版社　2003 年 6 月第 1 版

② 《消费社会》（美）让·波德里亚著　刘成富等译　南京大学出版社　2000 年 10 月　第 1 版

和平庸。[1] 在现实的媒介事件中，关于媒介真实与社会真实的种种矛盾成为波德里亚的追随者所津津乐道的话题。在对电子技术的仿拟功能采取批判态度的同时，他们进而对电视新闻传播的真实性进行质疑。由于声画符号是电视新闻报道现实的重要手段，因此符号与现实的断裂也就在所难免，对海湾战争的怀疑就是一个极端的案例，波德里亚曾断言海湾战争根本未曾发生，只是传媒制造的一场影像战争。

虽然波德里亚的这种说法有矫枉过正之嫌，但对于电子媒介竞争，尤其是战时新闻中愈演愈烈的媒体大战而言，则不无反讽效果。确实，电视媒介对新闻事实的主观再分割，肯定会导致观众对真实状况的无所适从。

新技术在让人们充分享受信息传播自由的同时，也使人类面临更大的困惑。这已成为一个不争的事实。因此，在新技术和电视新闻乃至新闻传播不断发展的过程中，如何更好地趋利避害，是我们利用新技术时不得不考虑的问题。

## 第一节　新技术的负面影响

### 一、真实性

(一) 眼见一定为实吗?

多少年来，人们都相信“眼见为实”，所以，发生大事后，即便看了报纸、听了广播，也要再看看电视新闻加以确认。在新技术时代，一切都变了，眼见不仅不是事实，甚至可能是假的。因为数字技术可以制作出完全合成的，而看起来像真的发生过实际上又没发生的事件的动态视频。

数字化图像操纵有三种基本模式：添加、删减和调整（例如增强、弱化）。添加是将本来没有的东西放到视频中，比如足球场上的人群。删减是指将图中原本有的东西拿掉，比如删掉某人或某物，去掉支撑演员的线缆使其看起来像飞。调整指改变一幅图像，比如让它看起来更淡或更暗，将两个物体合成一个人，或将某人的脸扭曲成另外一个人的脸。

数字视频的最新发展提出了新技术时代电视新闻编辑的担忧：从日益多样化的数字来源得到的视频的真实性。当新闻编辑得到16毫米或者35毫米胶片形式的新闻片段时，他们相对比较容易确认收到内容的准确性。因为胶片确保了图像的真实性。甚至在只有模拟视频的时代，制作人也有理由确信，图像自被记录到录像带上之后就没被操纵过。在电脑视频时代，在计算机屏幕上控制

① 《消费社会》（美）让·波德里亚著　刘成富等译　南京大学出版社　2000年10月第1版

任何图像，静止或移动的，都会像控制文字那样容易。[①]

另外一个担忧是在数字环境下，实际上任何人都可以很容易地编辑视频，这样视频质量控制受到影响。在传统的模拟电视新闻编辑状态下，记者采集一段视频，编辑它，通常很多眼睛都会看过要播放的每一段视频。在数字环境下，任何一段视频经手的人和时间都大量减少，这不仅有技术原因，还有降低成本的原因。这不仅减少了发现和更正善意错误的可能性，还使得造假更容易。

最臭名昭著的操纵视频图像的例子发生在几年前，当时《国家地理杂志》的编辑使用数字化暗房技术来提高埃及帝王谷中的三座大金字塔图像的纵横比。[②] 今天，数字技术使改变纵横比甚至是移动图像的任何纬度都成为可能，并且会做得天衣无缝，以至于没有人能分辨出图像被操纵过。

难怪约翰·奈斯比特感慨：“今日科技改变自然的能力远非往昔可比，难怪我们常问‘这是真的吗?’，‘这是假的吗?’，是正宗的还是仿冒的，是真实的还是模拟的？是原作还是抄袭？在这个科技能够制造代理、代用、虚拟、假象的时代，我们愈来愈弄不清楚何为真、何为假”。[③]

（二）我们该如何保证影像的真实性

其实，摄影真实性的问题不仅仅是在数字摄影技术出现之后才出现的新问题，在模拟时代，通过拍摄过程和暗房操作弄虚作假的新闻照片也不在少数。如美国在1919年制造出假新闻照片，一个富翁以其妻为半个黑人为由提出离婚。律师要被告裸露上身，以提取证据，但法庭不许拍摄。于是纽约《傍晚画报》编辑就在办公室导演一个法庭场面，请演员扮演，然后把法庭上的真人头像安装上去。假新闻照片在中国的新闻摄影界也曾屡见不鲜，在20世纪80年代初有人导演拍摄的《死吻》、《八十年代红嫂》（又称《新沂蒙颂》）等假照片、广东洪水假照片事件等等，也都是利用传统摄影手段制假的典型事件。

然而，数字技术极大地加剧了影像真实性问题的严重性。现在即使是那些受过很少的训练，资源有限的人也可以制作出完全合成的静止或移动图像。新闻影像制假，从根本上说不是技术自身的问题，而是使用技术的人的问题。数字时代这个问题变得如此突出的原因是，新技术使得图片或者影像造假的门槛变得非常低、非常容易而已。在新技术时代，我们更应该区分影像的真假，保证新闻的真实性。

真实性是新闻摄影的本质和要义。如香港《新闻从业员专业操守守则》

---

① 《新闻业与新媒介》 P95 （美）约翰·帕夫利克著 张军芳译 新华出版社 2005年第1版
② 《新闻业与新媒介》 P96 （美）约翰·帕夫利克著 张军芳译 新华出版社 2005年第1版
③ 《高科技 高思维》P13 （美）约翰·奈斯比特、道格拉斯·菲利浦著 尹萍译 新华出版社 2000年5月

明文规定：新闻摄影以记录真实为首要任务，记者在新闻现场应据实拍摄；不得参与设计或导演新闻事件，作夸大和不实的报道；新闻摄影工作者在处理照片和视频时，应以拍摄现场所见的真实情景为依归，任何事前或事后的加工，都不能接受。[①] 因此，任何时候，我们绝对都不能以牺牲真实性为代价，做技术的奴隶。

新闻摄影首先是新闻，它是新闻报道的一种形式，应该遵循新闻报道的特性要求，摄影记者与文字记者一样，经过对客观事实的选择、判断，然后进行报道，通过媒介将新闻事实传递给受众。新闻摄影具备新闻所共有的基本素质，比如：新鲜性、重要性、接近性、真实性、客观性，等等。而新闻摄影也有自己的特性，就是通过摄影让受众直接看到了对象，以动态、瞬间的画面反映新闻事实，因此，画面的真实是新闻摄影的生命所在。但是，我们强调新闻摄影的真实性，并不是要求摄影记者对照片不加任何加工和处理。对所拍摄的新闻摄影画面可以进行必要的画面处理，如画面的裁剪、划伤的修理、局部加光、调整反差等。但对画面随意合成、拼接、修改等违背真实性原则的做法，都应杜绝。《洛杉矶时报》的图片编辑卡夫德在假新闻照片事件以后说："他的行为完全不能接受，他损害了读者对我们的信任。如果我们的读者不再信任我们，那我们将一无所有。"

目前数码摄影技术在新闻摄影领域的大量应用，的确可以让"制假"做到几乎天衣无缝，让人真假难辨，让媒体防不胜防。依靠过去的"打假"手段，似不能解决问题，须建立起适应数码摄影技术的行业管理规范。一是加强新闻摄影行业的管理，规范新闻摄影报道的行为，使新闻摄影记者和图片编辑做到有章可循，杜绝假新闻照片的蔓延。对出现利用数码技术造假的记者，应给予一定的警示，甚至清除出记者队伍；二是靠新闻摄影记者的职业道德自律，我国著名新闻摄影理论家、新华社图片编辑曾璜在谈到数码技术给新闻摄影带来的问题时说："新闻照片的真实性的问题是摄影记者职业道德的问题，而不是用什么器材、技术的问题"；三是针对数码技术给新闻摄影报道带来的后期处理方便、快捷，制假容易的特点，规范数码处理新闻影像的后期技术处理标准。

数码摄影技术作为一个新技术在新闻摄影中的应用，就像一把双刃剑，如果正确把握可以有力增强新闻摄影的实效性和照片的表现力，更好地为新闻摄影服务，使其在激烈的新闻竞争中处于有利的位置，否则，将损害新闻摄影的真实性，甚至危及新闻摄影的健康发展，这不能不引起新闻摄影界人士的高度关注。

**二、知识产权**

知识产权包括不侵犯任何人的版权，商标和其他受法律保护的智力商品，

---

① "数字技术给新闻照片真实性带来的影响" 作者：闵大洪 载《大洪的博客》http://blog.daqi.com/article/65722.html

包括报道、图像、声音片断或者其他可以在因特网上得到的内容。新技术的发展给知识产权保护带来了前所未有的困难。因为数字技术可轻而易举地制作出完全逼真的盗版，且规模越来越大，而网络技术的普及使得作品复制、传输快捷便利和多途径，也大大削弱了知识产权的保护力度。

在传统的模拟时代，我们很容易搞清楚一段图像或一个照片的作者是谁，要复制另外一版也不是一件很容易的事，关键是信号损失还很大。而到了新技术时代，整个情况都发生了变化。计算机以及把它们连接起来的网络使在世界上任何地方对内容进行复制、发送、检索变得极其容易，成本几乎为零。一个人可以把一份拷贝送给另一个人，并仍然握有原件，你可以在一秒钟之内把内容传遍世界，给成千上万的人看。这样一来，"谁拥有这一切？谁控制她们的使用?"这些问题使人困惑不解。

过去说盗版，一定是商业行为，而现在偷盗的人不是江洋大盗而是平头百姓。[①] 以往受盗版冲击最大的是电影和唱片业，现在电视新闻的影像和声音方面的盗版也开始出现。电视新闻业要想在新技术时代健康发展，必须从现在开始就要规避这些问题。

**三、隐私**

隐私权是个人对其所有的资料均有主动控制及支配的权利，同时对个人领域中的所有事务亦有权不受任何干扰。[②] 随着时代的进步，隐私权越来越受到重视。但是，现在新技术的发展，尤其是数字技术，使得个人隐私处在非常容易遭到侵害的环境之中。

数字录像设备的微型化给偷拍带来了方便。新技术手段对个人隐私造成侵害的一个典型案例是台湾璩美凤"性爱光碟"事件。2001 年 12 月 17 日，《独家报道》（第 698 期）周刊下午 4 时开始发售，封面以"璩美凤通奸 LIVE VCD"作斗大标题，将传闻疑似前台北市议员璩美凤与男友遭偷拍的录像带制成光碟随周刊附赠。杂志连同光碟几小时内售罄，有些人还将光碟内容上网。[③] 虽然事后台湾"新闻局"采取行动，查扣这期杂志和光碟，但璩美凤本人的隐私已经受到严重的侵害。

前文提到过的一种新的摄影技术——全景摄像机也在挑战传统的隐私观。摄影技术发明以来的 150 年中，人们知道当镜头面对着他们的时候，他们正在被观察，但单镜头的全景摄像机通过将镜头指向一个抛物线型的镜面来拍摄视频，这意味着，即使镜头没指着某个人，它也可能正在被拍摄。现在美国，只

---

① 《2.0——数字化时代的生活设计》 P173 （美）埃瑟·戴森著 胡咏、范海燕译 海南出版社 1998 年 8 月第 1 版

② 《法律基础》 P189 周雁武、毕凤著 吉林科学教育出版社 2005 年 2 月第 1 版

③ 《数字传媒概要》 P212 闵大洪著 复旦大学出版社 2003 年 6 月第 1 版

有一些犯罪率比较高的地方安装了全景监视摄像机，试想如果在整个城市都安装全景摄像机又将意味着什么。实际上这些都是偷拍，在这种情况下，人如何保护自己的肖像不受侵犯。

新的成像技术越先进，人的隐私似乎就越不好保障。不久前，索尼推出了新的红外线相机，在白天使用的时候，它可以看透人们的衣服。价格低廉的配有遥控静止或移动视频摄像机的无人空中飞车的出现使得低成本从外部空间拍摄成为可能，而且这种遥控成像的空中飞车已经可以在市面上买到。如果一个新闻机构能够使用强大的卫星成像设备从几百米高空拍摄某人在私人海滩上休息，那这个人有权维护隐私吗？① 所以，我们要区分公共知情权和个人隐私之间的界限。

## 第二节　如何来规避新技术的负面影响

约翰·奈斯比特说，科技本身就包括着好坏两种后果，我们迫切需要有意识地考察我们与科技的关系以及科技对人性的影响，我们必须学会预测科技的后果，而不只是被动地做出反应。②

技术告诉我们能做什么，却绝对没法告诉你什么是需要的。技术的发展往往显得盲目和偶然，一旦超越了哲学和伦理的极限，人们在这种新的危机面前可能惊慌失措。技术的本质是为人服务的，人应该主动地冷静下来调控它的应用和发展，无论如何，不能沦为技术的附庸和奴隶。

因此，技术如何发展，我们都不能让它超越哲学和伦理的极限。而真正解决技术产生的问题，就需要把人的全面发展的需求和自然环境的保护作为内在因素来考虑，将它们融合到技术的设计中，这样才能在事前避免技术的负面效应。③

### 一、人文的技术

科学技术的突飞猛进，物质文明的高速发展，在客观上造成了人自身的全面异化，人沦为了技术奴隶。但实际上，没有什么技术的恶魔，弊端不在于技术，而在于人沉溺于现代技术的控制，忘却了存在的天命，认识不到自己的本质。之前新技术对电视新闻之所以会产生种种弊端，如真实性的问题、知识产权的问题、隐私的问题，就是因为我们忽略了人文的力量。

"人文"一词，则在我国古籍《周易》中早已有之："观乎天文，以察时

---

①《新闻业与新媒介》 P92 （美）约翰·帕夫利克著　张军芳译　新华出版社　2005年第1版

②《高科技　高思维》 P3 （美）约翰·奈斯比特、道格拉斯·菲利浦著　尹萍译　新华出版社 2000年5月

③《技术批判理论》（美）安德鲁·芬伯格著　韩连庆译　北京大学出版社　2005年8月第1版

变；观乎人文，以化成天下。”所谓“天文”即自然；所谓“人文”即教化，强调人的道德教化，在我们中国主要是儒家的理想道德。所谓“人文精神”，则是我国传统文化中优秀思想的集中体现，它既强调人在社会中的地位和作用，更强调人的理想道德规范，即孔子所谓的“仁人”理想。“仁人”超越了人的本能，是具有高尚理想、深厚道德修养的人。这样的人为了他的理想可以献出一切，乃至生命。孔子说：“志士仁人，无求生以害仁，有杀身以成仁。”（《论语·卫灵公》）这种仁人理想后来成为我们中华民族传统美德的爱国情操的主要源泉。“人文”在西方既含有“人性”（Humanity）层面意义，即理想的人、自由的人。总之，就是人就要具有理想之精神、自由之精神。

人文主义不是一个哲学体系或者信条，而是一场曾经提出了各种迥异的看法，而且如今仍在提出各种迥异的看法的持续辩论。人文主义传统最重要和始终不变的特点，大致包括三个方面：其一，人文主义聚焦在人的身上，一切从人的经验开始。其二，每个人自身都是有价值的——用文艺复兴时期的话，叫做做人的尊严——其他一切价值和人权的根源就是对此的尊重。其三，人文主义始终对思想十分重视，它一方面认为，思想不能孤立于它们的社会和历史背景，另一方面，也不能把他们简单地归结为替个人经济利益、阶级利益或者其他方面的本能冲动所做的辩解。[①] 现在，人文主义已泛化成一种强调人的作用、地位与作用的世界观或意识形态。它表现为对人的尊严、价值、命运的维护、追求和关切。

高科技的价值形成及其实现越来越取决于其中的人文因素。在面对技术发展中的文化观念冲突与道德伦理问题时，必须明确“科技同任何其他人类活动的形式一样服从于道德规则”，同时人类在应对新技术的挑战时，也须发展出与之相适应的高技术时代的意识与价值观。

在新技术带给电视新闻弊端的问题上，过分依赖于新技术的人们必然会逐渐丧失主题思考的能力，成为新技术的附庸和奴隶。如果这种可能的趋势变成现实将是人类最大的悲剧。因为对信息自由的追求，对人生意义、根据和价值的追问而获得生存的智慧，确立在世间安身立命的原则和方式，这才是传播的最终目的。[②]

新技术只是帮助我们实现这一目标的最先进工具而已。因此，我们在新技术时代，要牢牢根植于鲜活的生活世界，以一种开放的心态、反思的精神去探究电视新闻传播的实质，思考未来社会的可能，为现实的人生提供一种生存的智慧。

---

① “什么样的人文关怀” 作者：刘红梅 载《读书》2006年第10期

② 《数字化与人文精神》 P57 鲍宗豪著 上海三联书店 2003年6月第1版

技术变革的宗旨就是为了更好地为人服务，也就是“技术以人为本”。技术的最高境界就是“追求真理，从而实现自由”，而人文主义本来就是“自由”的精神，所以技术和人文本来就是统一的，不论是今天还是未来，新技术的灵魂仍永远是人文主义。

坚持以人为本的原则也就是坚持技术是要为人服务的原则。这一原则要求一切技术工作都要以人为出发点，从人性、人的本质出发，肯定人的价值，维护人的尊严和权利。这既是我们审视现代技术的核心，也是马克思历史唯物主义原则对现代技术的本质要求。

人本主义伦理学大师弗洛姆就提出了技术的人道化主张。他认为：“是人，而不是技术，必须成为价值的最终根源；是人的最优发展，而不是生产的最大化，成为所有计划的标准。”

马克思主义学说也有着深厚的人本主义思想渊源，其理论充分肯定了人的地位、作用、价值和尊严。马克思早在青年时代就立志为人类服务，他在《青年在选择职业时的考虑》中说到：“如果我们选择了最能为人类福利而劳动的职业，那么，重担就不能把我们压倒，因为这是为大家而献身；那时我们所感到的就不是可怜的、有限的、自私的兴趣。我们的幸福将属于千百万人，我们的事业将默默地、但是永恒发挥作用地存在下去，而面对我们的骨灰，高尚的人们将洒下热泪。”他还说过：“科学绝不是一种自私自利的享乐。有幸能够致力于科学研究的人，首先应该拿自己的学识为人类服务。”① 他对资本主义现状的分析，对资本主义矛盾的揭露，对资本主义制度的批判以及对未来理想社会的构想，都是建立在如何更好地让大多数人过上更好的生活的基础上的，即如何使人逐步地获得更多的自由和解放。马克思说：“创造者具有丰富的全面而深刻的感觉的人……”“人以一种全面的方式，也就是说，作为一个完整的人，占有自己全面的本质。”② 可见，马克思以为技术的价值应当与人的自由、解放、全面发展相联系，而不能停留在单纯的实用的、经验的价值上。那种以为，技术只是技术工作者单纯求真的思想显然是错误的，因为，它无视了技术的服务对象。

马克思的这一观点应是我们对现代技术进行伦理审视的核心原则。社会的进步只有靠技术的发展才能做到。但不管技术活动多么重要、多么伟大、多么值得弘扬，它都有一个不可逾越的界限，即服务于人和人性。现代技术的这一价值准则是通过对掌握现代技术的人的价值导向来实现的。这就要求人们特别是现代技术专家具有清醒的头脑，牢固树立现代技术以人为本的价值尺度，把

① 转引自湖南师范大学陈文珍硕士论文“现代技术的伦理审视及调控”
② 转引自湖南师范大学陈文珍硕士论文“现代技术的伦理审视及调控”

造福人类作为其唯一和最高的目的。只有这样，才可有效防止现代技术消极作用的出现，以更好地运用现代技术推动人类的健康、持续发展。

**二、艺术的技术**

电视新闻从本质上属于传播，但是，电视从属于造型艺术门类。任何人都不能否认，电视新闻的生产、传播、接受中所包含的艺术性。举一个简单的例子，在我们的电视新闻画面中，有些画面具有感人至深的效果，或者是在表现上具有极强的视觉冲击力，让人过目不忘；而对于同一新闻形象，有的人拍出来却平淡无奇，观众看过后没有留下任何印象。这其中的差别就在于艺术的处理方式，艺术是美，是情感，是震撼力，是拍摄者流动在画面中的对生活、对生命、对美的体验和热爱，它对任何观众都会发生感染力和感召力。

所以，电视是一门技术性的艺术，电视新闻更脱离不了艺术表现的范畴。电视新闻的表现力从根本上很大程度地包含在对电视制作技术的掌握之中。可以说，任何一次电视新闻外在形式的创新和内在语言结构的演进，都是通过这种技术语言来表现的，并通过技术上和工艺上的革新来实现。

技术的发展给电视新闻的表达提供了前所未有的可能，从而开拓了电视新闻的新形式，新技术给电视新闻的艺术表现提供了一个创造效果的魔棒。但是新技术在解放人的同时（电视新闻的制作传输越来越快，技术基本上可以做到人想到的一切），也束缚了人（一些电视新闻变成为技术而技术，没有艺术表现），人对技术依赖的增加造成了人的主动性的缺失。当电视新闻记者只是为了单纯地传播信息时，电视新闻的艺术性就大大降低，从而造成可看性很差。

我们应该尽量避免那些为了利用技术而做的特效，技术的堆砌本身没有任何意义，一切的技术手段最终还是传播信息，为了创造鲜活的人物形象，构建动人的情节，找到准确表达情感的方式。

新技术的发展，在破除了宇宙自然与生命思维的许多神秘的同时，也大大压缩了人类想象的空间，摧毁了不少“诗意栖息”的社会生态环境，严重冲淡了温馨和谐的人文情感。人们惊呼新技术时代艺术精神的丧失，惊呼新技术对传统艺术精神和艺术魅力的瓦解，惊呼经典意义上的艺术价值受到越来越大的藐视。

有人估计，科学与艺术的“整合”可能成为21世纪的一个趋势。可是，科学与艺术毕竟是人类存在和需求的两个相对独立的方式和基本分支。李政道博士说：“科学与艺术的共同基础是人类的创造，它们追求的目标都是真理的普遍性。它们像一枚硬币的两面，是不可分的。”① 这是对未来高科技时代前

① 转引自张红梅硕士论文“论可持续发展视野下技术伦理的重建”

景的一种有远见的预测。但这里的问题是：科学与艺术像“一枚硬币的两面”，那么，这枚“硬币”是什么呢？我以为，这枚“硬币”就是人性本身。科学是人的求真、求规律性的本能的产物，艺术是人的求美、求情感性的本能的产物。就说它们的“共同基础是人类的创造”，追求的目标都具有“真理的普遍性”，但这个“真理的普遍性”在两者之间是有原则差别的。科学为人性的某一个方面服务，艺术亦为人类的某一个方面服务，如果把科学沦为艺术的手段和工具，或者把艺术沦为科学的手段和工具，那么，符合人类的真正的“创造”基础就会遭到双重打击。“硬币”的“两面”永远应该是“两面”，即使是“不可分的”，也不能“整合”成“一面”，否则，人类的精神结构势必带来人为的缺陷。

技术的哲学内涵在于其代表的工具理性，艺术的哲学内涵在于其代表的人文理性。事实证明，技术与艺术是相互依赖同步发展的双向回环关系。电视新闻的优化正是在它的技术性能和艺术追求的相互制约，相互促进的自身运动中创建并逐步完善起来的。

科技与艺术是人类生活中并存的两大学科，科技给人类以物质力量，艺术则给人类以精神力量，两者似乎是不相干的，一个世纪之前，作家福楼拜乐观地预见了科技与艺术的未来“艺术愈来愈科技化，而科技则愈来愈艺术化；两者在山麓分手，有朝一日将在山顶重逢”。①

约翰·奈斯比特说：“高科技让你有力量，高思维让你有意义。”② 这里的高思维对于电视技术而言，应该指的是艺术想象力。所以，电视新闻不能为技术而技术，人的独立精神应当把握好艺术表现。

实践一再证明，新技术进入电视，仍须服从电视艺术规律的支配，否则，电视就会被科技异化，就会成为一种简单的宣泄工具，大大降低电视的艺术水准。

## 三、内容为王

### （一）内容大于技术

在我们欢庆新技术带来的高质量的同时，我们是不是也要问问自己，是技术的形式重要还是新闻本身的内容重要？也要问问观众，他们需不需要将新技术普及到任何角落？以互动技术为例，也许作为一名普通的观众，我们只希望观看我想看的节目，让疲惫的身心沉浸在愉快的松弛中。我不希望要自己来选择观看的角度，因为我相信比我更专业的摄像师，切换导演会替我做好。我也不希望自己来考虑我是先看这个部分还是先看那一部分，这样的结果是我点击

---

① 《影视艺术与高科技应用》 P68 李兴国主编 中国传媒大学出版社 2005 年 7 月第 1 版

② 《高科技 高思维》 P2 （美）约翰·奈斯比特、道格拉斯·菲利浦著 尹萍译 新华出版社 2000 年 5 月第 1 版

了好几遍也没有得到我想看的。我有选择的权利，同时我也有不选择的权力。新技术的发展不是将媒体从业中的责任和工作转嫁到普通观众身上的理由和契机。新技术的利用只能视需要而采用，而不是为采用而采用，新技术是为内容服务的。

内容决定形式，形式为内容服务，没有内容，形式就无法存在。这是马克思主义哲学的基本原理。技术对电视而言终究属于形式，新闻信息才是电视的内容。在新技术时代，观众归根到底喜欢的还是好的电视内容。

电视新闻迎接这场新技术革命，最好的办法就是以不变应万变，极大地提高内容生产能力。将来，无论怎样变，万变不离其宗，任何一条公路，都是要跑汽车的，任何一个传输网络，都是要传输内容产品的。如果让自己成为国内独一无二的内容提供商，那就可以任凭风浪起，稳坐钓鱼台。

首先，这种基于互动网络平台的媒体发展方向，可能很难让某种媒体边缘化。比如，不会因为有了电子书刊，我就放弃充满书香的传统书籍（也许，在未来的某天可能，但是今天还看不到），同样的，最优秀的内容制作商，永远会在任何媒介环境中，占据一席之地。

其次，具有竞争力的内容资源，以及能够适应新的传播渠道的内容形态，将是决定新媒体发展速度和发展质量的关键因素。因为随着数字技术的发展，频道和带宽资源将不再稀缺和昂贵，甚至开始过剩，内容将真正为王。谁都承认“数字化是电视自诞生以来最为重大、最为深刻的一次变革”，但至少到目前为止，“电视数字化”除了让观众每月交的收视费上涨之外，似乎还没有让观众体会到从内容到形式革命性的变化。

再次，缺少好的节目内容一直是制约电视发展的瓶颈之一，在新技术时代，电视内容方面的矛盾会更加突出。“老百姓在乎的不是什么新技术，而是能看到什么内容。事实上内容已经成为我国数字电视的最大瓶颈。”① 数字电视时代是“内容为王”的时代，节目源确实制约着用户开发，制约我国数字电视的发展。数字电视与观众的互动，用户可自由选择的节目将令收费服务开始普及，但是没有新颖性、适用性的节目内容，即使再功能强大的数字电视终端产品和网络设备也不可能得到观众的青睐。电视台能够为观众提供更多、更好、适合数字电视特点的节目内容，才是数字电视发展的根本，才会最终带动整个数字电视产业的发展。

因此，技术的进步只是手段，而信息的传播却是根本目的。技术发展从根本上改变了我们的交流方式和交流对象，甚至是生活方式的方方面面。未来技术环境下内容的自由传播，体现的正是媒介精神的高度回归，从根本上实现人

---

① 《数字时代的中国广电媒体》 P99 黄升民等著 中国轻工业出版社 2003年2月第1版

类信息传播和文化交流与传承记载的首要使命和责任。

由于数字技术和网络技术等新技术的发展与支持导致媒介阻碍的消除，新技术的发展将使媒介信息传播的渠道一体化、无阻化，任何媒介凭借技术渠道的优势占据主体在将来会不复存在，媒介竞争的核心将是各自的内容本身，媒介对信息传播的自我使命的实现从根本上得到界定，内容为王的理念不会衰落，技术本身只是一种手段，人类文化的自由流通与传播才是人类社会技术与精神追求的根本所在。但是，新的技术环境，会带来更强大的竞争，会创造更多的媒介巨人——也会有一批人倒下，不去改变自己适应环境的，势必在竞争中倒下。

技术可以让电视的形式不断翻新，但是却没办法创造内容。如今确实到了在制作上下工夫的时候，如果内容上持续乏善可陈，人们在千篇一律的形式上逐渐产生审美疲劳的时候，电视就正在走向死胡同了。“一个好的媒体的出现是靠内容的，我们认定内容为王是传统媒体的根本，同时也是创新媒体的根本。”①

（二）什么样的内容才能为王

新技术带来的核心精神是开放、兼容、共享，电视媒体把握好这一点，并充分发挥自己的优势，才有可能在应用和市场上取得可观的效益。在数字时代，电视媒体要将自己定位为“数字视频内容的生产者、提供者、经营者”，其内容产品可以通过各种介质和渠道（如光盘、广电网、互联网、电信网等）进行传播、销售，而受众亦可以通过多种终端进行接收、消费。

当前，世界各国对“数字内容产业”的开发十分重视。国外有的对其定义为：“将文字、图像、语音、影像等资料加以数字化并整合运用之技术、产品或服务。”随着科技的发展，数字内容产业范围将不断延伸至各个领域，产业特性也将从单纯产制过程进一步衍生至周边服务。尽管不同国家和地区对数字内容产业的分类有所不同，但数字音视频内容无一例外都被视为数字内容产业重要的独立构成分支。伴随全球数字内容产业的快速发展，我国《国民经济和社会发展第十一个五年（2006 年至 1010 年）规划纲要》中也首次提出：“鼓励教育、文化、出版、广播影视等领域的数字内容产业发展，丰富中文数字内容资源。”同时明确指出，要根据数字化总体趋势，“重点培育数字化音视频”。②

在数字时代，电视媒体还要进行内容创新，要有好的产品结构和服务链。以前传统的电视台只有内容没有服务，而新媒体在有内容的同时还要有服务，

① 作者：王国胜　载财经时报网

② “新视频时代来临”　作者：闵大洪　载 http://blog. daqi. com/article/103897. html

要有能充分发挥其业务特点的内容产品。以上海东方卫视《我型我秀》节目为例，其内容与服务链可以从下图中看出。除了传统的电视播出之外，东方卫视还将这一节目通过短信互动、手机流媒体、宽频网络等多种传播渠道进行播映，设置了网络点播、幕后花絮、在线直播、选手博客（Blog）、会员用户上传歌曲、投票（选手和网民）、论坛这几大板块。据统计，光网民中就有几百万人报名参与《我型我秀》节目，这些人除了能够在网上看直播、看评选的内容外，还可以翻唱上传歌曲。通过手机流媒体，他们还可以收看手机视频短片、独家花絮，登陆选手的手机论坛等等。此外，SMG还为这些网民提供了一个个人的存储空间，如Blog，其他的网民也可以对这些存储空间进行评分。

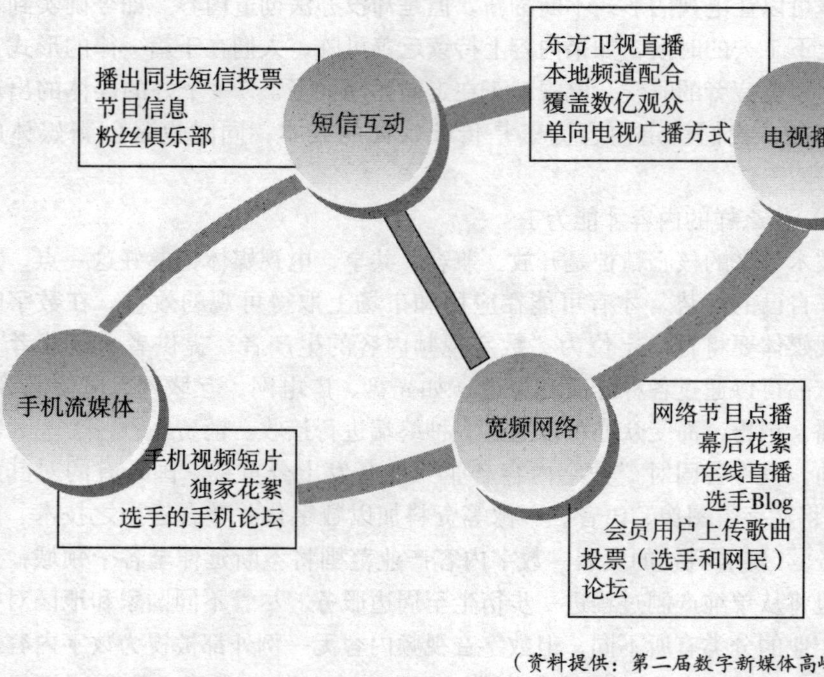


（资料提供：第二届数字新媒体高峰论坛）

**“我型我秀”的内容与服务链**

在新技术时代，电视媒体要将自己定位为“数字视频内容的生产者、提供者、经营者”，要以开放的心态与其他各类数字新媒体在竞争中合作，在未来的发展中取得双赢。

对新闻而言，内容提供者最核心的能力就是，从既往注重对事实的关注，提升到对价值判断的关注。从而在资讯爆炸、观点杂陈的世界中，满足人们在丰富性迷乱中追求新秩序、生活意义和社群归属的需求。如果我们的见识、对事物重要性的排列能力、对意义的解读和判断能与受众一起把握这个复杂的世界。

电视新闻在新技术时代一定要报道主流新闻，关注主流群体，不能再像现在这样“联播”和“民生”。主流新闻自然要求反映和报道所在国家、地区的重大事件、基本走势和主要问题。主流新闻应当代表主流群体，党员、企业家、知识分子，还有白领中产阶层，他们掌握话语权，消息灵通。主流新闻按照新闻价值观，最需要考虑的是事件的重要性和时效性。如果电视台每天都播这样的主流新闻，那么任凭技术如何进步，电视仍将是一个权威的媒体，仍将是观众获取信息的主要渠道。

用叙述性的语言，展现事件的过程和细节，注重矛盾的冲突和悬念，展现人物的性格，关注人物的命运和结局。这种内容是电视新闻永远的内容追求。新技术可以更好的保证这种内容的拍摄、制作和传播，因此要更加充分地利用新技术手段，做出更多更好的人性化的新闻内容来。

新技术、新媒体的出现，为电视新闻提供了无限的条件与可能。因此，我们始终不能忘记高质量的内容。新技术时代，最大的挑战依然不在技术，而在内容。因此，电视人要牢记并践行这样一个定律：对内容产业这样一个核心竞争力，一刻也不能放松，无论过去、现在和将来，它都是电视的立命之本。

**本章小结：**我们在承认技术重要性的同时，坚决反对“技术决定论”的观点，尤其是在电视新闻领域。因为几乎没有一种艺术形式像新闻一样如此强调人的力量，人的参与。技术再怎么发展，其核心作用和意义即在于它对人文精神的体现，没有人文价值的依托，技术也就失去了意义。技术只有在坚持“以人为本”的基础上才能真正具有经久不衰的力量和永恒的价值。人类在调动高科技参与电视新闻创作的时候，不应该把电视新闻简单地变作技术操作，不应该将新闻作品人为地制作成技术用品。高科技的应用应该体现为人对技术的胜利。人，永远是技术的主人，而不该沦落为技术的奴隶。

电视是艺术的技术、人文的技术。技术只是形式，内容对电视永远都是第一位的。

结语：

有人说，技术是冷冰冰的，但是技术却实实在在地改变了我们的生活，正是冷冰冰的技术让我们的生活红红火火。电视媒体能有今天的成就，正是仰仗于技术的迅猛发展给它提供的各种可能性，由技术拓展出来的广阔空间给了电视极大的发展自由，在拥有了这种自由和可能性之后，才会有对各种电视表达方式的有效追求和探索。

今天，新技术革命突飞猛进，数字技术、网络技术和现代通讯技术的蓬勃发展，对人类的传播行为乃至生活方式都产生了重大影响。新技术对世界性的信息传播产生如此深刻的影响，产生如此重大的意义。麻省理工学院媒体实验室主任斯图尔特·布兰德说“当一种新技术铺天盖地而来时，如果你不能成为压路机的一部分，就只能做路基的一部分了”。作为对技术依赖性最大的电视媒体显然不愿意做路基，电视新闻正在成为压路机的一部分。

新技术对电视媒介也产生了最为深刻和最为广泛的影响。数字技术、网络技术和现代通讯技术不仅给电视新闻带来了新的生产方式，新的节目形态、新的传播观念和新的管理机制，新技术更是在很大程度上会促进电子传媒形态和功能（包括传播方式、事业运作模式和结构以及各种传媒之间的关系）发生重大变化。

总结新技术时代的电视新闻制作与传播发展趋势，我们可以看出，新技术和电视新闻之所以发展、之所以变化，终极原因是要满足受众的需求，其目的只有一个：为了使受众更明晰、更快捷、更全面、更亲切地感知世界，人性化是一个总的规律性特征。正是为了体现这个特征，人类传播史上的技术进步和电视新闻发展才显得这么富有活力和意义。技术发展的趋势是在模仿或者复制人的感知模式和认知模式。这种人性化发展的趋势显示了在技术的进化发展中，是人类主动地选择了技术和媒介，用以维持生存、发展自我、认识和改造世界。①

其实，最早的传播是很人性化的，在目之所及的范围内才能得到传播；印刷媒体超越了时空，却只有文字符号，是非人性化的、抽象的；广播媒体恢复了人的听觉，具有了一部分人性的因素，但只对人的局部力量的扩展和部分信息的仿真；到了电视媒体，视听兼备，可以调动起人的全部感官来传播，可以说，现阶段只有电视提供了目前最为人性化的传播方式。

虽然电视在最大程度上满足了人类延伸自己感官的能力和获取更多、更直接的信息的愿望，但线性单向传播、互动起来困难、无法随时随地收看等弊端还是让电视传播尚没有做到最大限度的人性化。人的愿望是技术前行的驱动力。技术发展从对人性的原始亲近到对人性的隔离再到对人性的部分回归，最终电视新闻的发展趋势就是对人性最大限度的回归。

新技术的不断参与下，未来电视新闻不再是单纯的电视新闻，它可能只是多媒体（multimedia）传送给你的一种可视、可闻并可阅读（不同于今天的电视新闻）的新闻样式。也许若干年后，传统意义的电视机消亡了，取而代之的是视频接收终端，用这个终端，观众可以打电话、可以点播想看的节目，可以上网查询信息等。可以说，视频传播将走向尽可能的人性化传播，满足人类

---

① 《思想无羁》（美）保罗·莱文森著　何道宽译　南京大学出版社　2003年7月第1版

随时随地跨时空交流的愿望。尼葛洛庞蒂说，理解未来电视的关键，是不再把电视当电视看，从比特的角度来思考电视才能给它带来最大收益。①

这就是“新技术时代”。传统电视正在消解，但视音频媒体却处处皆可在，换言之，电视被肢解和分散到各种渠道中。种种新的收视方式，不过是为了让比传统电视更丰富的节目内容可以通过多种渠道和端口到达你我手中的任何终端设备罢了。

新技术时代，对传播者而言，电视新闻的制播发展趋势也是随时、随地、随意生产、传播多媒体电视新闻；对观众而言，未来的发展趋势必然是随时、随地、随意接受甚至制作多媒体电视新闻。

实际上，我们很难预测明天的世界究竟是什么样子，又会有什么样的新技术诞生来改变我们的生活，但是，不管出现什么技术，都是为人类来服务的。用麦克卢汉的话说，都是人的延伸。具体到电视领域，再高再好的技术，都是服务服从于电视新闻的，也都是为了让人们更加自由地获取信息的。

然而，人们在面对技术所带来的高度自由的信息传播充满欣喜和期盼的同时，也为自己在技术无限扩张的魔力下深感自我的迷失、灵性的丧失而忧虑和苦闷。我们今天所面临的时代，正如英国第一次产业革命时代，狄更斯所描写的那样：“这是一个最坏的时代，这是一个最好的时代。这是一个令人绝望的冬天，这是一个充满希望的春天。我们面前什么也没有，我们面前什么都有。”② 因而，技术已不可能是单纯的技术问题，它本身已变成了一个伦理政治问题，它需要伦理的审视和规范。

我们在承认技术重要性的同时，坚决反对“技术决定论”的观点，技术再怎么发展，其核心作用和意义即在于它对人文精神的体现，没有人文价值的依托，技术也就失去了意义。技术只有在坚持“以人为本”的基础上才能真正具有经久不衰的力量和永恒的价值。

用一句话总结人与技术的终极关系，就是：人发明技术，人应用技术，人控制技术。让我们多一份沉思，多一份责任，多一份关爱，让我们为人类在新技术时代拥有一个美好的信息传播的未来而祝福！

---

① 《数字化生存》 P62 （美）尼葛洛庞蒂著 胡泳、范海燕译 海南出版社 1996 年 12 月第 1 版

② 转引自紫金网

# 附录1：调研访谈和个案研究

## 把新闻第一时间播出去是最重要的

——北京电视台技术制作部张一平访谈

**田维钢**（以下简称“田”）：先简单介绍一下北京电视台新闻节目制作的技术流程。

**张一平**（以下简称“张”）：记者通过内部的一个文稿网上报选题，主任批准后，摄像就到设备管理那去领摄像机，外出采访，回来后，记者把采访拍摄的素材磁带上载到非编网上，然后写稿子，稿子也上到网上。接下来，各栏目的编辑根据各自节目的要求和风格，在电脑上写稿，配音，编辑新闻，之后，进行审片，片子审过后，非线技术人员对片子进行合成，上字幕，最后，编辑再将成片下载到磁带上，送到演播室直播线上。

**田**：北京电视台新闻中心摄像机的使用制度是怎样的？

**张**：事先安排好的采访计划，都是填单子领机器。通过文稿网，这边记者申请的选题，主任看后通过，一打勾，我这边就照这个发摄像机。有紧急情况的话，主任打个电话就行了。

**田**：新闻是单机拍，还是双机拍，还是都有？

**张**：基本上都是单机拍。

**田**：那非线机房的使用制度呢？

**张**：也差不多，不急的新闻预约，紧急的、重大的新闻随时保证编辑设备。

**田**：技术部门是如何保证新闻又快又好的制作播出的？

**张**：我们技术部门就是保证安全播出。前期摄像机那块，就要求24小时有人值班，反应快，始终留几台备用机，应对突发新闻。后期非线编这块，也有技术人员值班，负责非编网络和新闻的合成。新闻演播室这一块，就是增加一些花样，访谈啊，在演播室的设计上，考虑多功能景区，加一些等粒子电视在上面，做背景。由于新闻的特殊性，新闻这一块的拍摄设备，后期机房，非线编辑网络，演播室都是专用的。别的部门不能用的。其他的设备，机房，演播室是谁都可以使用的。

**田**：在新闻节目直播过程中，演播室有主持人和记者的视频互动连线吗？

**张**：虽然我们北京电视台的新闻除了专题类的，其他消息类的全部都是直播，但是演播室主持人和现场记者互动这一块，还很少，因为北京台这一块，涉及两个部门，另外一个是转传部。还因为现场的东西，你很难掌控得住，一般来说，不这么做，咱们国家的新闻，不像CNN那样，直升机开着在那直播新闻。

**田**：你们现在的数字化情况如何？

**张**：我们现在已经全部数字化了。我们新闻的前期拍摄设备全部都是DVCPRO，编辑用的是索贝的非线，演播室更是早在1994年就数字化了。去年年底，我们的这个新闻演播室又搞了双机备份，一个切换台坏了，马上可以切到另外一台上，现在是全国最安全的新闻演播室了。

**田**：你觉得数字化给新闻的制作带来的好处是什么？

**张**：图像质量好。带子重复使用很多次，几乎是无损耗的。过去BETA带，翻三版四版就没法看了，数字带翻七、八版，你从视觉上看不出任何差异。

**田**：播出是用带子还是用硬盘？

**张**：现在还是用带子播出，但我们的硬盘播出系统已经安装调试完了，下一部就是硬盘直接播出。现在从理论上来说，可以进行硬盘播出，但是从现实来看，我们现在的非编网的编码方式和视频服务器的编码方式不一样，还不能直接传过来播出，需要从技术上做一个转换才行。现在只是片花片头放在服务器上，直接播出。服务器播出有很多好处，上滚动新闻，不用来回倒带子，再一个，调整播出顺序特别方便，就是一、两秒钟的事情。

**田**：那你认为技术和电视新闻的改革是一个什么样的关系？

**张**：从属和服务的关系。一个懂行的编辑在进行节目改版之前，他会和技术人员协商，他有想法，但得看技术和技术人员能不能做到。如果能做到，我会在安全的前提下，把它做得漂亮，如果危险性太大，不论是机器的危险性，还是人员操作的危险，那我就要劝他采取别的方法，所以实际上还是，它（电视新闻）提要求，我（技术）来实现，就是一个服务关系。

**田**：技术能推动电视新闻的改革吗？

**张**：我们技术的改革是被动的。技术只是去被动地满足新闻改革，而不是主动地推动新闻的改革。我们技术部门就是根据节目需求来发挥机器的各种功能，设计工作流程，不是说技术进步了，相应的改革就出现了。技术不会实现新闻的功能，它的发展方向是轻量化、无损耗、安全化，这个方向对新闻来说，不是很主要的一个范畴，它只是说，图像效果更好了。这个对观众看新闻好像没什么实质意义。

**田：**有没有哪一个技术或者设备改进了，我们的新闻节目也随之改进的例子？

**张：**北京台这块没有，我们基本上就是被动地满足新闻。

**田：**有人说，技术是广播电视新闻改革的基础，你对这个观点怎么看？

**张：**基本同意。我觉得这个基础是两种基础，一个是硬件基础，机器设备能不能实现；另一个是软件基础，就是人员素质，他能不能给你做出来，能不能把机器的功能开发到极致。没有这两个东西，新闻就无从谈起，更别说改革了。

**田：**国外技术人员是个什么状况，你了解吗？

**张：**我们也参观访问过一些国外的电视台，美国，澳大利亚，欧洲，日本等。国外没有像我们这样专门负责节目合成的技术人员。国外电视台的节目合成，设备的使用全部都是由编导来操作，它的技术人员大量的工作是节目包装、做片头、片花等等，还有一部分技术人员的任务就是维修设备。所以国外技术人员和编辑记者的比例是1∶8，我们北京台是1∶5，中央台是1∶3。这大概是几年前的数字。国内的技术人员承担了一部分编辑应该干的工作。实际上，咱们中国一些大台的机器设备比国外先进许多。国外的电视台是企业，它要追求这个机器的效益的最大化，这个设备只要能用，它是不会淘汰的。而咱们有了新的，不用旧的，旧的东西还八成新呢就淘汰了，我们1997年去美国，我们这已经用上了BETACOM——SP了，国外像CNN它的设备很先进，其他一些台还在用BVU的带子呢。咱们国内，一些稍有实力的电视台，像北京台、山东台，什么最新上什么，但新设备的许多新功能使用了吗？没有。像凤凰，有些设备是很简陋的，但它有几样东西，是不省的，一个是信息平台，每年花大量的钱买路透社、美联社的图像，还有新华社，国外大通讯社的文稿网，它把触角伸得特别广，信息特别灵敏，我的信息只要能在第一时间播出去是最重要的，其次才是效果。你像“9·11”，凤凰不到20分钟就直播，直接用的是CNN的画面直播，主持人同声传译，那会就不管什么形式和包装，把新闻第一时间播出去是最重要的。

**田：**如果现在国内某个地方发生突发的或者重大的新闻事件，北京台最先进最快的电视新闻制作技术手段有什么？

**张：**这个问题分两个层次。第一个层次，要是进行新闻现场直播，我们北京台的数字卫星直播车会开到新闻现场，进行多机位的现场直播；假如地形复杂，直播车开不到现场，那我们可以派一路记者，带上轻便的摄像机和简易卫星发射机，也能进行现场直播。第二个层次，要是不进行现场直播，我们的记者会带摄像机到现场拍摄，做报道，然后用便携式编辑机进行编辑制作新闻，之后，如果新闻现场距离电视台近，记者把做好的带子带回来，马上送播出线播出；如果新闻现场距离电视台很远，记者可以租用电信的光纤或者微波把做好的新闻带子的信号传回台里播出，信号回传早期多用微波，现在大多用光纤了，因为微波信号容易收到高层建筑物的阻挡。从技术上说，做到直播或者第一时间报道新闻没有一点问题，只是能不能把直播和现场报道做好，那就是记者的素质能力的问题。另外，我们北京台现在还有一种最先进的拍摄设备，松下公司的 P2（音）硬盘摄像机，P2 卡，每个卡 4 个 G，可以拍 9 分钟，拍回来直接把卡一拔往电脑上一插就可以进行非线性编辑了，省去了上载，这款机器甚至在摄像机上都直接能剪新闻。只是现在价格太高，一块卡 1 万多元人民币。有朝一日，卡的价格一旦降下来，新闻节目制作速度会越来越快。这次奥运会报道，我们已经用了这种摄像机，感觉很好。现在电视台有一个情况，就是最新的摄像机，编辑机，演播室出来以后，最先在文艺节目中使用，后来是体育节目，最后才用于新闻节目。国内新闻节目的制作播出对安全的要求非常高，安全播出是第一位的。

**田：**那国际新闻消息的编辑制作呢？

**张：**这块难度就大了，因为国内的电视台不能直接用国外电视台的图像信号，只能用新华社提供的。所以，这块的改革只能是形式上的改革，你不可能去用 CNN、BBC 的图像。

**田：**你能不能给我们展望一下技术未来的发展趋势？

**张：**前期摄像机要轻量化、数字化，非编要普及，后期这块是要萎缩的。随着非编的普及，后期机房的工作会越来越少，非编的价格很低，三、五万一套，一套对编近 30 万了，而且你能实现许多想法。还有一个就是网络化制作，直接在网上编辑制作播出新闻。

## 什么样的电视新闻才是好新闻

### ——深圳电视台新闻综合频道副总监李燮访谈

虽然深圳的电视一直都做得不瘟不火，但是倚仗着特区的经济优势，深圳电视台广告收入却出奇的高。一千多人的深圳电视台广告费可以达到 7 个亿之多。可以毫不夸张地说，正是由于有了如此雄厚的经济实力，才使得深圳电视台吸引了全国一大批的电视精英。

李燮就是其中之一。10年前，已做过江苏电视一个地级市台新闻部主任的他，只身来到深圳电视台，从记者干起，现在是深圳电视台新闻综合频道的副总监。已经在电视这块领域里拼打了近20年的他，获得过中国电视新闻几乎所有的奖项。尤其是获得1996年度第七届中国新闻奖一等奖的那条《国庆节，中英街国旗高悬》被新闻学教科书视为经典之作。

联系访谈李燮的过程很艰难，倒不是因为他不愿意接受采访，而是他太忙。每次决定见面的机会都会被他一个又一个的繁忙事务所占据。终于，在一个工作日的晚上，在他审看完《深视新闻》之后，我和李燮面对面地坐在了深圳市一家宁静的书吧里。

电视台的新闻部门应该怎么架构？电视人才和学历的关系？李燮的做记者的“四个台阶”理论怎么解释？对制片人制的看法如何？新闻法到底能不能出台？像《南京零距离》这类民生新闻的发展前景怎么样？我们的新闻改革将如何推进？香港的电视新闻又是怎么办的？李燮对这些问题一一做答。

**田维钢**（以下简称田）：你们新闻综合频道总共有几档新闻？

**李燮**（以下简称李）：我们这个频道虽然叫新闻综合频道，但实际上只有四档新闻栏目是自办节目。早间新闻是一档以资讯、服务信息为主的节目。中午的《午间新闻》是一档有着“过渡”性质的新闻节目。晚上的《深视新闻》是我们重点的新闻，主要是深圳的时政新闻多一点，还有一些国际新闻。还有一个《晚间报道》，理想的状态下是对全天新闻梳理整合。

**田**：看起来，你们新闻栏目的情况和中央电视台一套很像？

**李**：其实全国的地方电视台，省台也好，地市台也好，基本上都是这样，都是照中央台的模式做的。

**田**：那是不是你们的内部组织形式也是从中央电视台那里克隆来的？

**李**：差不多吧，也是采访部、编辑部、评论部这样分的。其实，像我们这种规模的电视台，消息类的报道，有个报道部就够了，然后按专业分工，设置编辑、记者、摄影等职位。深圳台新闻综合频道总共只有94人，远未达到应有的规模。全频道只有三个专职摄像，其他都是采摄合一，这样操作直接影响到了节目的品质，记者往往连现场报道都没办法做。这就是专业化程度不高，变成了小农生产。规模有限的电视台应该有所为，有所不为。

但是，我们没有这样，常常是先把摊子铺开再说。深圳台前不久又搞了一个副省级台第一家上星频道——深圳卫视。地方台的卫视要办好的话难度很大，因为任何地方卫视都面临一个问题，就是卫视究竟是外宣窗口，还是产业平台呢？这是个两难。从电视台台长的角度来讲，总想合二为一。因为不同的定位，就有不同的操作方法。这两者可以说在具体的操作方法和最终的结果上区别应该是很大的。

和许多兄弟台一样，我们台目前也还是按照行政管理的方式来用人的，从大到小，从总监、主任再下来。相对说来，把行政管理和业务管理分开会好一些，但目前国内的很多地方还习惯于这种方式。

**田：**深圳是经济特区，是我们改革的试验田，按理说，电视台也应该在改革的方面走在前面才对？

**李：**首先，深圳在意识形态上并不是像人们想象的那样。深圳是经济特区，不是政治特区，不能因为在意识形态上犯错误影响了改革开放，“只做不说”对地方的领导来说这也是一种务实的工作思路。与其他地方不一样的是，深圳在这方面以前是有教训的，以前出过“深圳青年报事件”。我来之前，也不知道是这样，以为这个地方是经济特区，意识形态上会开放一点。但是你越是能干的人，越聪明的人，这个道理明白得也就越快，很快就会进入这个体制，千方百计满足体制的要求。

新闻是内容为王，如果记者第一时间到了现场，回来第一时间做好，但上面一个电话，稿子就不能发了，时间长了，记者就会有一种自我保护，这种题材，他就不会去做了。目前，这种维护地方形象的做法在各地特别是经济发达地区非常普遍。

领导的底线在哪？聪明的人想做好节目就要不断在刺探这个底线，要知道一个搞新闻的人和一个边缘文化人是没有截然界限的，一旦出问题，从这个门走出去就是了，而且，做电视的人，就业的面很窄，不像报纸，可以从这个报社到那个报社。电视记者一出问题，成了边缘文化人，你去哪？如果说现在我们的节目质量不高的话，并不是深圳台的编辑、记者没有才华，台里没有像样的人，可以说我们这儿有才干的人有一大把。

其次，深圳的电视业似乎从来就没有多少生存的危机，地方财政收入非常充裕，到2000年时，电视台的工资还是财政发的，电视台的固定资产相当一部分来自财政的划拨。这种情况下，改革的愿望实际上也没必要那么迫切。同时，不像省会城市，有省台和省会台之争，深圳电视台没有可以类比的竞争对手，香港电视覆盖深圳，表面上看夺走了不少观众，但也可以成为节目收视不理想的客观理由啊，况且，在香港两个台的节目中插播广告，是珠三角地区各台无本万利的一个大馅饼。要说深圳电视业的改革，起起伏伏也搞了好几轮，目前仍然在进行当中，当然，最终的结果要用节目质量去检验，要看满足观众认知需求的程度增加了多少，自身的核心竞争力增强了没有。不改革危机早晚是要出现的，电视行业好日子不会短于五年，但能不能长过十年，谁也无法保证。

**田：**说到这，那你刚好顺便谈谈，什么样的人能被称为电视人才？

**李：**电视干得好坏目前似乎跟学历的关系不大。我记得BBC要求也就是大专毕业吧。电视这个行业的内部分工越来越细，干电视的人，有的是出脑子的，有的就是技工。需要的是位置感要好的人，而不是全才。

听说NHK专门学电视专业的人只有3%，主要是其他专业的大学毕业生进来后，到NHK学苑再进行电视方面的培训，掌握电视语言解决技能和意识层面的东西。电视记者最重要的是要有用连续图象思考的能力。而我们这里很多人毕业于名校，但往往没有经过必要的培训。进入这个行业后，只能按照自己认为合适的方式来操作它，到最后搞得时间长了，变成用最简单的方式去操作它。所以，我们很多电视台，忽略了进台培训这个环节，忽略了规范的电视语言和相关的技能这些东西。当然，广播学院电视系出来的学生，这方面是强项。还有一个，近年来进入这个行业的新人，大多是第一代独生子女，缺乏吃苦精神，也很少能面对挫折，当初吸引他们的往往是电视时髦的外在特征，当初他们也无法想象这是一个外在风光内在艰辛的职业，所以很容易从刚来时候的对职业理想的满腔热情蜕变成后来对物质的追求，像房子、车子什么的。人才的成长首先在于环境，看那个环境的价值取向。

做电视的人，总是要受到各种制约，不能等到所有条件都具备了才开始干活。在有限的空间里面，能把这个空间填满就是真正的本事。中央电视台那种地方，那么好的条件，那么广阔的舞台，做不了获奖的节目简直就是犯罪。

做一个电视记者，文字功底好的人有明显的优势。因为大多数节目，还是用文字的语言作为基本平台的，结构节目，思维的逻辑都是以文本作为基础的。

当然，好的电视记者还应该是从学校里培养出来的，尤其是文字功底要好，但现在学校里培养出来的学生，文字功底大多不好，不知道是什么原因，写点风花雪月的杂感在网上发表一下还行，但新闻常常写不好。现在的孩子很现实，头脑里少了诗意、少了理想主义的东西，可做新闻，没有点理想主义的东西是不行的。

记者要敬业，要献身，每个人都应该这样要求自己。要有“可能我水平不是最高的，但我是最认真的”这样的追求。人和人差异本来是很小的，区别很大的原因，一个是读书，一个是经历。

做记者，分成四个台阶：第一，文从字顺，可以没文采但表述要明白，对做电视的人来说，镜头语言还要清楚；第二，要对媒体特性有准确的把握，知道什么题材、什么样的表述方法最适合自己从业的媒体；第三，是要有点思想，这种思想不仅仅是停留在看《读者》杂志的层次上；第四，还要有点责任感，把新闻当成事业来干，真正理解“今天的新闻就是明天的历史”的内涵。把新闻当成职业和事业区别会很大。

**田：** 上级宣传部门一般在哪些新闻上进行把关，如何把关？

**李：** 宣传部门经常发的东西是，“不准”、“不准”、“不准”。现在的这个“不准”还属于粗放式的管理，只知道不准干什么，不知道准干什么？不断地有“不准”，说明“准”的范围太大，没有科学的标准和行业规范，而且往往是发现出问题了才开始“不准”，也显得很被动。

**田：** 是不是有朝一日新闻法出台了以后，这种情况就会有所改观？

**李：** 但是在现有体制下，我估计根本立不了法。《新闻法》出台不现实，但有个行业基本的操作原则、条例还是比较可行的，也是比较好办的。

**田：** 您对制片人制是如何评价的？

**李：** 各个台都存在这种情况，一管就死，一放就乱，没有什么科学的制度。有不少台的制片人制产生了非常不好的后果（几年前，一些台的制片人都暴富起来了，结果是涣散了整个队伍）。其实国内的制片人制还说不上有什么经验可言，目前还停留在“承包制”这样一个初级阶段，运作的好坏还完全是靠人的自律，完全看制片人自身的胆识。上面也没有制订什么制片人条例。按照《对话》制片人王利芬的观点，制片人有五个作用：把握栏目的发展方向、营造栏目发展的外部环境、栏目的内部管理、参与节目制作的关键环节、初步验收节目。这其实还是行政管理和业务管理混在一块儿。这个问题通常也是两难的选择：给制片人授权太大，容易出问题；削减制片人的权力，工作上又容易出现掣肘。关键是电视台还不是真正的企业，往往是该放的权没放，该管的事没人管。香港各电视台的制片人或者类似制片人的职位好像是只管节目上的事情，钱和人的事情是不管的，权力也相对小得多。

**田：** 你们深圳台的节目办得好不好，咱们暂且不论，但是深圳台的经济效益却真的是非常好？

**李：** 深圳台新闻综合频道，八九十个人每年可以赚1.2个亿以上。一个大学毕业生来深圳台后，收入超过一般的大学教授，当然深圳的各新闻媒体收入也都能达到这个水平，收入应该在国内是领先的。

其实，这两年应该各地电视台的经济效益都不会太差。有线无线合并之后特别是有线网络掌握在各地方电视台手上后，这个行业就形成了完全的垄断，不知你注意到没有，这两年来各台电视广告价格的变化。垄断就有超额的利润。现在还有这样一种情况，节目“情结”很重的人当台长，很可能会赚钱无方。实际上，现在稍微明白一点的地方电视台的台长都知道，自办节目大多数是赚不到钱的，买到好的电视剧就行了。作为台长，一是要让上级领导满意，二是把钱赚好，节目好点差点好像没多大关系。

广东这个地方很特殊，在广州没有新闻类的节目能进入收视率的前十位。包括香港翡翠台的新闻，我认为它是亚洲办的最好的电视新闻，选题和表述在关注度和吸引力上无可挑剔，但也进不了前十位，央视的《新闻联播》就更排不上了。

**田：**是不是还是因为我们的新闻办得不好，或者说电视新闻的改革力度还不够？

**李：**新闻改革也是几起几落，往什么方向走？想着往“第四势力”的方向走，想突破体制，绝对没有可能。新闻从属于政治再去评议政治，这本身就是无解的。电视新闻改革的空间有多大，关键还是取决于政治体制改革的速度。政治体制改革的终极目标是什么，现在还没人说得清楚，因此，新闻改革能进展到什么程度并不是新闻媒体自己所能决定的。到地方台这个层面，电视新闻改革的空间很大程度上，取决于各地方领导对媒体功能的认识，意识形态上的宽松程度，主要也还是由外部环境来决定的。这几年，电视体育新闻改革是最彻底的，譬如像足球报道，其结果可以作为旁证。

像重大突发性事件，很多情况下，播不播不是人员素质问题，也不是技术问题，往往考虑的是媒体的立场如何，这就成了体制问题。现在某一个领导的爱好，就可能影响节目的定位，到了一定的级别，一个电话就行了。

有时我们开玩笑说自己做的这些东西是“黑板报”，当然，你把美术字写得漂亮一点，把版面做的丰富一点，在专业范畴还是有余地的，新闻的语态、表述的方法做得高明一点，讲究一点客观报道，用国际化的规范的语言，不要写官话套话，都是可能做到的，和做电视的职业理想也并不冲突。

**田：**党的新闻媒体听党的话，这也是天经地义的事啊。

**李：**是啊。电视台本身是国有资产，频道也是国家无偿划拨的资源。深圳的电视中心是市政府给几个亿建起来的，当然要听话。现有体制下，任何一个气壮如牛的媒体，说它要独立于党和政府之外如何如何都缺乏道义的力量，你并不是从天上掉下来的，也不是通过完全的市场竞争发展起来的，如果所有人都能办报办台的话，你又算啥呢？庸俗点讲“衣食其禄，反损其主”也是不义之举。电视虽然部分地市场化了，但并不是所有的单位、个人都能办电视台。而且广告价格基本上也是电视台自己说了算。你不听党和政府的话，还想听谁的话？凤凰也不例外，如果不给凤凰的节目“出口转内销”的机会，凤凰也就是在天上飘着的无数个频道中的一个而已，这些我想大家都明白。

**问：**有人说，中国新闻改革当前主要停留在新闻业务的层面，而新闻观念的更新，特别是新闻体制的改造还相对滞后，您认为呢？新闻改革的最大障碍是什么？

**李：**其实这个问题前面已经说过不少了。我不能想象在中国会出现商业电视或者公共电视。从政治学的基本原理探讨它，在社会主义国家，这是绝对不可能出现的，世界上也没有成功的先例，据说米洛舍维奇认为，他垮台的重要原因之一就是控制了百分之九十五的军队，但只控制了百分之五的新闻媒体。比较现实的是，在现有体制下，怎样通过竞争形成良性互动，提高节目的质量进一步满足观众的认知需求是我们要研究的课题和可能的活动的空间。现在省台和省会台之间的竞争好像相对充分一些，对提高节目质量的作用也比较明显，特别是南京、广州这些地方。电视台分别隶属于不同层级的政府，当资源、实力悬殊很大的时候，竞争也就无从说起。

**田：**国外的电视台是没有行政级别的，但中国的电视台却是由行政级别的。

**李：**的确，中国电视台的影响力主要是由行政级别决定的。国外电视台没有行政级别，但外国和港、澳、台对中国这方面的国情似乎陌生。我举个例子，“非典”过后，港府为了宣传香港，在大陆请了8个电视台，有湖南卫视、北京台、上海台、中央台等等，请他们各自拍一个节目，分别在翡翠台和国内的各地播出。深圳和香港靠得那么近，相互的联系非常紧密，但它并没有邀请深圳台，我想港府是认为深圳台的级别不够、影响力达不到期望值。还有一件事，深圳的媒体，想就如何建设国际化城市搞一个报道，想联合组团去美国采访，美国人就是不给签证。

东方卫视从央视和全国各地聚集了一批相当不错的人才，想在新闻节目上做出点名堂，但和央视比，但总给人力不从心的感觉。开播一个星期左右，好像就调整了以声音新闻为主的方向。地方电视台，要在新闻资讯类节目上和央视竞争是不可能的，因为信息的垄断权本身就在央视手里。很多省台，一方面心里不服气，一方面又非常重视和央视的关系，各省委宣传部衡量省台新闻部主任政绩的一个重要指标，就是在《新闻联播》用了多少条，这也变相承认了央视新闻节目的不可替代的影响力。

**田：**那下一步我们的电视新闻改革该如何推进呢？

**李：**电视新闻改革首先是制作单位建立比较科学、合理的组织结构，把业务管理和行政管理分开，这方面国外、境外的电视台有很多值得学习的东西，这里，要用系统论的两个原理去衡量：一是系统大于部分之和，二是结构决定功能。媒体的管理实际上无非是四个环节：信息收集处理、成本控制、科学的制度、人才的培养。具体的组织结构我认为要根据自身的规模去设计。现在各台喜欢按照不同的新闻时段设置节目部、节目组，很容易形成“几只小麻雀”相互争夺资源的情况，因人设置岗位的事情也不少见。其次要在内部分工上尽可能细致一些，专业一些。当然，提高从业人员的素质，提高节目制作的专业化程度，提高工作效率既是改革的内容，也是改革的目的。从具体的节目来讲，我不改变新闻内容，但我在表述的语态上可以做点改变。再进一步就取决于你的上级领导给你的空间有多大了。

评价一个电视新闻节目，应该从报道的时效性，新闻的接近性和节目的可视性去衡量。西方是按照新闻规律办新闻，按照电视特性办电视。这是我们改革的一个参照。对深圳台来说，香港翡翠台新闻的表述方式从报道的角度的选取，用镜头去叙述新闻事件的方法、客观，符合国际新闻业规范的解说等，这些都是我们可以学习的，也是我们努力的方向。

我从业二十年了，《东方时空》的出现的确丰富了电视新闻的语言，算电视新闻改革的一个标志。至于说央视新闻频道的开播，算不算一个标志，我持怀疑态度，新闻频道讲究时效，讲究随着新闻的发展递进报道，滚动播出。至少从目前看，它还没做到这一点。有人说过，一个新闻频道的栏目超过六个就不算是一个好频道，而央视新闻频道恰恰就是栏目一大堆，它的节目设置还没达到基本的要求。其实，新闻频道就应该像信息的自来水厂一样，拧开就有水流出。我随时打开新闻频道就有新的信息出来。

不少台的新闻，早间、午间、晚间，包括联播，定位各自都不同，有的是针对领导的，有的是针对老百姓的，但时段的科学性考虑往往在其次。但是如果是讲新闻规律，像香港的电视新闻，各档新闻定位考虑的是时段特征，而语态是一脉相承的，都是告诉你最新发生的大事，不同的是播出是滚动的，报道是递进的。

**田：**但是在中国目前还做不到这一点，国内不同新闻栏目承担的任务就不同，扮演的角色也是不同的。您认为像《新闻联播》这样的主新闻，它最重要的定位和功能是什么？

**李：**这种节目的价值在于某种不可替代性，传达政令，这类节目目前还是非常必要的。人们除了在中央电视台的《新闻联播》里看到国家领导人的活动，还到哪去看？

其实，一个节目承担的功能越多，就越不好办。如果单从传达政令的角度看，《新闻联播》办得算是不错了，它有它自己的美学原则。

**田：**那像《焦点访谈》这类舆论监督、新闻评论类节目呢？

**李：**越来越是虚焦点，软焦点。其实，所谓的曝光，依靠的不还是行政的力量？依靠上级党委政府批评下级党委、政府。《焦点访谈》几乎所有有影响的节目都是因为有了领导的批示，而不是老百姓看了形成的舆论压力，舆论声势。

地方台这类节目，就题材而言，第一是专题报道，第二是新闻背景，第三才是新闻评论。现在比较火的报纸或者广播电视新闻栏目，普遍只是在做虚焦点，软焦点。到了一定的级别，它就不干预了，它究竟想干什么，谁也说不上，代表受众吗，似乎也不是。

电视节目承担的功能太多，反而不好办。像《南京零距离》，它的功能就很单一，最起码它不负责传达政令。

**田：**像《南京零距离》这类新闻的发展前景如何评价？

**李：**《南京零距离》它是一种另类的、娱乐化的新闻，找一个光头来播新闻，就观众固有的观念来说，本身就有一种喜剧效果，从策划者的角度说，够绝的，也算是可圈可点。它还能走多远，我不知道，它总有让人厌倦的时候。在中国，往往一个栏目，被人重视的时候，它也就意味着走向衰落了。当它的影响大到省委宣传部要重视它的时候，对它的干预就会逐渐增加，这样它的路会越走越窄。很多节目都是这样过来的。《焦点访谈》刚开始大概是有关方面重视不够吧，到后来，选题都要送上去审。它最精彩的就是刚开播的那段时间。往往是盛名之下，电视节目就有问题了。另外，把这类节目定义为“民生新闻”出现的标志好像是拔得太高了，香港两个台的新闻无不是从普通市民的角度去观察社会、观察世界的，广州台的新闻也早就这样做了，特别是在广州那样一个城市，新闻收视调查采用 AC 尼尔森指数能达到 10 左右是相当不简单的事情。我倒是觉得这类节目的出现颇为类似古代文人在“情志分离”的情况下对文体的创新。毋庸讳言，当前，官方话语和民间话语相去甚远，在其中找一个彼此相交的点是这些年很多人设计节目的根本出发点，其实，对转型期社会里大众传媒的作用的研究，本身就是传播学的重要课题之一。做新闻还得强调有趣有益，有趣无益的节目只能培养和吸引鲁迅先生所说的“伸长脖子的看客”，节目的文化价值也就无从谈起，不管是作为党的新闻工作者，还是作为职业电视人，出现这种情况是我们应该感到可悲的。

当然，还得承认，这类节目在一定程度上丰富了电视新闻的语言，特别是直播常态化和直播真正开始做事件了，像《绝对现场》，《1860 新闻眼》和《直播南京》等。有一天，某一个新闻节目直播的内容是什么呢，有个人停车后叫渡船时，车子滑到长江里了，到底当时是不是忘记拉手刹，司机和旁观者说法不一，当然，只有等车打捞上岸才能说得清楚，于是直播就从这儿开始，手刹到底拉没拉这么小的一件事，观众也可能很关心它，但一个省级电视台，大张旗鼓地在黄金时段去搞，有没有必要？值得商榷。但它毕竟是真实的直播，不是前几年设置好议程的那种。我曾经想写一篇文章，就叫“伪直播批判”，后来怕得罪太多的人，算了。

**田：**说到直播，那你们深圳台的新闻直播做得怎么样？

**李：**在 1999 年以前，新闻直播很多，每年都直播台风。经常是台风来的时候，停掉其他节目直播，通宵多点直播，用微波或光纤传输。但是自从有的台直播出事以后，我们的直播就越来越少了。

现在有可能把技术上的失误，归结为政治事故，在这种情况下，谁都不愿去冒这个风险。大家就学会了自我保护。字幕上好再直播，或者干脆不上字幕，播出质量差一点没关系，但可以不犯错误。直播是最能体现时效的东西，播出要灵活，现在直播往往要20秒延时，导播调度起来就更麻烦，譬如，范围大了，实时回送切换口令就是很大的难题。应该实事求是，技术事故就是技术事故，工作人员的心态也容易变得平和些。

**田：**最后，我想问你一下，你做了十几年的电视新闻后，对新闻的理解有没有什么变化？

**李：**我的理解是，在不同的政治体制下，新闻的功能是不同的。我们国家媒体的功能首先是喉舌，然后才有其他，如果你有不同想法的话，那你就是政治上的幼稚，也肯定会到处碰壁。就职业本身而言，我常对新来的年轻同事说，做电视新闻是“入门容易升天难”，刚开始的时候，靠着热情和激情，要做好节目，要追求轰动效应等动机，也能做出一些有价值得东西来，但可以肯定，报道中主观的东西会比较多，往往缺乏宏观的眼光，对报道可能产生的后果并不是很清楚，在新闻的价值判断上也可能有问题。但要把电视新闻作为终身的职业，谁都应该认真考虑一下再下决心，因为干这一行不管到什么时候，你都得面对新事物、新挑战，永远都有你需要学习的内容、永远都需要保持一种前卫的姿态和倚马可待的状态、永远别想平平安安过日子，否则，你很快就会在集体中变得可有可无，自然地被边缘化了。昨天是获奖作者，今天玩不了活的情况可以说是屡见不鲜。电视新闻这个职业就人生而言极不轻松。升到了业务主管这类职位，判断力是最重要的，包括对媒体的作用的认识，用电视语言该怎么表述……还有很多技术层面的内容等等。不过，到这个份儿上就要再三提醒自己：冷静但千万不要冷漠。

## 好记者：适时到达+分析问题

——法国电视三台资深记者让·克利斯托夫访谈

法国的电视新闻业在国际上谈不上发达，但确有它的独特之处，例如电视频道的数量少的可怜，只有6个，还例如公共电视和商业电视和谐相处，公平竞争，再例如，法国的电视新闻人非常迷恋短消息报道等等。这次在法参加培训期间，巴黎高等记者学院专门邀请了法国电视三台的资深摄像记者让·克利斯托夫为我们讲述了法国电视新闻的制作流程、报道理念、管理机制和最新前沿等内容，让我们获益匪浅。一个午后的课间，我又约这位非常敬业的记者面对面地做了一次访谈，他向我畅谈了他对记者这个职业的理解。

**田维钢：**（以下简称“田”）我是一个大学老师，因为之前也在传媒做过几年记者，所以我想我会非常珍视今天这样一个和你面对面交流的机会。

**让·克利斯托夫：**（以下简称“让”）我也非常高兴能回答你的问题，因为大家都做过记者，通常来说两个人更善于向对方发问。

**田：**昨天你看到了中国学生拍的一些新闻作品，能评价一下这些作品吗?

**让：**首先我觉得非常惊讶，通过这些画面使我感觉到学生有非常强烈要讲故事的欲望，有一些要提出批评的欲望。为什么会有这样的感觉，因为和我15年前所看到中国的电视节目相比，那时候我觉得所有电视节目就是平的，今天发生了非常大的变化。15年前，看到中国的电视里面就是开会，今天我看到的一些东西很惊奇，因为我看到了人，看到了人们的生活，看到有人在讲故事。

**田：**非常高兴听到你这么说。对于一个记者而言，您觉得是科班出身更重要，还是实践锻炼更重要?

**让：**我认为两点都非常重要，所以当今法国所有的记者学院都跟新闻单位签有合同，就是为了能够让这些学生进入这个单位进行实习，老师基本上都是在职的记者，也就是说记者在培训未来的记者，所有的学生都有到新闻单位去实践的机会。

没有对各种知识普遍认知的人，一般来说不会成为一个好的记者，所以当一个纯粹的技术人员是没什么意义的，只有那些能对所有普遍知识都有了解的人，还掌握有这样的技术，才能成为一个好的记者。对我来说，这是一个好记者和一个不好记者之间的区别。所以通常来说，现在进入记者专业学院学习的这些学生，通常都会在大学里面学习两到四年的课程，他依然是一个大学生，然后再进入这个学院学这个新闻专业，这样他才有机会进入传媒行业。

**田：**那你是这个记者学院毕业的吗?

**让：**我不是这个学院毕业的，我读的普通的大学，相当于中国的本科学位，我几乎是自学新闻专业，我很幸运有机会能够直接进入这个行业。今天恐怕是根本不可能做到的事情。

**田：**为什么今天不可能呢?

**让：**主要的问题是，现在有很多记者失业的现象。现在，大多数新闻单位、新闻企业，要求记者一进入公司就能够马上独立工作，所以它现在基本只收包括巴黎高等记者学院在内的11所记者学院的毕业生。而十几年以前，相对更灵活一些。

**田：**现在中国情况刚好是许多的非传媒、非新闻、非记者专业的学生正在进入传媒行业。

**让：**这样会不会有一些什么问题，因为会有很多人不是很职业。

**田：**会有这个问题，刚开始的时候可能上手慢一点，一旦上手之后，有一些做得还不错。

**让：**我相信这些人会有很强烈的一种成功的欲望，想做记者的这种欲望。

**田**：那你从事了这么多年新闻报道之后，你现在理解，新闻或者记者这个职业，是一个技巧性的东西，还是一个思想性的东西？

**让**：首先对我个人来说理想状态下当然是思想，就是做记者的应该是一群社会优秀分子，有良知、有责任感。但是很遗憾，现实当中新闻越来越偏向技术方面。

**田**：也就是说法国目前也没达到一种理想状态？

**让**：对，没有达到。资本主义历史有一个黄金时代，发展黄金时期，就是从30年代，甚至一直到五六十年代，确实是这样，当时的记者应该说是精英，在法国是精英，有很多伟大的记者出现。今天应该说越来越失去传统了，虽然还剩下几个人物，可以说是这样，但是大多数记者已经不是这种情况了，而且可以说法国的公众逐渐对记者失去信心。

**田**：为什么？

**让**：我自己认为，社会现在变化特别大，人们什么都想知道，什么都想马上知道，甚至有些人想在一件事件发生之间就马上知道，所以人们逐渐已经失去了思考。因为记者最强大的力量就是思考，而现在因为人们马上都想知道所有的东西，知道结果，所以逐渐记者已经不像过去那样思考了。

**田**：那么在您心目中好的记者最应该具备什么样的素质和能力？

**让**：这个问题很难回答。

**田**：那谈谈您个人的看法。

**让**：法国一个非常有名的记者，他写了些话关于戴高乐生平，有一天碰到这个人的时候跟他聊，这个人说，要想当一个好的记者，你应该知道在适当的时候到达，并且能够分析问题。

**田**：看来，你很欣赏这句话。

**让**：是的，其实对于记者而言，固然有这样那样的能力更好，但跑得快是很重要的，你必须在新闻事件发生的第一时间出现在现场，而且还要能够帮助公众分析问题，选择好报道角度。

**田**：那对一个电视记者来说，和一般的报纸记者还是不一样的，因为它是用画面来报道，在这方面您觉得对记者有什么要求？

**让**：首先要具备所有文字记者、报刊记者的这种技能和能力，在此之外因为需要很好的掌握电视台所用的所有工具的技术上的能力，有声音、有图像，这个其实并不容易，这就是为什么现在这个学校一直在寻找非常优秀的、技术方面非常出色的电视记者来给学生上课的原因。今天实际上对于这些工具来讲，其实是变得越来越简单了，任何一个人不是记者，没有这些技巧，他也可以做画面和声音的报道，我认为最难的事实上是，像写东西一样，你用画面有一种表达的技巧，这个是最重要的。为什么刚才我一再说，一定要想关于第一个画面，怎么样运用这个画面，因为你要用画面就像写作一样把它表达出来。

**田：**通过这次短短几天的培训，你对我们的学生有什么样的印象？

**让：**我总体的印象是这样，中国的学生反应很强烈，对职业兴趣也非常高，这种情况做培训非常的舒服，非常的好。他们明显最终明白了别的什么都不需要，只有影像的情况下就能够讲一个故事。我知道学生们确确实实掌握了作为摄影记者这个职业的灵魂。

**田：**你对我们这次两国大学联合搞的这次培训活动有什么样的评价？

**让：**我觉得非常有意义，因为中国是一个非常大的国家，向世界开放已经很多年了，我有一种印象，就是说法国可能并不了解中国，相反中国也未必真正了解法国，我认为这种交流会是非常丰富的，这样可以让学生之间能够了解对方国家，特别是对新的年轻一代更有意义，他们是国家的希望。

## 法国传媒教育：记者培训未来的记者

——访巴黎高等记者学院教务长维罗尼卡·加莱

法国的传媒教育其实是精英教育，门槛特别的高，只有少量的人才能进入，他们特别强调动手能力的培养，要求学生一毕业就能马上在电视台做一个熟练的记者。那么，他们的学生是怎么选拔上来的？进校后他们都上些什么课程？达到什么水平才能顺利毕业？2007 年 7 月在法期间，我走近了法国最负盛名的巴黎高等记者学院教务长维罗尼卡·加莱，试图解开这些疑问。

**田维钢：**（以下简称“田”）：首先应该谢谢你，感谢巴黎高等记者学院这几天给我们提供了良好的教学和各方面的服务。

**维罗尼卡·加莱**（以下简称“维”）：我也非常高兴你这样说，因为大家知道对记者、摄像这个行业来说，你不可能用一个星期的时间培训出一个电视新闻记者，但是可以用这个时间来向大家展示一下法国的电视新闻是怎么样组成的，怎么样进行的。希望现在学生有一个整体的概念，这个行业是怎么样的。

**田：**整体的感受我们的学生已经有了。我们来的这几天，也感受到了这里浓厚的氛围以及制作电视的实力和条件。

**维：**是这样的，巴黎高等记者学院现在是法国竞争力最高的学校，因为它是要通过考试、通过竞争来入学的，大概是 1000 个考生，有 40 个能够考上。

**田：**就是 4% 的录取率，每年招生是多少人？

**维：**对于这个学校来说，一年就招 40 个学生。

**田：**这 40 个学生是从哪里选拔的？

**维：**我们招生的条件就是中学毕业会考合格之后，上大学两年以上的学生，就是在法国的中学会考获得文凭的，后面会加上大学两年以上的条件，就是至少已经上了两年大学了。但是实际上真正能考上的40人里，他们通常是大学里上四年级和五年级的学生。

他们学习的可能是政治、法律、语言、文学，很多人都是大学毕业之后，才考了我们这个学校，就是他在进入到记者学校的时候，已经有一个非常优秀的大学学习的背景。

**田：**1000个人才录取40个，考试应该是非常严格了，那他们入学考试考些什么？

**维：**笔试方面主要是两大内容：第一大内容是时事，时事最重要，如果有的人不能够很好地解答时事题的话，证明这个人根本不看报纸，根本对时事不感兴趣；另外就是对各种文化的熟悉。笔试还包括英语考试，然后会请有名的记者来组成一个面试团，招这些候选人进来面试，不光看这个人的知识，还要看这个人的成熟程度，来评判一个人的总体程度。所有能够通过笔试的人，我们会招他们过来进行一个新闻调查这样的考试，他们早早过来，每个人给一个题目，他们就可以出去做采访、新闻调查，晚上回来的时候要把作业交了，这是一个动手写的考试，是图像，然后判卷的就是职业的记者，有几个这样不同的考试。

**田：**我很难想象，一年招40个学生，这在中国就是一个班，甚至是半个班，两年就毕业，那一年在这个地方经常学习的就80个人？

**维：**实际上法国大概招38个到40个人，再加上10来个外国的学生，因为这是大致的数字，这样大概一年50个人，两个评级一共100个。

**田：**这40个人是一个班？还是单独教学？

**维：**这40个人我们算是一个班，他们应该是在一起的，但是对于某些动手的课程，会分成不同的小组。

**田：**他们这40个人是报纸、广播、电视都学吗？

**维：**第一年的时候就是基础教学，整整一年大家学习作为记者的最基本的知识和技术、技能，包括怎么样去做采访、怎么样做编辑等一些最基本的东西，包括法律方面的教学。他们主要时间就是在教室里面上课，但是他们也会出去，比如会把他们带到巴黎法院去旁听一个案件的审理。有关新闻方面的，在这一年基本上都是事先准备好的、文字方面的课程，当然第一年也会做一些多媒体方面的教学，到这一年快结束的时候，他们要开始学习怎么样去做广播记者。到一年结束的时候，开始让他们接触广播、电视，最后保证他们在一年当中学会记者所有的基本技能、写东西、怎样去做记者等基本的知识。

他们实际上是在不到七月的时候就算一年级结束了，七月到八月他们会到法国地方的报纸、报社做两个月的实习记者。这两个月当中他们就真的成为一个文字记者，在报社里面工作，是在真的工作条件下去实习、做文字记者。

从二年级开始就开始分专业了，所以他们到了二年级以后，有的人会去选做电台的记者，也有人会去选做电视台的记者，也有人会选就像我们现在学生正在上的课一样，就是电视摄影记者。二年级的时候他们在教学规定里面就有好几个月的实习，这个实习可以去任何一个媒体单位、媒体公司，如果学生愿意的话，可以去外国做实习，因为已经有这种合作关系，学校可以提供这种机会去国外做实习。

**田：**学校帮助联系实习单位?

**维：**我们鼓励学生自己去联系到国外实习，但是主要还是学校联系，因为学校发展了很多国外合作的关系，比如现在正在和丹麦的新闻学校在谈合作关系，有可能过两年会去中国，现在已经有这种合作关系了，更何况这样既对自己的学生有好处，也对对方学校的学生有好处。除了和这些教学单位有合作以外，我们也在努力地去联络一些国外的媒体，比如我现在正在和瑞士的一家报社在发展这种合作关系，以便于今后可以把学生直接送到瑞士的报社去做事情。

**田：**这个实习大概多长时间?

**维：**这个时间是不固定的，因为首先要取决于协议是怎么签的，因为各个地方签的不一样，另外也可以是学生交换，比如跟我们有这种合作关系，可以把学生送过去，在这边的三个月不学了，跟他们的课程去学三个月，所以有可能是三个月到四个月。

**田：**那这个实习既然时间不固定，第一年上课、第二年大概就是实习，实习以后，学生毕业拿合格证也好、文凭也好，条件是什么?

**维：**首先要知道进学校是最难的，这是最最难的，如果这些学生能够在两年当中非常认真、非常严肃地去对待他的学习，他在毕业的时候应该可以拿到他的文凭，从一年级开始，他们所有的报道、作业、调查、人物特写所有的东西都是由他的老师打分、记录，这是一个持续审查的机制，有一个评分的机制，所有的老师都是真正的记者，像两年之后，合格的学生就可以拿到他的毕业文凭。

**田：**有没有不合格的学生?

**维：**我没有做过统计，我没有办法给你数字，通常来说是一个很少见的事，因为要知道1000个人里面才能进40个人，但凡进来的学生，他一定有非常强烈的愿望要成为一个记者，他一定是具有非常强烈的愿望要拿到这个文凭。另外如果是真的不能拿到文凭的人，就是那些从来不来上课、或者老也不交作业的，但是这种情况非常少。

**田：**他们毕业以后取得一个什么文凭?

**维：** 相当于Master，这个文凭就是一个两年的文凭，是国家承认的，但是最重要的一点是这个行业承认，行业承认是最重要的事情，要知道法国全国只有12个学校是被行业所承认的记者学校。在所有既被国家承认、又被行业承认的，这里是其中最有名的学校之一了。这个学校出了很多非常有名的法国记者，尤其是一台报整点新闻的记者，就像白岩松这样的人物，一共是出了三个。另外目前正在伊拉克被当作人质抓起来的《解放报》的记者，也是这个学校的学生。

**田：** 就是我们一般承认或者是默认的是Master?

**维：** 对。在法国完全不像中国跟美国这种制度，因为我知道美国和中国有很多叫"大学"这两个字名字的学校，应该是非常优秀的、最好的学校。可是在法国正好相反，在法国往往是私立的这些学校更加受欢迎，水平更加地高，正好是反过来的。

所以为什么现在法国政府还会努力地想要给这个大学以更高的价值，让大家更加去认同，去做这种努力，但是相反来说，你可以在大学的学院里去学一些历史、文学，这样的学业往往去大学里面去学，这种学校往往是带有研究性质的学习，大学更加有优势。

为什么一直不招很多学生？为什么只保证这50人的招生率？我们知道只招这些学生，能保证所有的学生两年之后可以找到很好的工作，这样能够100%找到好工作的比例是最重要的。

我要强调的一点就是我们这样的学校非常注重实践，实际上就是一个实践的学校，因为我们招进来的学生已然是有大学四年、五年的文凭的学生了，我们就默认这些人已经受过高等教育，以前有一个接受大学高等教育的背景了，他进学校以后主要做的事情就是怎么样能够实践，成为一个记者，要让他两年之后马上能够上手做一个记者。所以这也是为什么所有的法国媒体公司老板都非常欢迎我们的毕业生，因为那些老板知道，所有的学生在进入这个学校之前已经有一个非常强的、非常坚实的大学受教育的背景，在这两年之中他们有一个记者培训的背景，他们知道他们一毕业就可以做一个很好的记者。

**田：** 这里的老师大概是什么情况?

**维：** 我们实际上是记者培训未来的记者。这里所有的教课的老师虽然并不是大众所最熟悉的明星级的人物，但他们是在行业里面被认同的人物，有法国电视二台的，有法国国际台的、法国一台的，等等。

**田：** 一年招一百多个人，有这么好的教学条件和环境，学费应该不少吧?

**维：** 虽然我们是私立的学校，但是法国有一种税，叫做执业税，就是公司交的，只要公司雇人、都会交执业税，我们可以从执业税里面得到补贴，当然只是对法国学生，这样就可以减少很多的教学成本。对于外国学生至少要算到七千欧元，因为他们没办法得益于政府的执业税。但是我们同时也在为外国学生努力，比如可以通过奖学金，因为有些学生可能是由私立的基金会来付钱的，目的是尽量不要让他们从自己口袋里掏全部的学费。

**田：**是不是法国其他的记者学校跟巴黎高等记者学院的情况大体差不多？

**维：**有的是跟我们一样的，比如里尔那家非常有名的那一家，也是两年，也是同样的文凭，都差不多。不一样的有两所，就是 IUT 开头的那两所大学，他们是从中学毕业合格的学生里面招人，但是话说回来，文凭的水平不同，他们所念的时间不一样，他们的文凭也不一样，更低一些，但是也是被行业所认同的。

**田：**能不能从学校理念上讲讲，如何培养优秀的记者？

**维：**我认为培养一个好的记者，需要有几个方面的素质，其中第一个就是创造性，另外一个就是反应能力，还有一个能力是能够把所有的信息总结起来，重新传输出去，而且要用清晰的方法把这些信息传输出去。另外还有一个是各种技术方面，因为今天世界发展非常快，一个记者应该能够掌握多种媒体。

**田：**说了这么多记者应该具备的素质和能力，巴黎高等记者学院通过两年的培训，能达到这个目标吗？

**维：**我们现在在努力，现在越来越把注意力集中到新的多媒体上，因为我们要培养一个学生出去以后，要马上能够在电视台工作，到网络这个媒体上去工作，学生出去之后应该具有多种能力。比如说做博客，你要能够把文字、图像、声音混合在一起，能够对现在最新的技术运用自如。我们记者毕业出去的时候很年轻，非常的年轻，他们并没有什么真正的职业经验，我们目的要给年轻记者一个非常好、一个非常坚实的基础。因为他们在报社或者新闻单位还要跟面积更大的、有经验的记者一起，在工作当中去学习，有了这个基础，他们就可以联络这些记者，在工作当中能够更好的发展。

学习记者专业，实际上让他们有一个很坚实的基础，这个坚实的基础让他们能够打开进入记者行业这扇门，因为每个人会有自己的发展，后面就不一样了。那些人以后可能会经常变换自己的工作，由报刊记者变成电台记者，电台记者变成电视台记者，我相信中国人也是这样，会有很多的变换。

**田：**是的，经常会有这种情况，其实你本人是做传媒教育的组织和管理的，像您这种角色在大学里应该具备什么样的素质，因为在中国大学也有大量的教学管理部门。

**维：**首先人性化是很重要的一点，因为要懂得去爱，懂得怎么样能够把信息传送给年轻的一代。另外还要知道如何能够协调，因为做的工作非常的繁杂，而且都不一样，一边教课，还要一边做组织，做联系，还要寻找老师组织教课，跟老师一起工作，如何能够平衡不同的工作，要学会组织。

# 附录2：主要参考文献

## 一、论著：

### (一) 著作

A.

1.《后工业社会》（美） 丹尼尔·贝尔著 高铦等译 商务印书馆 1984年12月第1版
2.《未来的冲击》（美） 阿尔文·托夫勒著 新华出版社 1996年4月第1版
3.《第三次浪潮》（美） 阿尔文·托夫勒著 朱志焱译 新华出版社 1996年4月第1版
4.《大趋势》（美）约翰·奈斯比特著 中国社会科学出版社 1984年2月第1版
5.《未来之路》（美）比尔·盖茨著 辜正坤译 北京大学出版社 1996年6月第1版
6.《高科技 高思维》（美）约翰·奈斯比特、道格拉斯·菲利浦著 尹萍译 新华出版社 2000年5月第1版
7.《2.0——数字化时代的生活设计》（美）埃瑟·戴森著 胡咏、范海燕译 海南出版社 1998年8月第1版
8.《消费社会》（美）让·波德里亚著 刘成富等译 南京大学出版社 2000年10月第1版
9.《后工业社会理论和信息社会》 秦麟征著 辽宁人民出版社 1986年
10.《理解大众文化》（美）约翰·菲斯克著 宋伟杰译 中央编译出版社 2001年9月第1版
11.《关键词——文化与社会的的词汇》（英）雷蒙·威廉斯著 三联书店出版社 2005年版
12.《展望二十一世纪》（日）池田大作著 国际文化出版公司 1985年

13.《消失的地域：电子媒介对社会行为的影响》（美）梅罗维茨著 熊澄宇译 清华大学出版社 2002 年 4 月第 1 版
14.《文化工业再思考》（美）阿多诺著 《文化研究》第 1 辑 天津社会科学出版社 2000 年
15.《网络为王》胡咏、范海燕著 海南出版社 1998 年 8 月第 1 版
16.《信息化高速公路与大众传播》 明安香著 华夏出版社 1999 年
17.《INTERNET 改变中国》 陈炎撰著 北京大学出版社 1999 年 1 月第 1 版
18.《软边缘——信息革命的历史与未来》（美）保罗·莱文森著 熊澄宇译 清华大学出版社 2002 年 4 月第 1 版
19.《双刃利剑——百年科技利弊》 高伟、陈华编著 山西人民出版社 2001 年 1 月第 1 版
20.《文化与社会》（英）雷蒙德·威廉斯著 吴松江、张文定译 北京大学出版社 1991 年
21.《技术批判理论》（美）安德鲁·芬伯格著 韩连庆译 北京大学出版社 2005 年 8 月第 1 版
22.《科技革命与当代社会》 陈筠泉、殷登祥著 人民出版社 2001 年 11 月第 1 版
23.《图像时代》（美）阿莱斯·艾尔雅维茨著 胡菊兰、张云鹏译 吉林人民出版社 2003 年 2 月第 1 版
24.《娱乐至死》（美）尼尔·波兹曼著 章艳译 广西师范大学出版社 2004 年 5 月第 1 版
25.《信息时代的新闻价值观》 杰克·富勒著 展江译 新华出版社 1999 年 12 月第 1 版
26.《The lever of riches——Technological Creativity and Economic》written by Joel Mokyr Oxford University press 1990
27.《Global Communication in the Twenty – first Century》Stevenson · Robert New York Longman 1994
28.《博客：信息革命最前沿的定位》（美）休·休伊特著 杨竹山、潘浩译 中国铁道出版社 2006 年 8 月第 1 版
29.《技术时代的人类心灵——工业社会的社会心理问题》 阿诺德·盖伦著 何兆武、何冰译 上海科技教育出版社 2003 年 6 月第 1 版
30.《孤独的狂欢——数字时代的交往》 吴伯凡著 中国人民大学出版社 1998 版
31.《知识经济浪潮》 陶德言著 中国城市出版社 1998 年版

32.《未来英雄》（美）约翰·布洛克曼著 汪仲、邱家成、韩世芳译 海南出版社 1998 年
33.《单向度的人：发达工业社会意识形态研究》（美）赫伯特·马尔库塞著 上海译文出版社 1989 年版
34.《文化生产：媒体与都市艺术》（美）安娜·克兰著 译林出版社 2001 年版
35.《信息时代的新闻价值观》（美）杰克·富勒著 新华出版社 1999 年版
36.《网络传播文化： 历史与未来》殷晓蓉著 清华大学出版社 2005 年 3 月第 1 版
37.《电视文化》（美）约翰·菲斯克著 商务印书馆 2005 年 8 月第 1 版

B.
1.《传播的偏向》（加） 哈罗德·伊尼斯著 何道宽译 中国人民大学出版社 2003 年 6 月第 1 版
2.《理解媒介——论人的延伸》（加）马歇尔·麦克卢汉著 何道宽译 商务印书馆 2000 年 10 月第 1 版
3.《电视：科技与文化的形式》（英）雷蒙德·威廉斯著 冯建三译 台北市远流出版公司 1994 年
4.《数字麦克卢汉——信息化新纪元指南》（美）保罗·莱文森著 何道宽译 社会科学文献出版社 2001 年 12 月第 1 版
5.《数字化生存》（美）尼葛洛庞蒂著 胡泳、范海燕译 海南出版社 1996 年 12 月第 1 版
6.《手机——挡不住的呼唤》（美）保罗·莱文森著 何道宽译 中国人民大学出版社 2004 年 8 月第 1 版
7.《多媒体时代与大众传播》（日）桂敬一著 刘雪雁译 新华出版社 2000 年 1 月第 1 版
8.《思想无羁》（美）保罗·莱文森著 何道宽译 南京大学出版社 2003 年 7 月第 1 版
9.《新媒体技术——文化和商业前景》（美）约翰·帕夫利克著 周勇、张平锋、景刚译 清华大学出版社 2005 年 5 月第 2 版
10.《科技文明与人类未来》（美）舒尔曼著 李小兵译 东方出版社 1995 年 10 月第 1 版
11.《科学和技术对文化的挑战》（美）让·拉特利尔著 吕乃基译 商务印书馆 1997 年 11 月第 1 版

12.《信息化文论——数字化生存状态冷思考》 董焱著 北京图书馆出版社 2003 年 1 月第 1 版
13.《新媒体革命——技术、资本与人重构传媒业》 陆群、张佳晟著 社会科学文献出版社 2002 年 10 月第 1 版
14.《技术帝国》（法）R. 舍普等著 刘莉译 北京三联书店 1999 年 11 月第 1 版
15.《信息时代的传播媒介》（美）约瑟夫·斯特劳巴哈、罗伯特·拉罗斯著 熊澄宇译 清华大学出版社 2002 年 4 月第 1 版
16.《传播媒介与美国人的思想》（美）丹尼尔·杰·切特罗姆著 黄静生、黄禾生译 中国广播电视出版社 1991 年
17.《数字资本主义》（美）丹·希勒 杨立平译 江西人民出版社 2001 年
18.《马克思技术哲学纲要》 乔瑞金著 人民出版社 2002 年 2 月第 1 版
19.《人文视野中的技术》 高亮华著 社科文献出版社
20.《数字化与人文精神》 鲍宗豪著 上海三联书店 2003 年 6 月第 1 版
21.《科技传播与当代社会》 汤书昆、刘为民著 科学出版社 2001 年 9 月第 1 版
22.《让科学回归人文》 吴国盛著 江苏人民出版社 2003 年 8 月第 1 版
23.《科技与人性——科技文明的人学沉思》 吴文新著 北京师范大学出版社 2003 年 10 月第 1 版
24.《数字化时代的新闻理论与实践》 陈绚著 新华出版社
25.《媒介分析：传媒技术的神话解读》 张咏华著 复旦大学出版社 2002 年 12 月第 1 版
26.《科技与传播——现代传播文集》 苏志武主编 北京广播学院出版社 2000 年 1 月
27.《空间感的失落：电子媒介对社会行为的影响》（美）梅罗维茨著 清华大学出版社 2002 年 4 月第 1 版
28.《第二媒介时代》（美）马克·波斯特著 范静晔译 南京大学出版社 2005 年 8 月第 2 版
29.《第五媒体：无线营销下的分众传媒与定向传播》 朱海松著 广东经济出版社 2005 年 9 月第 1 版
30.《影视艺术与高科技应用》 李兴国主编 中国传媒大学出版社 2005 年 7 月第 1 版
31.《网络信息检索：工具、方法、实践》 沈国朝主编 高等教育出版社 2004 年 8 月第 1 版

32.《科学技术导论》 M · Bridgestock 等著 刘立等译 清华大学出版社 2005 年 12 月第 1 版
33.《媒介形态变化：认识新媒介》 罗杰 · 菲德勒著 华夏出版社 2000 年版
34.《高科技的社会意义》 董天湘主编 社会科学文献出版社 1998 年 1 月第 1 版
35.《科技革命影响论》 黄顺基著 中国人民大学出版社 1997 年 4 月第 1 版
36.《认识媒介文化》（美）尼克 · 史蒂文森著 商务印书馆 2001 年版
37.《眼球为王——中国电视的数字化产业化生存》 张海潮著 华夏出版社 2005 年 5 月第 1 版
38.《数字媒体技术与互动影视应用》 姜浩、陈宇航、王强著 中国广播影视出版社 2006 年 5 月
39.《新闻业与新媒介》（美）约翰 · 帕夫利克著 张军芳译 新华出版社 2005 年月第 1 版
40.《智能信息技术》 郭军编著 北京邮电大学出版社 2001 年 1 月第 1 版

C.

1.《普通语言学教程》（美）费 · 德 · 索绪尔著 商务印书馆 1980 年 11 月第 1 版
2.《符号学原理》（美）罗兰 · 巴特著 王东亮等译 生活 · 读书 · 新知三联书店 1999 年 6 月第 1 版
3.《语言学概论》 王德春著 北京出版社 1987 年版
4.《人与故事》 高小康著 东方出版社 1993 年版
5.《符号：语言与艺术》 余建章著 上海人民出版社
6.《论语言的起源》（德）赫尔德著 商务印书馆 1999 年译本
7.《理论符号学导论》 李幼蒸著 社会科学文献出版社 1991 年
8.《艺术符号美学》 吴风著 北京广播学院出版社 2002 年版
9.《符号学语语言哲学》（意） 翁贝尔托 · 埃科著 王天清译 百花文艺出版社 2006 年 1 月第 1 版
10.《语言符号学》 王铭玉著 高等教育出版社 2005 年版
11.《符号》（法）莫里斯 · 梅洛 - 庞蒂著 姜志辉译 商务印书馆 2003 年版
11.《当代叙事学》（美）华莱士 · 马丁著 伍晓明译 北京大学出版 2002 年版

D.

1.《关于电视》（法）布尔迪厄著 辽宁教育出版社 2000年版
2.《十年——从改变电视的语态》 孙玉胜著 生活·读书·新知三联书店 2003年8月第1版
3.《世界摄影史》（台湾）曾恩波编著 艺术图书公司 1988年1月第1版
4.《中国摄影史话》 伍素心编著 辽宁美术出版社 1984年10月第1版
5.《世界纪录电影史》（美）埃里克·巴尔诺著 中国电影出版社 1992年9月第1版
6.《电视与社会》（英）尼古拉斯·阿伯克龙比著 南京大学出版社 2002年9月第1版
7.《艺术与视知觉》 鲁道夫·阿恩海姆著 滕守尧译 中国社会科学出版社 1984年第1版
8.《视觉思维——审美直觉心理学》（美）鲁道夫·阿恩海姆著 滕守尧译 四川人民出版社，1998年3月第1版
9.《格式塔心理学原理》（美）库尔特·考夫卡著 黎炜译 浙江教育出版社 1999年第1版
10.《视觉文化读本》 罗岗、顾铮主编 广西师范大学出版社 2003年12月第1版
11.《纪录电影文献》 单万里主编 中国广播电视出版社 2001年5月第1版
12.《数字时代的电影艺术》 张歌东著 中国广播电视出版社 2003版
13.《电影艺术与技术》 刘书亮主编 北京广播学院出版社 2000版
14.《思考电视》（美）隆·莱博著 葛忠明译 中华书局 2005年1月版
15.《数字传媒概要》 闵大洪著 复旦大学出版社 2003年6月第1版
16.《电视新闻学》叶子著 北京广播学院出版社 1997年4月第1版
17.《电视采访学》 叶子、赵淑萍著 北京师范大学出版社 2000年9月第1版
18.《现代电视纪实》 朱羽君著 北京广播学院出版社 1998年5月第1版
19.《解密中国电视》 张锦力著 中国城市出版社 1999年4月第1版
20.《中国电视史》 郭镇之著 中国人民大学出版社 1991年
21.《电视节目制作技术》 孟群著 中国广播电视出版社 1997年8月第1版
22.《网络传播技术》 匡文波编著 高等教育出版社 2003年9月第1版
23.《电影电视走向21世纪》 黄式宪著 中国电影出版社 1997年
24.《电视传媒与传媒文化大趋势》 席巧卷著 中国书籍出版社 2003年1月第1版

25.《电视时代》 陆晔著 复旦大学出版社 1997 年
26.《当电视新技术》 张文俊著 复旦大学出版社 1998 年 9 月第 1 版
27.《电视的真相》（英）安德鲁·古德温著 魏礼庆译 中央编译出版社 2001 年 1 月第 1 版
28.《Media now——Communications media in the information age》Second edition written by Joseph Straubhaar and Robert Larose
29.《Global Communication In The Twenty-first Century》written by Steveson Robert Longman press
30.《21 世纪的电视制作理念》 冷冶夫主编 长征出版社 2002 年 8 月第 1 版
31.《电视新闻节目的理念、形态与实务》 吕正标、王嘉著 中国广播电视出版社 2004 年 1 月第 1 版
32.《数字时代的中国广电媒体》 黄升民 等著 中国轻工业出版社 2003 年 2 月第 1 版
33.《电视不能逍遥网外》 林志勇著 花城出版社 2001 年 11 月第 1 版
34.《中国电视产业发展战略研究》 陆地著 新华出版社 1999 年 9 月第 1 版
35.《电视影响评析》 时统宇著 新华出版社 1999 年 1 月第 1 版
36.《中国电视大趋势》 李新民著 华夏出版社 2006 年 1 月第 1 版
37.《理解视觉文化的方法——文化和传播译丛》（英）巴纳德 商务印书馆 2003 年 11 月第 1 版
38.《理解电视》（英）大卫·麦克奎恩著 苗棣等译 华夏出版社 2003 年版
39.《电视与现实：谁比谁真实》 张建珍、吴海青著 云南人民出版社 2004 年版
40.《观看之道》（英）约翰·伯格著 戴行钺译 广西师范大学出版社 2005 年版
41.《电视影像传播概论》 王长萧主编 中山大学出版社 2006 年 9 月第 1 版
42.《电视：技术与艺术》 张成华 赵国庆编著 复旦大学出版社 2004 年 11 月第 1 版
43.《数字媒体：技术与应用》（美）戴维·希尔曼著 熊澄宇、崔晶炜、李经译 清华大学出版社 2002 版
44.《新媒体——移动传播时代到来》 童晓渝、蔡佶、张磊著 人民邮电出版社 2006 年 10 月第 1 版
45.《新媒介科技论》 程予诚著 苏州大学出版社 2005 年 3 月第 1 版

46.《会诊中国电视》 胡智锋著 文化艺术出版社 2005年2月第1版

E.

1.《传播学概论》（美）威尔伯·施拉姆著 陈亮译 新华出版社 1984年9月第1版
2.《大众传播模式论》（英）丹尼斯·麦奎尔 （瑞典）斯文·温德尔著 祝建华译 上海译文出版社 1997年8月第1版
3.《传播理论》（美）斯蒂文·小约翰著 中国社会科学出版社 1999年
4.《传播学引论》李彬著 新华出版社 2003年8月第2版
5.《中国新闻事业简史》方汉奇、张之华主编 中国人民大学出版社 1995年11月第2版
6.《新闻理论》雷跃捷著 北京广播学院出版社 1997年4月第1版
7.《技术传播环境下的表意语言理论》 汤书昆著 中国科技大学出版社 1997年11月第1版
8.《美国新闻史》（美）迈克尔·埃默里、埃德温·埃默里著 展江译 新华出版社 2001年9月第8版
9.《传播学总论》胡正荣著 北京广播学院出版社 1997年4月第1版
10.《人与人的相遇——人际传播论》王怡红著 人民出版社 2003年2月第1版
11.《传播理论——起源、方法与应用》（美）沃纳·赛佛林等著 华夏出版社 2001年第1版
12.《传播科技纵横》 闵大洪著 警官教育出版社 1998年4月第1版
13.《传播学教程》 郭庆光著 中国人民大学出版社 1999年11月第1版
14.《科技发展与传播革命》 吴廷俊 主编 华中科技大学出版社 2001年2月第1版
15.《中西方新闻传播——冲突·交融·共存》 顾潜著 复旦大学出版社 2003年3月第1版
16.《新媒介与创新思维》 熊澄宇著 清华大学出版社 2001年4月第1版
17.《媒介形态变化：理解新媒介》 明安香译 华夏出版社 2000年版
18.《传播的观念》 陈卫星著 人民出版社 2004年4月第1版
19.《交流的无奈——传播思想史》（美）彼得斯著 何道宽译 华夏出版社 2003年版
20.《作为话语的新闻》（荷）托伊恩·A、梵·迪克著 曾庆香译 华夏出版社 2003年版
21.《传播与社会影响》（法）塔尔德、（美）克拉克编 何道宽 译 中国人民大学出版社 2005年6月第1版

22.《网络传播文化：历史与未来》 殷晓蓉著 清华大学出版社 2005 年 3 月第 1 版
23.《西方媒介史》（法）让诺埃尔·让纳内著 广西师范大学出版社 2005 年 5 月第 1 版
24.《全球新闻传播史》（公元 1500—2000 年） 李彬著 清华大学出版社 2005 年 8 月第 1 版
25.《作为文化的传播："媒介与社会"论文集》 詹姆斯·W. 凯瑞著 华夏出版社 2005 年 10 月第 1 版
26.《整合营销传播：观念与方法》 卫军英著 浙江大学出版社 2005 年 5 月第 1 版
27.《大众传播学总论》张隆栋著 中国人民大学出版社 1993 版
28.《人文学科及其现代意义》 尤西林著 陕西人民教育出版社 1996 版

F.
1.《中国大百科全书·新闻出版卷》 中国大百科全书出版社 1990 年 12 月第 1 版
2.《中央电视台年鉴》中央电视台编 中国广播电视出版社
3.《中国广播电视年鉴》 中国传媒大学编 中国传媒大学出版社
4.《中国新闻年鉴》 中国社会科学院新闻与传播研究所编
5.《现代科学技术史》 范德清著 清华大学出版社 1988 年
6.《社会学》（美）安东尼·吉登斯著 赵旭东等译 北京大学出版社 2003 年 12 月第 1 版
7.《精神交往论——马克思恩格斯的传播观》 陈力丹著 开明出版社 2002 年版

**（二）论文**
1."从产业生态系统角度看新媒体竞争策略" 作者：屠正锋 载《新闻与传播》 2006 年第 1 期
2."中国传媒产业的现实发展与未来趋势" 作者：喻国明 载《喻国明自选集》复旦大学出版社 2004 年 5 月第 1 版
3."媒体变革中的经济学和社会学——论博客与新媒体的逻辑" 作者：方兴东、胡泳 载《现代传播》 2003 年第 6 期
4."后传媒时代电视文化的选择：网络电视传播透视" 作者：吴斌 载《紫金网》2006 年 4 月 7 日
5."互动引发电视传播革命" 作者：郑蔚 载《中国广播电视学刊》2005 年第 1 期

6. “新媒体呼唤新内容” 作者：王冉 载《青年记者》 2006 年第 3 期
7. “博客与传统媒体的竞争、共生、问题和对策” 作者：方兴东、刘双桂 载《现代传播》2004 年第 2 期
8. “进入数字化时代的广播电视技术” 韩玉红译 载《世界广播电视参考》2002 年 1 月
9. “新技术” 作者：罗伯特·弗古森 杨晓丽译 载《媒介研究》2004 年第 5 期卷 2—3
10. “中国传统电视媒体的数字化生存” 作者：尧风 载《西部电视》2006 年第 2 期
11. “电视新闻节目的数字化制作” 作者：孟群 载《现代传播》2003 年第 4 期
12. “登珠峰直播是怎样实现的” 作者：韩东光 载《电视研究》2003 年第 9 期
13. “十五年来新闻改革的回顾与展望” 作者：李良荣 载《人民网传媒频道》2006 年 7 月 14 日
14. “科技为电视新闻构架新高度” 作者：叶子、李冉 载《电视研究》2002 年第 4 期
15. “世界新技术革命与新闻事业” 作者：陈力丹 载《陈力丹自选集》 复旦大学出版社 2004 年 5 月第 1 版
16. “广播电视媒体的数字化生存” 作者：肖清、龚汉洲 载《新传播资讯网》2003 年 5 月 20 日
17. “电视传播新形态——互动电视” 作者：闵大洪 载《电视研究》 2001 年第 7 期
18. “科学技术进步与电视新闻传播的发展” 作者：沙家蓉、董晓 载《电视研究》 2000 年第 10 期
19. “数字电视、互动电视与网络电视之异同” 作者：齐心 载《新闻界》2005 年第 1 期
20. “当代电视新闻传播的新特征” 作者：张军华、王晓勇 载《当代传播》2005 年第 4 期
21. “未来电视的走向：随时、随地、随意” 作者：苑京燕 载《视听界》2005 年第 5 期
22. “网络时代的媒介与受众” 作者：张国良 载《新闻大学》2001 年春节号
23. “再谈信息技术对电视新闻节目的影响” 作者：刘荃 载《电视研究》2003 年第 8 期
24. “虚拟技术与电视媒介的立体发展态势” 作者：陈国利、张卫斌 载《传媒学术网》2005 年 11 月 22 日

25. “新闻媒体的技术负责人该怎么当” 作者：孙宝传 载《中国传媒科技》2004 年 4 期
26. “数字化时代的 BBC” 作者：彭兰 载《国际新闻界》1998 年第 2 期
27. “浅论科学技术发展和电视新闻传播的关系” 作者：应音 载《中国科技信息》 2005 年 12 期
28. “对传播技术作用力的社会学认识” 作者：孙瑞祥 载《北京理工大学学报》（社会科学版） 第 4 卷第 3 期
29. “论数字化时代电视节目创作与传播的新理念” 作者：宋家玲、宋素丽 载《现代传播》2005 年第 2 期
30. “网络思维方式及其对电视传播的影响” 作者：祁林 载全国第七次传播学研究会论文集
31. “面对跨文化交流的挑战” 作者：闵惠泉 载《现代传播》2002 年第 2 期
32. “期待与批判：大学生的电视观” 作者：张同道 载《现代传播》2001 年第 4 期
33. “网络时代传播环境的变化给大众传媒带来的挑战和机遇” 作者：张海鹰 载《新闻大学》1999 年冬季号
34. “科学危机、技术危机与生活世界危机” 作者：敬礼 载《自然辩证法研究》1998 年 5 期
35“数字时代的媒体新形态：媒体未来走向断想”作者：王荣、汪波 载《中国记者》2006 年第 2 期
36. “数字时代内容何以为王” 作者：黄升民 载《现代传播》2002 年第 5 期
37. “电视新闻史划时代的标志性事件”作者：韩彪 载《电视研究》2003 年第 6 期
38. “宏观电视新闻” 作者：雷喜梅、郝萍 载《中华传媒网》2005 年 9 月 12 日
39. “以长江的名义，见证 20 年中国巨变——大型电视纪录片《再说长江》的创作构想” 作者：刘文 载《现代传播》2006 年第 4 期
40. “数字时代新闻传播的特征” 作者：畅榕、丁俊杰 载《当代传播》2005 年第 6 期
41. “视频内容——宽带网络中的主角” 作者：闵大洪 载《电视研究》2004 年第 1 期
42. “新媒体的发展对传统电视市场的影响” 作者：陆地 载《贵州电视》2006 年第 4 期

43. “数字化时代我们需要什么样的媒介” 作者：唐圣平 载紫金网2006年4月9日
44. “新媒体技术对管理的挑战” 作者：姜进章、林诗吟 载《中国传媒科技》2006年第7期
45. “2004：中国电视新闻传播变革观察” 作者：朱天、程前 载《电视研究》2005年第3期
46. “当前中国传媒业新闻改革的若干特点” 作者：李良荣 载《南方电视学刊》2004年第6期
47. “香港：2006世界电信展巡礼” 作者：陈晓钟 载《人民日报》海外版2006年12月8日第3版
48. “纸媒要确立新的传播观” 作者：王方 载《青年记者》2006年第9期
49. “内容产业——电视文化产业的核心” 作者：陈海宇 载《西部电视》2006年第3期
50. “互动性：互联网的本质” 作者：张小争 《我写传媒网》2006年8月30日
51. “互联网搜索引擎的传播学意义” 作者：雷赫 载《青年记者》2006年第10期
52. “电视新闻新形态的一次实践” 作者：翁陈兰 载《中国广播电视学刊》2005年第6期
53. “从《时空连线》察电视叙事方式的转变” 作者：王冰 《南方电视学刊》2003年第4期
54. “对媒介技术的传播学解析” 作者：白磊 《大众科技》2006年第8期
55. “论我国电视技术的发展对新闻传播的影响” 作者：王文利 、邓卓 载《今传媒》2005年第6期
56. “RSS：信息整合传播的未来” 作者：沈剑虹 载《河北大学学报》（哲学社会科学版） 2006年第2期
57. “再谈信息技术对电视节目的影响” 作者：刘荃 载《电视研究》2003年第8期
58. “世界上的新闻是什么样” 作者：帕梅拉·J. 休梅克 载《国际新闻界》2004年第2期
59. “电视新闻发展新趋势” 作者：申丽、王荣 载《西部电视》 2000年第6期
60. “‘多面人’——时代变迁中的受众” 作者：王晖 载《国际新闻界》2001年第4期
61. “信息技术与媒介” 作者：罗伯特·伯内特 载《媒介研究》2004年第5期

62.“手机电视能否做到非‘礼’勿‘视’” 作者：孙发友、勃高坤 载《中国广播电视学刊》2005年第3期
63.“不谋万世者无以谋一时，不谋天下者无以谋一域——2006年再论‘泡沫’” 作者：朱光烈 载《现代传播》2006年第5期
64.“手机电视领军‘第二媒介时代’” 作者：金震茅 载《中国广播电视学刊》2005年第2期
65.“网络民生：互联网与公共空间” 作者：马克·波斯特 赵毅译 载《文化研究网》2004年8月6日
66.“电视技术的数字化、网络化” 作者：姜广明、麻志毅 载《影视技术》2003年第5期
67.“传播科技发展与新闻文本演变” 作者：孙发友 载《现代传播》2004年第1期
68.“隐私保护，人人都需要安全感” 作者：陆杰 载《新浪观察》2003年5月15日
69.“当前传媒业发展客观趋势解读” 作者：喻国明 载《现代传播》2004年第2期
70.“新一轮新闻改革的四个重点及其基本特点” 作者：张振华 载《西部电视》2003年第6期
71.“超媒体时代的电视生存策略” 作者：李挺 载《南方广播电视学刊》2004年第4期
72.“Flash对电视新闻实证性的影响” 作者：杨小铃 载《电视研究》2006年第1期
73.“鼓励用户制作内容，视频带来新生活” 作者：滕兴才 载《中国青年报》2007年1月9日
74.“P2P网络传播技术的现实影响和发展对策” 作者：赵宗禧 载《中华传媒网》2006年12月25日
75.“媒介融合时代的合与分” 作者：彭兰 载《紫金网》2006年12月13日
76.“数字媒体观于传媒运行模式变革” 作者：陆小华 载《电视研究》2004年第2期
77.“新电视时代”《媒介·市场观察》封面文章 2005年第10期
78.“媒介即隐喻——从麦克卢汉到波兹曼” 作者：彭焕萍 载《紫金网》2006年9月18日
79.“掀起你的盖头来——直播卫星简介” 作者：张增琦 载《媒介》2005年第4期

80. “传媒数字化生存三大路径选择” 作者：杨树弘 载《中国新闻研究中心网》2006 年 12 月 14 日
81. “互动电视对传统电视传播模式的变革” 作者：李箐 载《电视研究》2004 年第 10 期
82. “用先进技术手段推进新闻改革” 作者：朱平友、莴振东 载《南方电视学刊》2004 年第 4 期
83. “手机视频：新巨变已经开始” 作者：杰夫·格拉尔尼克 载中国新闻传播学评论网 2007 年 1 月 8 日
84. “网络时代的电视生存” 作者：周小普、金梅 载《电视研究》2001 年第 6 期
85. “现代传播与全球化文化” 作者：李希光 载《新闻出版报》2000 年 11 月 27 日
86. “网络时代新闻定义的新突破” 载《新华网》2006 年 12 月 24 日
87. “数字化时代的大众传播” 作者：张歌东、申家宁 载《现代传播》1999 年第 2 期
88. “值得关注的网上新闻发布” 作者：闵大洪 载《中华新闻才报》1999 年 5 月 10 日
89. “高新技术的发展对当代媒体及媒体管理的影响” 作者：高福安、李天云 载《新浪传媒》2003 年 10 月 22 日
90. “媒介业未来发展的 U 化战略” 作者：喻国明 载《中国经济网》2006 年 12 月 24 日
91. 《个人化：新闻报道的新态势》作者：周婧 载《紫金网》2005 年 7 月 19 日

## 二、刊物

1. 《电视研究》
2. 《南方电视学刊》
3. 《中国广播电视学刊》
4. 《现代传播》
5. 《国际新闻界》
6. 《南方周末》
7. 《青年记者》
8. 《媒介·市场观察》
9. 《中国传媒科技》
10. 《大众 DV》

11.《读书》
12.《新华文摘》
13.《新闻大学》
14.《视听界》
15.《新闻与传播研究》
16.《中国记者》
17.《新闻战线》
18.《山东视听》
19.《声屏世界》
20.《当代传播》
21.《中国广播影视》
22.《西部电视》
23.《今传媒》
24.《新周刊》
25.《电视艺术》
26.《新华文摘》
27.《新闻与传播》(中国人民大学书报资料)
28.《广播与电视技术》

**三、网站**

1. 中华传媒网(www. mediachina. net)
2. 中国新闻传播学评论(www. cjr. com. cn)
3. 中国新闻研究中心(www. cddc. net)
4. 紫金学术网(www. zijin. net)
5. 新传播资讯网(www. woxie. com)
6. 传播学论坛(http://ruanzixiao. diy. myrice. com/index. htm)
7. 中国媒体资讯网(www. cmni. com. cn)
8. 纪录中国网(www. chinadocu. com)
9. 传媒观察网(www. chuanmei. net)
10. 中国广播电视技术网(www. cbttn. com)
11. 中国数字视频网(www. vediocn. com)
12. 中国数字电视网(www. chinadtv. net)
13. 传播研究网(www. meiaresearch. cn)
14. 千龙传媒(http://medianet. qianlong. com)

# 后　记

这本书源自我的博士论文，是我学生时代的一个总结，一次汇报。

人生如球场。“接球”、“转身”、“擦板”、“球进”是我现在打篮球时用得最多的一个动作。此刻仿佛可以用这四个词来总结我的博士论文写作过程。2004年，得知自己被保送读博以后，博士论文就是我接到的球，我知道我必须将这个球投进篮筐；读博伊始，短暂的兴奋和轻松过后，论文的压力便向我袭来，我必须转身，把功利和浮躁转到身后，用恒心和毅力迎接做学术的苦痛；在篮球场上，如果不擦板，我的投篮命中率会很低，在论文场上，导师朱羽君教授是我需要借助的那块篮板，没有她的学识、严谨和认真，这篇论文的完成几乎不可能；进入论文期以来，从最初的迷茫彷徨，到思路渐渐清晰，有过日进千字的舒畅，也有过提笔忘言的难过，不管怎样，我都挺过来了，现在到了球该进篮筐的时候了。

从开始上学，到博士论文完成，二十一年的漫漫读书生涯就将全部结束了。在这个初夏的午后，在北京这个叫定福庄的地方，我也该梳理自己博士三年乃至整个学生时代的情感记忆了。

我能够完成这篇博士论文，为博士毕业画上圆满的句号，首先要感谢朱羽君老师。能够成为朱老师的弟子本身就是我一生的荣幸。这篇论文，从立意、主题、结构、观点到写作、修改、成文无不凝结着朱老师的心血和付出，感谢二字在这都显得那么苍白无力。我想，论文的写作有尽头，但老师做人的高度，才是我最需要努力去学的，而且这种学习应该永远没有尽头，学生唯有以日后更加辛勤、更加出色的工作来回报朱老师的授业解惑之恩。

感谢电视系。六年前，电视系以她博大的胸襟接纳了我，并用她在电视领域里最深厚的底蕴教育了我这么多年。还要再次感谢我的硕士导师高晓虹老师，读博三年，和高老师见面的机会并不多，但每次见面，高老师都会敲打、敦促我几句，区区几语也是我不断进步的动力。在此，我想对高老师说，我一定加倍努力上进，以不辜负老师对学生的期望。

此时此刻，我还想感谢中央电视台的老台长杨伟光老师，您在我们博士生课堂上纵论电视人生的场景，在我的博士论文开题报告上鼓励学生的情形，如今都还历历在目。还要感谢中央电视台新闻中心新闻评论部的副主任赵微老师，赵老师也是我的硕士指导老师，虽然身在电视一线的赵老师非常繁忙，但每次和赵老师通电话，赵老师都耐心地关心我、鼓励我，让学生备受鼓舞。

感谢我的博士同门谢勤亮、高传智，三年来我们彼此陪伴、相互鼓励，一起搞调研，一起做课题，你们广博的知识让我在很多方面都得到提高。感谢同专业同学刘宝林、罗振宇、李升科、李艳、曾晶，三年来，我们没有任何龃龉、不和，有的只是舒畅、愉悦；也感谢我的同学王伟、朱敏、范周、刘书峰、刘江红、储双月、赵晖、林风云、张国涛，在一起的时候，我们无话不说，谈人生、论理想，自由自在，轻松惬意。还要特别感谢我的球友同学唐培林、杭孝平、徐培喜、曾繁旭，没有你们，篮球场上就少了许多美好的回忆。如果说这三年除了学业以外，我还有什么收获的话，那么你们就是我最大的收获，而且是一生的收获。

还要感谢我的好友北京师范大学资源学院的武建军副教授、国家减灾中心灾害所的副主任杨思全、中科院网络中心副研究员李树仁，我们萍水相逢，却情同手足。新千年的时候，我们先后从新疆来到北京，所不同的是你们是来读博来工作的，我是来考研的，正是有了你们做出的榜样和鞭策，使我从来不敢放弃。也要感谢我的研究生好友，现在只身在澳洲攻读博士的顾洁、已经下海经商的北京锐意公司总经理助理朱林、依然坚守在学校实验中心的曹飞、南下深圳电视台的记者王立亚、高就于北京广电局宣管处的崔岩；我的大学好友，已经博士毕业现在陕西师范大学教书的张莉、还在读博的南京大学的马雷、在新浪网打拼的聂卫阳；我的高中好友，新疆新能源股份有限公司财务部经理马俊华、为了梦想仍在上海一家外企淘金的陈宇，我想对这些好友说，这些年，没有你们的帮助，我不可能如此顺利。

在这样的时候，我也不应该忘记感谢我的母亲。由于父亲的早逝，母亲拉扯我们几个长大非常不易，从小我就有一个愿望，要让母亲过上幸福、舒适的生活，然而时至今日，我这个愿望都没有实现，每念及此，我都如坐针毡，愧疚万分。而母亲却从来都没有向我提出过任何要求，不论我出成绩还是犯错误，她总用她那慈善、期待的眼光注视着我，这眼神正是我奋斗一生源源不断的动力。在此，我想对母亲说："儿子儿时的愿望没有变，我会尽快让您过上好日子的。"

感谢我的妻子徐薇。虽然结婚三年，我们山水相隔了三年，但我们彼此心灵相通。她的知书达理，她的善解人意让我这三年不敢有丝毫的懈怠，只有努力向前。我取得的任何成就里面都有她的辛劳和付出。我们已经牵手走过了这艰难的几年，在未来几十年的风风雨雨中，我们还要继续携手前行！

论文虽然结束了，但学术还要继续，篮球也要继续。我想，在我的人生球场上，我会继续不停地"接球"、"转身"、"擦板"、"球进"……

**图书在版编目（CIP）数据**

新技术时代的电视新闻制作与传播 / 田维钢著．—北京：中国广播电视出版社，2009.6

（中国传媒大学电视系博士文库）

ISBN 978－7－5043－5825－7

Ⅰ．新… Ⅱ．田… Ⅲ．①电视新闻—制作—研究②电视新闻—传播学—研究 Ⅳ．G222

中国版本图书馆 CIP 数据核字（2009）第 085403 号

**新技术时代的电视新闻制作与传播**

田维钢　著

**责任编辑**　陈　琳
**封面设计**　丁　琳
**版式设计**　张智勇
**责任校对**　谭　霞

**出版发行**　中国广播电视出版社
**电　　话**　010-86093580　010-86093583
**社　　址**　北京市西城区真武庙二条9号
**邮　　编**　100045
**网　　址**　www.crtp.com.cn
**电子信箱**　crtp8@sina.com

**经　　销**　全国各地新华书店
**印　　刷**　高碑店市德裕顺印刷有限责任公司

**开　　本**　710毫米×1000毫米　1/16
**字　　数**　200（千）字
**印　　张**　11.25
**版　　次**　2009年6月第1版　2009年6月第1次印刷

**书　　号**　ISBN 978-7-5043-5825-7
**定　　价**　23.00元